Hans Merkens

Unterricht

Hans Merkens

Unterricht

Eine Einführung

VS VERLAG FÜR SOZIALWISSENSCHAFTEN

Bibliografische Information der Deutschen Nationalbibliothek
Die Deutsche Nationalbibliothek verzeichnet diese Publikation in der
Deutschen Nationalbibliografie; detaillierte bibliografische Daten sind im Internet über
<http://dnb.d-nb.de> abrufbar.

1. Auflage 2010

Alle Rechte vorbehalten
© VS Verlag für Sozialwissenschaften | GWV Fachverlage GmbH, Wiesbaden 2010

Lektorat: Stefanie Laux

VS Verlag für Sozialwissenschaften ist Teil der Fachverlagsgruppe
Springer Science+Business Media.
www.vs-verlag.de

Das Werk einschließlich aller seiner Teile ist urheberrechtlich geschützt. Jede Verwertung außerhalb der engen Grenzen des Urheberrechtsgesetzes ist ohne Zustimmung des Verlags unzulässig und strafbar. Das gilt insbesondere für Vervielfältigungen, Übersetzungen, Mikroverfilmungen und die Einspeicherung und Verarbeitung in elektronischen Systemen.

Die Wiedergabe von Gebrauchsnamen, Handelsnamen, Warenbezeichnungen usw. in diesem Werk berechtigt auch ohne besondere Kennzeichnung nicht zu der Annahme, dass solche Namen im Sinne der Warenzeichen- und Markenschutz-Gesetzgebung als frei zu betrachten wären und daher von jedermann benutzt werden dürften.

Umschlaggestaltung: KünkelLopka Medienentwicklung, Heidelberg
Druck und buchbinderische Verarbeitung: Ten Brink, Meppel
Gedruckt auf säurefreiem und chlorfrei gebleichtem Papier
Printed in the Netherlands

ISBN 978-3-531-17089-3

Inhaltsverzeichnis

Vorwort		7
Einleitung		11
1	Unterricht als Handlungsfeld	13
1.1	Unterricht aus einer traditionellen Perspektive	13
	Exkurs 1: Zur Entstehung von Unterricht	18
1.2	Neue Sichten auf den Unterricht	23
2	Merkmale des Unterrichts	27
2.1	Ziele des Unterrichts	32
2.1.1	Lesekompetenz	38
2.1.2	Mathematische Grundbildung	41
2.1.3	Naturwissenschaftliche Grundbildung	43
2.1.4	Die Neujustierung der Unterrichtsziele	46
2.2	Inhalte des Unterrichts	48
2.3	Unterrichtsmethoden	53
2.4	Evaluation des Unterrichts	59
	Exkurs 2: Traditionelle Formen der Rückmeldung im Unterricht	60
2.5	Zusammenfassung	66
3	Die Rationalitätsannahmen zum Unterrichtsprozess: Das Drei-Phasen-Modell	69
3.1	Unterrichtsplanung	70
3.2	Unterrichtsdurchführung	78
3.3	Nachbereitung	81
3.4	Zusammenfassung	82
4	Unterrichtssteuerung und Klassenmanagement	85
	Exkurs 3: Klassenmanagement	87
4.1	Organisation im Klassenraum	90
	Exkurs 4: Controlling im Klassenraum	97

4.2	Instruktion	99
4.2.1	Lehrstil	103
4.2.2	Effektive Vorgehensweisen beim Unterrichten	108
	Exkurs 5: Zum Verständnis von Qualität	111
4.2.3	Kooperative Formen des Lernens	116
4.2.4	Motivation im Unterricht	121
4.3	Evaluation	130
4.3.1	Überlegungen zu einer pädagogischen Diagnostik	131
	Exkurs 6: Diagnose	133
	Exkurs 7: Testtheorie	136
4.3.2	Zum Zweck der Diagnostik im Unterricht	139
4.3.3	Rückmeldungen im Unterricht	139
4.4	Zusammenfassung	144
5	Von der Lehrwegs- zur Lernwegsorientierung	145
5.1	Die Umorientierung bei der Unterrichtsgestaltung	150
5.1.1	Selbstgesteuertes Lernen	150
5.1.2	Selbststeuerung beim Lernen	154
	Exkurs 8: Lernen	156
5.2	Lernstrategien bei der Selbststeuerung	163
5.3	Lernumwelten	168
5.4	Selbststeuerung im Unterricht	170
5.5	Zusammenfassung	173
6	Unterrichtsforschung	175
7	Literaturverzeichnis	187

Vorwort

Unterricht ist ein Thema, zu dem aus der Pädagogik, Schulpädagogik, Erziehungswissenschaft und der Bildungsforschung zahlreiche Publikationen vorliegen. Die einleitende Bemerkung weist auf einen Umstand hin, der für die Darstellung in diesem Buch wichtig ist: Es haben sich in der Vergangenheit sehr unterschiedliche Perspektiven bei denen herausgebildet, die sich mit dem Thema Unterricht beschäftigt haben. Das hängt vor allem mit einer Besonderheit des Themas zusammen. Wie bei anderen Begriffen in der Erziehungswissenschaft, kann mit Unterricht sowohl eine Praxis als auch ein theoretisches Bemühen gemeint sein: Unterricht kann zunächst als ein Begriff aufgefasst und behandelt werden, mit dem eine bestimmte Form der pädagogischen Praxis erfasst wird. In dieser Variante wird mit Unterricht eine der pädagogischen Tätigkeiten, also eine Form des pädagogischen Handelns, auf eine allgemeine begriffliche Ebene transformiert. Das zeigt sich dann auch bei der Behandlung des Themas, wenn über guten Unterricht, Unterrichtsqualität oder ähnliche Themen geschrieben wird. Abhandlungen dieses Typs sind davon geprägt, dass die jeweiligen Autoren genau zu wissen scheinen oder meinen, was im Unterricht zu tun ist und wie das Handeln organisiert werden muss, damit die Erfolge im Unterricht erreicht werden, die in den gleichen Werken als notwendig vorgegeben werden. Publikationen, die dieser Variante zugerechnet werden können, sind oft von Schulpädagogen, von Praktikern, aber auch von Erziehungswissenschaftlern sowie vereinzelt von Bildungsforschern verfasst. In ihnen wird eine normative Komponente bei der Behandlung des Themas häufig dominant. Der Habitus des Ratgebers bestimmt in weiten Teilen die Argumentation.

Die zweite mögliche Variante besteht beim Begriff Unterricht darin, sich wissenschaftlich mit dem Thema zu befassen und entweder Wissen zusammenzutragen, welches in wissenschaftlichen Untersuchungen gewonnen worden ist, oder über eigene Untersuchungen zum Unterricht zu berichten. In Publikationen, die hier zugeordnet werden können, wird eher beschreibend bzw. erklärend argumentiert. In dem vorliegenden Werk wird eher die zweite Variante und dabei deren erster Typ behandelt: Es geht darum, Wissen über Unterricht zusammenzutragen. Dabei wird aber nicht nur einer der möglichen Traditionslinien gefolgt, vielmehr geht es darum, einerseits verschiedene Traditionslinien einzubeziehen und andererseits auch Differenzen zwischen diesen sichtbar werden zu lassen. Sobald die wissenschaftliche Variante in den Vordergrund tritt, fällt auf, dass die

Pädagogische Psychologie eine wichtige Bezugsdisziplin für die Beschäftigung mit Unterricht ist.

Bei aller Differenz zwischen den verschiedenen Varianten und den möglichen verschiedenen Ansatzpunkten gibt es eine Übereinstimmung darin, was faktisch mit Unterricht bezeichnet wird, die auch die Argumentation in diesem Band prägt: Es werden Lehr-Lern-Prozesse beschrieben, die organisiert sind, und bei denen angestrebt wird, möglicht viele Personen in Bezug auf gesetzte Ziele gemeinsam lernen zu lassen. Deshalb bedarf es auch eines Konsenses über mögliche gemeinsame Lernziele. Damit ist ein weites Spektrum interessierender Themenfelder eröffnet, die im Folgenden jeweils in Ausschnitten behandelt werden.

Die einleitend benannten verschiedenen Disziplinen, in denen sich wissenschaftlich mit Unterricht beschäftigt wird, die zusätzlich noch um die Pädagogische Psychologie ergänzt worden sind, um wenigstens die Hauptstränge der Beschäftigung und Auseinandersetzung der Disziplinen einzubeziehen, in denen traditionell das Thema Unterricht behandelt worden ist, lassen erwarten, dass sich auch bei der wissenschaftlichen Beschäftigung mit Unterricht verschiedene Traditionen unterscheiden lassen. Daraus resultiert, dass sich bei der wissenschaftlichen Beschäftigung mit Unterricht verschiedene Strömungen identifizieren lassen, deren Argumentationen nicht einfach aneinandergereiht werden können. Sie bedürfen vielmehr einer differenzierten Betrachtung. Zusätzlich wird diese Beschäftigung auch dadurch geprägt, dass es historische Brüche bei der Behandlung des Themas gibt. Diese Brüche sind in der Pädagogik einerseits mit dem Selbstverständnis der Disziplin sowie der Veränderung der Bezeichnung ‚Pädagogik' in ‚Erziehungswissenschaft' verbunden. Damit vollzog sich auch eine Änderung bei der Basis des wissenschaftlichen Denkens und Argumentierens von einer geisteswissenschaftlichen Tradition zu einer mehr erfahrungswissenschaftlichen Basis des wissenschaftlichen Hintergrundes beim Thema Unterricht. Andererseits spielt der zunehmende Einfluss der pädagogischen Psychologie und der mit ihr verknüpften erfahrungswissenschaftlichen methodischen Herangehensweise bei wissenschaftlichen Untersuchungen eine wichtige Rolle. Das wird in dem vorliegenden Band deutlich werden.

Das vorliegende Buch verdankt den Diskussionen mit anderen Wissenschaftlern viele Anregungen. Es ist nicht möglich, deren Beiträge im Einzelnen individuell zuzuordnen, jedoch ist es relativ einfach, die Kontexte zu benennen, in denen die Anregungen gewonnen worden sind. Zuerst ist hier eine Diskussionsrunde mit Kollegen zu benennen, die explizit dem Thema Unterricht gewidmet war.[1] In diesen Diskussionen sind Standpunkte wiederkehrend vorgetragen

---

1 Die FU Berlin hat neben anderen Hochschulen, denen die Gesprächsteilnehmer angehören, die Gesprächsrunden mit einem Zuschuss zu Reise- und Aufenthaltskosten unterstützt. Ihr und den anderen Universitäten sei an dieser Stelle gedankt.

und kritisch hinterfragt worden. An den Gesprächsrunden haben von Beginn an teilgenommen: Dietrich Benner, Philippe Foray, Helmut Heid, Walter Müller, Fritz Oser, Roland Reichenbach, Jörg Ruhloff, Christoph Winch, Peter Zedler. Ich verdanke den Kollegen viel bei der Entwicklung meines Verständnisses von Unterricht. Vor allem habe ich dabei gelernt, dass man in Bezug auf den Gegenstand Unterricht sehr unterschiedliche Positionen einnehmen kann und es trotzdem eine gemeinsame Basis der Diskussion gibt: Es hat in unseren Gesprächen und Diskussionen nie einen Zweifel darüber gegeben, dass wir uns über ein gemeinsames Thema unterhalten haben.

Während meiner Tätigkeit als Gründungsdirektor der *Erfurt School of Education* hatte ich öfter die Gelegenheit zu Gesprächen mit Manfred Lüders, der in Erfurt die Schulpädagogik vertritt. Aus seiner Sicht des Themas Unterricht habe ich viele Anregungen erhalten. An der FU Berlin habe ich öfter mit Felicitas Thiel über Unterricht diskutiert. Sie hat meinen Gesichtskreis insbesondere in Bezug auf neuere amerikanische Forschungen zum Thema Unterrichts- und Klassenmanagement erheblich erweitert. Nicht zuletzt haben vor allem die gemeinsamen Projekte mit Agi Schründer-Lenzen dazu beigetragen, mein Verständnis von Unterricht zu prägen. Alle Beteiligten haben mich bei der Entwicklung meines Verständnisses von Unterricht unterstützt. Dennoch trage ich für alle möglichen Fehler und Ungenauigkeiten in der Argumentation des Buches die alleinige Verantwortung. Das gilt allein schon deshalb, weil niemand von den Genannten das Manuskript gelesen hat.

Bei der Erstellung des Manuskripts haben mir in den verschiedenen Phasen Jenny Sawarsa und Judith Schmidt geholfen. Die abschließende Redaktion hat Frau Anne Wessel übernommen, die mit ihrer Sorgfalt und Hartnäckigkeit dafür gesorgt hat, dass das Manuskript druckfertig beim Verlag abgegeben werden konnte. Ihnen allen danke ich für ihre Unterstützung.

Aus Gründen der Lesbarkeit wird im Folgenden statt Schüler/innen und Lehrer/innen jeweils nur die männliche Form verwendet.

Berlin, im August 2009
Hans Merkens

Einleitung

Seit die Ergebnisse von PISA und IGLU vorliegen, werden von den verschiedensten Seiten Reformen für das Bildungssystem gefordert. Bezweifelt wird in den Debatten die Effektivität des Bildungssystems und angemahnt werden sowohl eine äußere als auch eine innere Schulreform. Bildungspolitiker und Bildungsforscher vertreten dabei unterschiedlichste Standpunkte, die sich aber nicht einfach nach Forschung und Politik unterteilen lassen. Vielmehr gibt es bei der Formulierung von Positionen jeweils Koalitionen zwischen beiden Seiten. Ergebnisse werden jeweils zur Stützung der eigenen Meinung herangezogen, wenn sie erwähnt werden, sie werden in den seltensten Fällen kritisch bewertet, wenn auf sie verwiesen wird. Als Folge ist eine Debatte entstanden, bei der die Mehrzahl der Beteiligten sich auf Resultate von Untersuchungen beruft, die für die eigene Argumentation als nützlich angesehen werden. Bemerkenswert ist dabei, dass teilweise die gleichen Befunde als Beleg für sehr unterschiedliche Positionen herangezogen werden. Das gilt insbesondere bei Auseinandersetzungen über die Struktur des Bildungssystems.

Jenseits dieser Kontroversen existiert ein weiterer interessanter Widerspruch, der zum Entstehen dieses Bandes beigetragen hat. Einerseits wird sowohl auf der Ebene des Schulsystems als auch auf der des Unterrichts von einer Steigerung der Autonomie als Reaktion auf die Heterogenität in den Lerngruppen eine höhere Flexibilisierung erwartet. Andererseits setzt sich z.B. entgegen den Maßgaben der Föderalismusreform, nach der Bildung zu den Aufgaben der Länder zählt, die Tendenz durch, über bundesweite Standards, deren Erfüllung auch bundesweit geprüft werden soll, die Effektivität des Bildungssystems zu verbessern (Leschinsky, Cortina 2008). Dahinter steht eine interessante Annahme: Die Erhöhung der Differenz im Bildungssystem und im Unterricht, d.h. eine Vergrößerung der Varianz bei der Leistungserbringung, soll dazu beitragen, dass die Leistungsfähigkeit des Gesamtsystems gesteigert wird.

Dieser Band ist dem Thema Unterricht gewidmet. Dabei wird von der Annahme ausgegangen, dass die Erbringung konkreter Leistungen innerhalb des Bildungssystems zu einem nicht unerheblichen Teil im Unterricht erfolgt. Vor diesem Hintergrund soll der Frage nachgegangen werden, welche Formen des Unterrichts sich herauskristallisiert haben und welche Entwicklungstendenzen sich identifizieren lassen.

1 Unterricht als Handlungsfeld

> Im ersten Kapitel wird ausgehend von der Geschichte des Unterrichts ein Verständnis für Unterricht entwickelt. Unterricht wird dabei als eine wichtige pädagogische Aufgabe angesehen. Neben dem Unterricht werden weitere pädagogische Aufgaben benannt. Das Verhältnis von Unterricht und Erziehung wird betrachtet. Es wird hervorgehoben, dass im Unterricht organisiert wird und dass es einer Didaktik für die Bestimmung der Ziele bedarf. Zusätzlich wird eine traditionelle von einer neueren Sicht des Unterrichts unterschieden. Auf diese Weise soll eine Basis für die weitere Argumentation in diesem Band gewonnen werden.

1.1 Unterricht aus einer traditionellen Perspektive

Was unter Unterricht zu verstehen ist, scheint keiner Erläuterung zu bedürfen: Wir verfügen alle über Erfahrungen mit dem Unterricht; denn wir haben in der Schule an ihm teilgenommen. Beim Unterricht handelt es sich um eine bestimmte Form praktischen pädagogischen Handelns. Allerdings unterscheiden sich die konkreten Erfahrungen von Person zu Person. Während die einen beispielsweise positive Erfahrungen mit dem Unterricht in der Schule verbinden, verfügen andere Personen über eher negative Erfahrungen. Ebenso können die Erfahrungen in Abhängigkeit von der Schulstufe, dem Fach und den Lehrkräften schwanken. Deshalb ist es erforderlich, genauer zu bestimmen, welche Vorstellungen allgemein mit Unterricht verbunden werden.

Unterricht ist neben der Erziehung, der Beratung, dem Beurteilen und Bewerten sowie der Hilfe im Sinne von Unterstützung eine der Institutionalisierungen, die es gibt, um pädagogische Aufgaben zu bewältigen, lässt sich als eine erste Einordnung angeben (vgl. Merkens 2006).[2] Aber beim Unterricht handelt es sich, das gilt für die anderen Aufgaben in ähnlicher Weise, um keine präzise und allgemein so gesehene Institutionalisierung, die keiner näheren Bestimmung mehr bedürfte.[3] Außerdem hat sich das Verständnis von Unterricht historisch betrach-

---

2 Der Begriff Institutionalisierung wird hier im Sinne von Berger, Luckmann (1974) verwendet.
3 Das ist in der Tradition, der die Begrifflichkeit entstammt, auch nicht zu erwarten (vgl. Blumer 1969).

tet verändert.[4] Die Beziehung zwischen Unterricht und Erziehung bleibt dabei z. B. unentschieden, wenn man die pädagogische Literatur heranzieht. Herbart (1874, 19) hatte noch formuliert: „Pädagogik ist die Wissenschaft, derer der Erzieher für sich bedarf. Aber er soll auch Wissenschaft besitzen zum Mittheilen. Und ich gestehe gleich hier, keinen Begriff zu haben von Erziehung ohne Unterricht; sowie ich rückwärts, in dieser Schrift wenigstens, keinen Unterricht erkenne, der nicht erzieht." Am Beginn der Pädagogik als Wissenschaft gab es demnach eine enge Beziehung zwischen Erziehung und Unterricht. Die Allgemeine Didaktik ist als Bindeglied zwischen diesen beiden pädagogischen Aufgaben entstanden.[5] Im Zuge der Weiterentwicklung und Ausdifferenzierung der Disziplin hat sich dann eine Abgrenzung der Erziehung zum Unterricht mit weitreichenden Folgen für das Verständnis von Unterricht herausgebildet.[6] Während Erziehung häufig als dyadisches Verhältnis zwischen Erzieher und Zu-Erziehendem bestimmt worden ist, wurde der Unterricht als Institutionalisierung mit dem Ziel der Vermittlung von Wissen, Fähigkeiten und Fertigkeiten aufgefasst.[7] Allerdings wird im Unterricht auch beraten, geholfen und bewertet, um drei weitere Aspekte neben dem Erziehen und Unterrichten zu nennen. Unterricht lässt sich daher nicht auf Lehren und Lernen reduzieren, obwohl beiden Tätigkeiten in ihm eine zentrale Bedeutung zukommt.

Ursprünglich ist Unterricht, die Aufgabenstellung präzisierend, von Herbart (1874) als Wissenschaft des Mitteilens bestimmt worden.[8] Was damit gemeint ist, hat er folgendermaßen erläutert: „Die Erziehung durch Unterricht betrachtet als Unterricht alles dasjenige, was irgend man dem Zögling zum Gegenstand der Betrachtung macht" (Herbart 1874, 21).[9] In dieser Spezifikation ist ein Aspekt enthalten, der noch des Näheren beschrieben werden wird. Bereits bei Herbart wird die Eigenaktiviät des Lerners bzw. desjenigen, der unterrichtet wird, beachtet: Es wird ihm etwas zum Gegenstand der Betrachtung gemacht.[10] Schleiermacher (1983, 7) hat Unterrichten in einer Variante als „die Mitteilung von Kennt-

---

4 Das wird ein Thema dieses Bandes sein.
5 In dieser Tradition hat Menck (2006) einen Band über Unterricht vorgelegt, der viele Anregungen enthält.
6 Es gibt auch heute noch Vertreter der Disziplin, die eine enge Verbindung von Unterricht und Erziehung sehen (vgl. z. B. Ladenthin 2004; Meyer 2004, 13f.).
7 Diese Sichtweise dominiert beispielsweise in der Pädagogischen Psychologie (vgl. Hasselhorn, Gold 2006; Reinmann, Mandl 2006).
8 Diese Sicht hat in der Folge dazu geführt, dass dem Lehren und den Unterrichtsmethoden das Hauptaugenmerk gewidmet worden ist. Sie ist heute, zumindest in der Wissenschaft, nicht mehr dominant, wie sich noch zeigen wird.
9 Niemeyer (1796, 407) hatte noch einschränkender formuliert: „Sofern man den Unterricht von der Erziehung unterscheidet, versteht man darunter die absichtliche und planmäßige Mitteilung gewisser Kenntnisse an den Lehrling."
10 Dieser Aspekt hat in den letzten Jahren zunehmend an Bedeutung gewonnen.

nissen und Fertigkeiten" bezeichnet.[11] Wiederum dominiert das Mitteilen bei der Bestimmung von Unterricht. Diese Auffassung findet sich auch noch im Pädagogischen Lexikon (1961, 977), in dem Schwager formuliert hat: „Der Unterricht ist eine spezifische Form der Lehre und bleibt mit deren Problematik eng verbunden. Er tritt [...] mit Notwendigkeit dort auf, wo ein größerer geistiger Zusammenhang, wo rationale Voraussetzungen unserer Lebenswelt sich im Lebensvollzug selbst nicht mehr erfahren lassen, wo man sie deshalb herauslöst, um sie als systematischen Gedankengang an die nachfolgende Generation vor ihrer selbstverantwortlichen Mitwirkung im Leben zu überliefern".[12] Das, was sich der direkten Erfahrung im Alltag entzieht bzw. für sie nicht zur Verfügung steht, wird im Unterricht gelehrt: Weil die traditionellen Formen der Vermittlung von Wissen, Fähigkeiten etc. an die nachfolgende Generation nicht mehr ausgereicht haben und der Transfer ökonomisch organisiert werden musste,[13] hat es einer neuen Form der Institutionalisierung dieses Transfers bedurft. Familie und Einzelunterweisung der Wenigen genügten den Ansprüchen nicht mehr, weil die Vielen mit Wissen, Fertigkeiten und Fähigkeiten vertraut werden mussten, über die viele ihrer Eltern nicht mehr in ausreichendem Maße verfügt hatten. Durch den Unterricht wird die Selbsterfahrung ersetzt; an deren Stelle tritt die systematische Vermittlung. Während die Selbsterfahrung im Alltag mit hoher Wahrscheinlichkeit eher gelegentlich auftritt, sollte nunmehr im Unterricht durch systematische Vermittlung sichergestellt werden, dass das für notwendig Erachtete gelernt würde. Das aktive eigene Erfahren wurde durch das eher passive Rezipieren des Vermittelten ersetzt. Diese Bestimmung weist als Wurzel auf, dass die natürlichen Kontexte, in denen die Erziehung der nachwachsenden Generation traditionell stattgefunden hatte, nicht mehr ausreichen: Es bedarf eigener Formen der Institutionalisierung, um zu sichern, dass das Wissen und die Fähigkeiten der älteren Generation an die nachwachsende Generation systematisch vermittelt werden.

So betrachtet, ist die Entstehung des Unterrichts als einer pädagogischen Aufgabenstellung eng verbunden mit der Entstehung des Schulwesens und vor allem der Schulpflicht: Wenn die Vielen ein Recht auf Bildung und Erziehung erhalten und gesichert werden soll, dass die Vielen unabhängig von Herkunft und familiärem Kontext, in dem sie aufwachsen, gebildet werden, dann müssen dafür in der Gesellschaft entsprechende Voraussetzungen geschaffen werden.

---

11 Sowohl für Herbart (1874) als auch für Schleiermacher (1983) kommen der Selbsttätigkeit und der Spontaneität zentrale Funktionen zu. Das sind Aspekte, die später z. B. beim selbstgesteuerten Lernen noch eine Rolle spielen werden. Allerdings findet sich bei Schleiermacher eine deutlichere Trennung von Erziehung und Unterricht, als dies bei Herbart der Fall ist.
12 Mitteilen ist nunmehr durch Lehren ersetzt. Nur dieser Begriff wird im Folgenden noch verwendet werden.
13 Die Aspekte des Organisierens und des Ökonomischen werden weiter unten erläutert werden.

Schule und Unterricht kann man als den Versuch betrachten, dieser Herausforderung mit Erfolg genügen zu können. Allein schon aus Kostengründen musste dieser Prozess für mehrere Schüler parallel organisiert werden. Diesem Postulat, das man als Ökonomisierung bezeichnen kann, ist geschuldet, dass der Unterricht in Klassen organisiert wurde. Dabei mussten wiederum verschiedene Aspekte berücksichtigt und Fragen geklärt werden, von denen hier einige benannt werden sollen. Einerseits war es notwendig festzulegen, in welchem Alter der Kinder der Unterricht beginnen könne. Andererseits war es erforderlich, eine Antwort auf die Herausforderung zu finden, die Aufmerksamkeit der Kinder für die Unterrichtsinhalte zu sichern. Außerdem mussten Festlegungen über die Größe der Klassen sowie den optimalen Entwicklungsstand von Kindern getroffen werden, die gemeinsam unterrichtet werden sollten. Daraus sind implizite Rationalitätsannahmen über die Praxis des Unterrichtens entstanden, die noch näher erläutert werden. Die Rationalitätsannahmen werden hier als implizit bezeichnet, weil sie in vielen Fällen aus der Praxis des Unterrichtens emergiert sind und diejenigen sich durchgesetzt haben, die sich bewährt zu haben schienen.[14] Sie wurden in Erziehungs- und Unterrichtslehren zusammengefasst (vgl. z.B. Niemeyer 1796).

In dieser Beschreibung ist eine weitere Auffassung von Unterricht benannt, die auch den folgenden Überlegungen zugrunde liegen wird: Beim Unterricht in der Schule handelt es sich in der traditionellen Sicht um eine spezifische Ausformung des Verhältnisses der älteren zur nachwachsenden Generation. Sie hat sich entwickelt und in ihr werden Annahmen über den Transfer von Wissen, Fertigkeiten, Fähigkeiten und Kenntnissen sowie Normen und Werten von der älteren an die jüngere Generation vorgegeben, um den ursprünglich im alltäglichen Vollzug des Lebens erfolgten Erwerb, systematisch in bestimmten Institutionalisierungen ablaufen lassen zu können. Dabei bestand eine besondere Herausforderung darin, dass der Kanon dessen, was vermittelt werden sollte, einerseits festgelegt sein sollte, andererseits aber auch Weiterentwicklungen durch die nachfolgende Generation ermöglichen sollte, wenn diese erwachsen wird (Schleiermacher 1983).

Für die Gestaltung des Unterrichts resultiert daraus, dass man für den Unterricht die Legitimation für Gestalt und Durchführung nicht nur unter Bezug auf ihn selbst gewinnen kann, sondern dass die Legitimation für Gestalt und Durchführung jeweils auch außerhalb des Unterrichts gesucht werden muss.[15] Das ist

---

14 Zweifel daran, dass die Tradition des Unterrichtens und die darin gewonnene Erfahrung als Grundlage hinreichend seien, finden sich bereits bei Herbart (1874).
15 Es treffen Rationalitätsannahmen mit einem unterschiedlichen Rahmen aufeinander. Das ist ein Aspekt, der im Neoinstitutionalismus eine große Rolle spielt (vgl. Meyer, Rowan 1992; Walgenbach, Meyer 2008).

ein Aspekt, der unter dem Thema Ziele des Unterrichts noch betrachtet werden wird, dessen Bedeutung aber nicht unterschätzt werden sollte, wenn es darum geht, den Unterricht in seinen verschiedenen Formen der Artikulation zu betrachten. Er spielt in der gegenwärtigen Diskussion über Bildungsstandards übrigens eine zentrale Rolle (vgl. BMBF 2003).

Da der Unterricht organisiert werden muss und diese Organisation in aller Regel in Schulen oder in Institutionen der Erwachsenenbildung bzw. der Weiterbildung stattfindet, hat sich die Betrachtung des Unterrichts auf Veranstaltungen in diesen Institutionen beschränkt. Sieht man ihn aber unter einem allgemeineren Blickwinkel, dann muss man konstatieren, dass Unterricht prinzipiell in allen pädagogischen Institutionen, vielleicht mit Ausnahme der Familie, stattfinden kann. Entscheidend ist, dass Vermittlung organisiert wird. Nicht mehr die besonderen Merkmale des schulischen Unterrichts, die vor allem in der Curriculumtheorie häufig im Mittelpunkt gestanden haben, sondern die Frage des Gelingens von Unterricht in pädagogischen Institutionen, in denen Lernen organisiert wird, steht dann im Mittelpunkt.[16]

In der Mehrzahl der Betrachtungen hat sich aber eine Eingrenzung des Unterrichts auf Schule durchgesetzt. Diese bietet sich für die folgende Darstellung auch deshalb an, weil in Schulen ohne jeden Zweifel unterrichtet wird. Allerdings sind auch in anderen Kontexten ökonomische Formen der gemeinsamen Unterweisung, d.h. der Parallelisierung der Transferprozesse von Eingeweihten an Dritte (Novizen) möglich. Das ist z.B. bei Veranstaltungen der Weiterbildung der Fall. Aber in der Erziehungswissenschaft hat sich eine Tradition herausgebildet, dass einzelne Subdisziplinen, wie z.B. die Sozialpädagogik, den Unterricht als schulspezifisch für sich ausgegrenzt haben (vgl. z.B. Coelen 2004). Die Schulpädagogik wiederum hat Teile der Allgemeinen Didaktik aus ihrer Sicht z.B. als Curriculumtheorie weiterentwickelt und Verbindungen zur Allgemeinen Erziehungswissenschaft nicht weiter gepflegt. Unter dem Einfluss der pädagogischen Psychologie hat sich eine Lehr-Lern-Forschung etabliert, die beim Unterrichten das Organisieren von Lernprozessen in den Mittelpunkt stellt. Die mit solchen Entwicklungen verbundenen Reduktionen sind für den Unterricht und vor allem die Theoriebildung zum Unterricht nicht folgenlos geblieben.[17]

Das Spezifische des mit „Unterricht" Bezeichneten lässt sich dahin beschreibend präzisieren, dass es sich um eine Sozialform handelt, die dazu dient, Lehr-Lern-Verhältnisse aufeinander bezogen mit dem Zweck zu organisieren, dass bestimmte Ziele erreicht werden, die man im weitesten Sinne als pädagogisch kennzeichnen kann. Für den Unterricht ist dieser Zielbezug konstitutiv.

---

16 Dieser Aspekt wird im Folgenden nicht im Zentrum der Darstellung stehen.
17 Das wird im Folgenden kein zentrales Thema sein, es wird aber hin und wieder aufgegriffen werden.

Dabei kann es hinsichtlich der Ziele um Wissen, Kenntnisse, Fähigkeiten, Einstellungen oder Werte gehen. Die Ziele müssen wiederum z. B. im Rahmen der Didaktik als legitim hergeleitet werden können.[18] Deshalb setzt Unterricht neben einer Organisation auch eine Didaktik voraus, wenn er als eine Veranstaltung mit einem pädagogischen Zweck betrachtet wird.[19] Beim Unterricht handelt es sich um eine spezifische pädagogische Aufgabe. Deren Entstehung soll kurz skizziert werden.

Exkurs 1: Zur Entstehung von Unterricht

Petrat (1979) hat historisch eine Differenz zwischen dem Schulehalten, die Kinder werden unterwiesen, und dem Unterricht aufgezeigt, die er eng an die Professionalisierung der Lehrer geknüpft hat und die er mit der Ablösung der Befragung Einzelner (Unterweisung) durch das Unterrichten der Vielen, also einen Wandel markiert hat. Diese Wende hat sich nach seiner Auffassung in der Mitte des 18. Jahrhunderts vollzogen[20]. Aus dieser Sicht ist der Unterricht eine Inszenierung mit spezifischen Merkmalen: Inhalte, der Stoff, sollen systematisch an mehrere gleichzeitig vermittelt werden. Dazu bedurfte es entsprechender Unterrichtsmethoden, also Vorgehensweisen. Damit ist eine Grundform der Beschäftigung mit dem Thema Unterricht erfasst, die lange Zeit dominant gewesen ist: Erstens muss die Auswahl des Stoffes, der Praxis wurde sie in Lehrplänen vorgeschrieben, und zweitens muss das methodische Vorgehen begründet werden. Dabei spielte die Verknüpfung mit der Erziehung oft keine Rolle mehr.[21] Es wurde angenommen, die Ziele des Unterrichts würden mit Hilfe bestimmter Methoden und Inhalte erreicht werden. Man kann das als Input-Orientierung charakterisieren, weil implizit angenommen wurde, dass die Wahl der richtigen Ziele, Inhalte und Methoden die gewünschten Ergebnisse befördern würde. Der Input wurde über Gesetze, Lehrpläne, Erlasse, Stundentafeln, Ordnungen etc. vorgegeben. Die Überprüfung fand nur mit dem Ziel statt, dass kontrolliert wurde, ob bzw. wieweit die einzelnen Schüler, die Ziele erreicht hatten. Der unterschiedliche Grad der Zielerreichung wurde benotet. Damit wurde implizit angenommen, dass es die Aufgabe der Schüler sei, sich um das Erreichen der im Unterricht verfolgten Ziele zu bemühen. Die Präsentation über Inhalte und Methoden wurde im Kern schon als hinreichend angesehen, wenn die Präsentation stattgefunden hatte. Die Wirkung des Unterrichts wurde nicht systematisch in Bezug auf den Unterricht, sondern nur individuell bei den einzelnen Schülern überprüft. Dazu passte, dass vor allem darüber diskutiert wurde, welche Methoden geeignet seien, die angestrebten Ziele zu erreichen. Das wurde aber weniger systematisch empirisch als eher fallbezogen praktisch untersucht, wenn es überhaupt darum ging, Belege für die Angemessenheit der eigenen Auffassung beizubringen. In der Regel wurde auf der Basis normativer Vorstellungen disku-

---

18 Das Thema Didaktik wird im Folgenden nicht im Zentrum der Überlegungen stehen.
19 Hierüber ist bei der Diskussion der Bildungsstandards eine der zentralen Auseinandersetzungen geführt worden (BMBF 2003). Wieweit die Didaktik solchen Erwartungen und ihren eigenen Ansprüchen genügt hat, wird im Folgenden nicht erörtert.
20 Menck (2006, 18f.) hat diesen Zeitpunkt etwas früher gesehen.
21 Diese Markierung der Differenz des Unterrichts zur Erziehung zeigt sich auch bei Wegmann (1964).

tiert. In der Lehrerbildung hat diese Sichtweise vor allem die zweite Phase bestimmt, in der eingeübt wurde, wie der Unterricht ‚richtig' stattzufinden habe.[22]
In dieser Tradition sind die unterschiedlichsten methodischen Konzepte des Unterrichts entwickelt worden (vgl. Helmke 2003, 17f.). Es ist eine eigene Literaturgattung dazu entstanden, die sich mit Unterrichtsplanung beschäftigt hat, auf die noch zurückgekommen wird. Als Grundannahme lässt sich dabei angeben, die rationale Planbarkeit des Unterrichts als Prozess als möglich erscheinen zu lassen.[23]

Für den Unterricht folgt aus dieser Entwicklung, dass er gegenüber dem möglichen Verständnis, es handele sich um eine erzieherische Tätigkeit, wie das bei Herbart der Fall gewesen ist, unterkomplex auf bestimmte Aspekte reduziert werden kann.[24] Vice versa ist die Entwicklung auch für die Behandlung und Erforschung von Erziehung und Sozialisation nicht unproblematisch geblieben. Der Unterricht denaturierte aus dieser Perspektive teilweise zum heimlichen Lehrplan, mit dem das eigentliche Ziel, die Heranbildung der Kinder und Jugendlichen zu der ihnen jeweils angemessenen Form, erschwert und behindert wurde.[25] Aus dieser Sicht wurden Defizite in der Erziehung beklagt. Bei Bilanzierungen dieser Art wird übersehen, dass Unterricht vom Ansatz her eine Institution mit dem Ziel darstellt, Prozesse des Wissenstransfers, des Transfers von Werten und Haltungen in gewisser Weise zu ökonomisieren: „Unterricht ist eine eigens dem Zwecke des Lehrens und Lernens dienende Veranstaltung [...] Lernen wird dabei aufgefaßt als Verbesserung oder Neuerwerb von Verhaltens- oder Leistungsformen" (Schulz 1968, 12).

Festzuhalten bleibt für die folgenden Überlegungen, dass der Unterricht im Unterschied zu Erziehung und Beratung der Organisation bedarf.[26] Das ist notwendig, weil jeweils eine Gruppe von Schülern gemeinsam unterrichtet und

---

22 Wegmann (1964) hat eine Theorie des Unterrichts vorgelegt, in der differenzierend und reflektierend diese traditionelle Sichtweise vorgestellt wird.
23 Aus dieser Perspektive werden auch heute noch Bücher über den guten Unterricht verfasst (vgl. Meyer 2004).
24 Tatsächlich haben sich Lehrkräfte dagegen gewehrt, im Unterricht mehr zu sehen als die Tätigkeit des Unterrichtens, wenn sie darauf verwiesen haben, sie seien keine Sozialpädagogen, und wenn zur Ergänzung in Schulen neben Lehrkräften auch Sozialpädagogen eingesetzt worden sind, um dem erzieherischen Anspruch der Institution Schule Genüge zu leisten. Auf diese Weise wird auch heute noch versucht, erkannte Unzulänglichkeiten beim Unterricht abzumildern. In Berlin kann diese Entwicklung gegenwärtig an Haupt- und Grundschulen beobachtet werden.
25 Der Verweis auf den heimlichen Lehrplan der Schule und des Unterrichts ist insofern von Interesse, weil angenommen wurde, dass über diesen Lehrplan Sozialisationsziele durchgesetzt werden (vgl. Zinnecker 1975). Implizit finden sich hierfür Hinweise bei Schulz (1968, 12), der Unterricht „als eine im voraus geplante und damit festgelegte Ordnung, in der die Inhalte eines mehrgliedrigen Bereiches so aufeinander folgen, dass der Schüler den ganzen Bereich lernend erfassen kann", beschrieben hat.
26 Dieser Aspekt ist bisher in Darstellungen des Unterrichts nicht hinreichend beachtet worden, obwohl z.B. Unterrichtsmethoden zumindest implizit aus einer organisatorischen Perspektive entwickelt worden sind.

dabei nach einzelnen Fächern unterschieden wird. Die Organisation findet in der einzelnen Schule auf unterschiedlichen Ebenen statt. Zuerst ist der Stundenplan zu nennen, über den z. B. die Zuordnung der Fachlehrer zu Klassen und die Abfolge des Fachunterrichts über den Schultag organisiert werden. Die Klassen müssen außerdem auf Räume verteilt und die Nutzung der Fachräume geregelt werden. Hierbei handelt es sich um Organisationsfragen, die im Verlauf eines Schuljahres nicht ständig wiederkehren. Sie werden auf der Ebene der Schule gelöst. Die Organisation von Lehr-, Lernprozessen meint aber noch mehr: Sie ist klassisch über die Unterrichtsmethode erfolgt.[27] Heute stellt sich die Aufgabe differenzierter, weil die Lehrer ihren Unterricht so organisieren sollen, dass Kinder mit unterschiedlichen Lernvoraussetzungen und Lernentwicklungen die für sie erforderlichen Lernangebote erhalten.[28] Weiterhin sollen in den unterschiedlichen Schulformen, vor allem wenn Ganztagsschulen eingerichtet worden sind, Unterstützungssysteme für Schülerinnen und Schüler mit Lernschwierigkeiten oder Hochbegabung eingerichtet werden. Aus diesen verschiedenen Anforderungen resultiert ein hoher Organisationsbedarf im täglichen Unterricht, der ein entsprechendes Schul- und Unterrichtsmanagement[29] erforderlich macht.

Stellt man den Aspekt der Organisation in den Fokus der Betrachtung, dann kommt der Frage nach der Rationalität bei der Zuordnung der Mittel zu den Zwecken zentrale Bedeutung zu. Zugleich wird die Frage der Begriffsbildung, d.h. einer theoretischen Fundierung der Auffassung von Unterricht, dringlicher. Hier lassen sich verschiedene Varianten unterscheiden, von denen drei kurz skizziert werden sollen. Die Mehrzahl der bisherigen Erläuterungen zum Unterricht lässt sich unter einer handlungstheoretischen Sichtweise zusammenfassen: Unterricht kann danach „als ein System von Handlungen zur Ermöglichung von Lernen definiert werden" (Lüders 2003, 26).[30] Aus dieser Perspektive wurde der Blick traditionell darauf gerichtet, wie Lehren organisiert wurde, weil angenommen wurde, dass Lernen Lehren voraussetze. Die Mehrzahl der Konzeptualisierungen folgt gegenwärtig dem handlungsorientierten Modell. Das hängt mit der zunehmenden lernpsychologischen Orientierung in der Unterrichtsforschung zusammen.

---

27 Gage und Berliner (1977) haben korrekterweise zwischen Lehrmethoden und Unterrichtsmethoden unterschieden. Genau genommen hätte hier der Begriff Lehrmethode gewählt werden müssen. Im Sinne von Gage und Berliner lässt sich dieses Problem aber lösen, wenn über Unterricht gearbeitet wird: Im Unterricht handelt es sich um Unterrichtsmethoden. Diese zeichnen sich dadurch aus, dass phasenweise zwischen verschiedenen Lehrmethoden gewechselt werden kann.
28 Dieses Merkmal wird noch näher expliziert werden.
29 Das Konzept des Unterrichtsmanagements ist verhältnismäßig neu, wie ein Übersichtsartikel zum *Classroom Management* von Doyle (1986) belegt.
30 Lüders (2003, 24ff.) hat so die Position von Brezinka beschrieben.

Von diesem Ansatz, der auch bei der Überschrift zu diesem Absatz gewählt worden ist, lässt sich ein zweiter unterscheiden, bei dem der soziale Aspekt in den Fokus tritt: Unterricht lässt sich als Interaktionsgefüge erfassen: Lehrer und Schüler interagieren im Unterricht miteinander. Dabei können Muster der Interaktion emergieren, die vielleicht fachspezifisch sind (vgl. Seidel 2003).[31] Ebenso können sich Sprachmuster entwickeln, die wahrscheinlich fachspezifisch sind (vgl. Lüders 2003). Interaktionsanalysen haben eine Tradition in der Unterrichtsforschung, dabei hat sich in gewisser Weise bei allen Verkürzungen der Fragestellung die Fruchtbarkeit des Ansatzes gezeigt, weil sich unterschiedliche theoretische Modelle einsetzen ließen (vgl. Merkens, Seiler 1978). In diesen Varianten wird nach typischen Mustern der Interaktion in Klassen und Unterrichtsfächern gefragt.[32] Forschungen zu diesen Fragen stehen erst am Beginn. Vor allem ist nicht geprüft, welche Bezüge sich zum Unterrichtserfolg systematisch nachweisen lassen. Das gilt ebenso für die Handlungsorientierung.

In einer weiteren Variante kann man Unterricht als Abfolge von Entscheidungen sehen, die nicht unabhängig voneinander gefällt werden, bei denen aber eine eindeutige Determination späterer Entscheidungen durch vorangehende nicht unabdingbar ist.[33] Vor allem ist aus der Sicht der Organisationstheorie in diesem Fall von Bedeutung, welchen Zusammenhang von Organisation und Entscheidung es gibt (Luhmann 2006),[34] wie Störungen entstehen. Wittrock (1970, 4) hat bereits darauf verwiesen, dass Lehrer und andere mit Unterricht befassten Personen im Unterricht ständig Entscheidungen fällen. Hier interessiert vor allem, wie die Kommunikation von Entscheidungen Unterricht konstituiert. Das ist bisher nicht untersucht worden.[35] Von Interesse wäre, wie Entscheidungen implizit oder explizit kommuniziert und eventuell auch zu legitimieren versucht werden[36] und wie das zur Akzeptanz des jeweiligen Unterrichts bei den Beteiligten beiträgt.

---

31 In dieser Variante kommt der Unterrichtssprache große Bedeutung zu. Dieser Ansatz wird im Folgenden nicht im Fokus stehen.
32 Empirisch dürfte es schwierig sein, Handlung und Interaktionsmuster voneinander zu trennen, weil auch innerhalb der Muster gehandelt wird. Dennoch soll an der Trennung festgehalten werden, weil Muster nicht mit Notwendigkeit nur aus der Perspektive der Handlungen rekonstruiert werden müssen.
33 Dieser Aspekt hat bisher in der Unterrichtstheorie weniger Beachtung gefunden, ist aber gerade dann interessant, wenn Unterrichtsprozesse erforscht werden sollen (zu einer Darstellung vgl. March 1990; March, Olson 1990).
34 Luhmann (2006, 123) hat formuliert, dass Organisation aus der Kommunikation von Entscheidungen entsteht. Damit kann auch eine entscheidungstheoretische Begründung des Unterrichts erfolgen.
35 Der Band von Brüsemeister, Eubel (2003) enthält beispielsweise keine entsprechenden Hinweise.
36 In Fragestellungen dieser Art gewinnt dann auch die Suche nach symmetrischen Formen der Kommunikation im Unterricht an Bedeutung.

Die Gegenüberstellung der drei theoretischen Ansätze veranschaulicht, wie mit theoretischen Konzeptualisierungen die Sichtweise auf Unterricht gravierende Veränderungen erfährt. Im Folgenden wird in erster Linie, wenn nicht expressis verbis etwas anderes ausgeführt wird, der handlungstheoretischen Perspektive gefolgt.

Um das erste Bild vom Unterricht abzurunden, werden im Folgenden einige typische Merkmale des Unterrichts benannt, die zumindest für den Unterricht in der Schule zutreffen. Der Unterricht ist eine Institutionalisierung, die mit dem Ziel stattfindet, systematisches Lernen zu ermöglichen bzw. wahrscheinlich werden zu lassen, und es sind die verschiedensten Vorstellungen dazu entwickelt worden, wie er möglichst abzulaufen habe, worauf zu achten sei und wie der Erfolg zu sichern bzw. überprüfen sei. Versucht man eine Essenz aus ihnen zu ziehen, so lassen sich Merkmale aufzählen, die als konstitutiv für Unterricht gelten können.

Abbildung 1: Merkmale, die für Unterricht zutreffen

1. Es handelt sich um eine Konfiguration, bei der eine Lehrkraft mehreren Schülern gegenübersteht und diese unterrichtet.
2. Im Unterricht werden klassisch Lehr-Lern-Prozesse organisiert. „Unterrichten heißt, die Bedingungen des Lernens, die außerhalb des Lernenden bestehen, zu arrangieren" (Gagné 1969, 27).
3. Im Unterricht werden bestimmte Ziele verfolgt. Diese sind für die Schule beispielsweise in Lehrplänen oder Rahmenrichtlinien festgelegt. Über Lehrpläne wird ein Element der Fremdbestimmung für den Unterricht bedeutungsvoll.
4. Im Unterricht werden Inhalte gelehrt und gelernt. Die Ziele materialisieren sich in den Inhalten. Auch diese Inhalte sind in Bezug auf die Tätigkeit des Unterrichtens oft fremdbestimmt vorgegeben.
5. Im Unterricht werden Medien eingesetzt. Klassisch waren das Sprache sowie Tafel und Kreide, aber auch Lehrbücher. Heute gehört u. a. IT hierzu.
6. Im Unterricht wird bewertet und beurteilt, heute spricht man generalisierend von evaluiert.

Unterricht, der an verschiedenen Orten stattfindet, weist demnach von der allgemeinen Auffassung her eine bestimmte Grundfigur auf, die in der Praxis des Unterrichts stark variieren kann. In der lange Zeit dominierenden Tradition des Verständnisses von Unterricht hat die Dyade des Lehrens und Lernens die Überlegungen zum Unterricht beherrscht, indem z. B. angenommen wurde, dass in der Schule von den Schuljugendlichen das gelernt werden würde, was von den Lehrenden gelehrt wurde. Die Lernenden wurden dabei oft als eine homogene Gruppe betrachtet: Ihnen konnte das Gleiche gelehrt werden. Dieser theoretische Ansatz wird als kognitivistisch bezeichnet: Dem Lehren als Darbieten im Unterricht korrespondiert das rezeptive Verhalten der Lernenden (Straka, Macke 2002,

146). Instruktionspläne stehen im Zentrum dieses Vorgehens, bei dem davon ausgegangen wird, dass der Lernprozess dadurch gesteuert werden soll, dass den Lernenden mitgeteilt wird, auf welche Weise sie wie, welche Ziele ansteuern sollen. Von daher war es selbstverständlich, das Lehren in den Mittelpunkt zu stellen, wenn die Verbesserung der Ergebnisse des Lernens angezielt wurde. Hinter dieser Denkfigur steht die Annahme, dass die Ziele, die angesteuert werden, auch erreicht werden. Das Handeln im Unterricht war durch den Lehrer bestimmt, lässt sich als Grundprinzip formulieren.

1.2 Neue Sichten auf den Unterricht

In Differenz zu der skizzierten traditionellen Sicht wird neuerdings mehr Wert auf die Wirkungsorientierung gelegt. Danach soll der Unterricht an den Wirkungen bemessen werden, die in ihm erzielt werden. Diese Sichtweise manifestiert sich in den Vergleichsarbeiten und in Studien wie IGLU (Bos et al. 2003); PISA (Deutsches PISA-Konsortium 2001; PISA-Konsortium Deutschland 2004, 2007) oder TIMSS (Baumert, Bos, Lehmann 2000): an die Stelle der Inputorientierung ist ein Vergleich des Outputs in verschiedenen Varianten getreten.[37] Wenn Wirkungen bilanziert oder zu bilanzieren versucht werden, beginnt schnell die Suche nach möglichen Ursachen. Da in den benannten Vergleichsstudien Vergleiche auf der Systemebene erfolgt sind, lag es nahe, Ursachen für Wirkungen ebenfalls auf der Systemebene zu vermuten. Deshalb konzentrierte sich die Suche nach Ursachen quasi naturwüchsig darauf, Unterschiede in den Bildungssystemen zu identifizieren und anschließend zu prüfen, ob gefundene Differenzen in den Systemen als Ursachen für Differenzen in den Ergebnissen vermutet werden können.[38] Daraus ist in der Politik, der Bildungspolitik und bei anderen eine lebhafte Debatte entstanden. In ihr wurde übersehen, dass Kausalannahmen auf der Grundlage von Querschnittsuntersuchungen weder bestätigt noch widerlegt werden können. Dennoch wird in vielen Darstellungen vermutet, dass die Verbesserung der Ergebnisse in den Schulleistungsstudien in erster Linie durch eine Veränderung auf der Systemebene im Bildungssystem zu erreichen sei.[39]

---

37 In den USA ist dieser Ansatz schon länger entwickelt worden (vgl. Gettinger, Kohler 2006).
38 Diese Sichtweise hat Stellungnahmen der OECD dominiert (vgl. kritisch Prenzel, Baumert, Klieme 2008).
39 Das ist eine nahe liegende, aber auch problematische Reaktion. Entscheidungen, wie sie hier gefordert werden, ließen sich wissenschaftlich auf der Basis von Längsschnittuntersuchungen begründen. Politisch könnten sie auch ohne Rückgriff auf die Untersuchungen beantwortet werden. In der Debatte wird also nur eine Scheinlegitimation durch den Verweis auf die Untersuchungen geliefert.

Weinert (2000) und Helmke (2003) haben dieser Sicht entgegengehalten, dass eine wirkliche Korrektur der Ergebnisse nur durch eine Verbesserung der Qualität des Lernens und Lehrens, also des Unterrichts zu erreichen sei. Das macht es u. a. erforderlich, die Wirkungen des Unterrichts systematisch zu überprüfen. Ein Modell dafür findet sich bei Wittrock (1970).[40] Überprüfungen möglicher Wirkungen können auf verschiedenen Ebenen stattfinden: Auf der Basis der großen internationalen Vergleichsstudien können Aussagen über Wirkungen in erster Linie auf der Systemebene produziert werden, der einzelne Unterricht wie auch die Bewertung einer Klasse entziehen sich in diesem Fall einer genauen Bilanzierung, weil schon die Art der Stichprobenziehung dagegen steht.[41] Erst im Rahmen von Vergleichsarbeiten werden solche Aussagen möglich, wenn Ergebnisse klassenweise zurückgemeldet werden können. Auch in diesem Fall wird aber noch nicht der Unterricht selbst, sondern es werden Sequenzen von Unterricht überprüft, deren Dauer stark variieren kann.[42] Zusätzlich muss in die Überlegungen einbezogen werden, dass es keineswegs einfach ist, Wirkungen zu überprüfen, weil diese nicht nur auf die Tätigkeit im Unterricht zurückgeführt werden können, sondern es sich auch um Wirkungen handeln kann, die nicht mit dem Unterricht selbst in Zusammenhang gebracht werden können.[43] Hierzu zählen, um nur einige Beispiele zu benennen, u. a. die Ressourcen, über die die Schüler verfügen, ebenso wie Kompositionsmerkmale der Klasse (vgl. Bellin 2009, Merkens 2008).[44] Neben den Wirkungen müssen daher auch die außerunterrichtlichen Voraussetzungen des Unterrichts und die Prozesse im Unterricht einschließlich der Kontexte des Unterrichts mit einbezogen werden, wenn Unterricht untersucht wird. Deshalb ist es vernünftig, dass die Outputorientierung in neuesten Untersuchungen um eine Prozessorientierung ergänzt wird.

---

40 Dabei hat er den Zusammenhang mit der Evaluation hergestellt und auf die methodischen Probleme solcher Studien aufmerksam gemacht.
41 Die Stichproben sind nicht klassenbasiert, sondern jahrgangsbasiert gezogen worden. An den beteiligten Schulen wurde jeweils ein Teil des Jahrgangs getestet.
42 Unterricht kann nicht wie eine Blackbox behandelt werden. Es wird vielmehr darauf ankommen, bestimmte Merkmale des Unterrichts in die Untersuchungen mit einzubeziehen (vgl. Wittrock 1970).
43 Eltern können beispielsweise Nachhilfestunden für ihre Kinder organisieren. D. h., es gibt bestimmte Formen der Hilfe, die auch systematisch organisiert werden, die parallel zum Unterricht stattfinden und die Wirkungen beeinflussen, die durch den Unterricht erreicht werden sollen, um nur ein Beispiel zu nennen. In den internationalen Vergleichsstudien ist beispielsweise die Wirkung der Paukschulen, die viele Schüler in Japan bzw. Südkorea täglich im Anschluss an die Schule besuchen, nicht kontrolliert worden.
44 Bei PISA konnte in einem Längsschnitt festgestellt werden, dass in einer Reihe von Klassen keine Zugewinne bei den Kompetenzen im naturwissenschaftlichen Bereich erzielt werden konnten, während in anderen Klassen Lernzuwächse zu verzeichnen waren (vgl. Prenzel 2006, 20). Es ist allerdings nicht einfach, Kompositionseffekte von Klassen angemessen abzuschätzen (Baumert, Stanat, Watermann 2006).

Für die Betrachtung des Unterrichts ist ein weiterer Perspektivenwechsel noch wichtiger, der gegenwärtig beobachtet werden kann: Während traditionell die Beziehung Lehren–Lernen im Mittelpunkt stand, wird nunmehr in vielen Fällen eine andere Fokussierung dieses Verhältnisses bei der Beschreibung von Unterricht vorgezogen, wie sich bei Reinmann und Mandl (2006, 615) zeigt, die formuliert haben: „Mit Unterricht sind im Allgemeinen solche Situationen gemeint, in denen professionell tätige Lehrende innerhalb eines institutionellen Rahmens mit pädagogischer Absicht und in organisierter Weise Lernprozesse initiieren, fördern und erleichtern." Das Handeln der Lehrenden, deren pädagogische Absichten und die bei den Lernenden dadurch ausgelösten Aktivitäten stehen im Mittelpunkt dieses Konzeptes. Der Aktivität der Lernenden wird mehr Aufmerksamkeit geschenkt. Unterricht verändert sich zu einer Institutionalisierung, die nicht durch Lehren dominiert ist, sondern in der dem Anspruch Genüge getan werden soll, möglichst viele Schüler zum Lernen zu veranlassen. Das galt zwar vom allgemeinen Anspruch ebenso für den traditionellen Unterricht, nunmehr wird aber beansprucht, das Ermöglichen von Lernen in den Mittelpunkt des Bemühens zu stellen. In diesem Kontext ist es besonders wichtig, die intrinsische Motivation der Schüler zu wecken.[45] Heid (2000, 43) hat mit Recht darauf verwiesen, dass mit dieser Betonung im Kern nur eine Selbstverständlichkeit formuliert wird: „Wie soll jemand anders lernen (können) als dadurch, dass er sich an seinem eigenen Lernprozeß beteiligt?"[46]

Wenn der Lernerfolg der Schüler das entscheidende Kriterium ist, an dem der Erfolg des Unterrichts bemessen wird, werden die handelnden Personen aus einer anderen als der bisher bei der Beschreibung dominierenden Perspektive betrachtet: Lehrer werden nicht danach beurteilt, wie sie lehren, sondern danach, welche Lerngelegenheiten sie für ihre Schüler schaffen und wie sie diese motivieren, aktiv ihr Lernen zu betreiben.[47] Außerdem muss der Erfolg bei den Schülern überprüft werden.[48] Das hat zur Folge, dass sich die Organisationsfrage neu stellt: Traditionell wurde für eine Klasse im jeweiligen Unterrichtsfach ein gemeinsamer Lehr-Lern-Prozess organisiert. Nunmehr müssen verschiedene indi-

---

45 Der Gegensatz intrinsische, extrinsische Motivation wird noch erläutert werden. Auch im traditionellen Unterricht hat es intrinsisch motivierte Schüler gegeben. Herbarts Forderung (1874) bei der Vielseitigkeit des Interesses anzusetzen, zielt eindeutig in diese Richtung, und auch die von ihm entwickelten Formalstufen weisen Bezüge zur intrinsischen Motivation auf.
46 Das findet sich auch im Unterricht, der neu ansetzt.
47 Das Thema Motivation wird noch gesondert behandelt werden.
48 Bei solchen Überlegungen wird davon ausgegangen, dass im Unterricht ein Lerngewinn erzielt wird. Das ist aber keineswegs selbstverständlich. So wurde bei PISA in einem Längsschnitt festgestellt, dass Schüler in den Naturwissenschaften keinen Zugewinn bei den Kompetenzen erzielen konnten (Prenzel 2006, 20).

viduelle Lernprozesse parallel organisiert werden.[49] Das erfordert auch eine differenziertere Kontrolle der Erfolge.[50] Gerade unter dem Aspekt des Organisierens sind andere neue Herausforderungen zu bemerken, die sich mit Begriffen wie Unterrichtsqualität (vgl. Helmke 2003) und Klassenmanagement beschreiben lassen. Lehrkräfte werden viel deutlicher, als das in der Tradition gesehen worden ist, als Organisatoren gefordert.[51] Im Folgenden werden aber zunächst klassisch mit Unterricht verbundene Merkmale zusammengefügt.

Fragen bzw. Aufgaben zum Kapitel 1

1. Charakterisieren Sie die klassische Sichtweise des Unterrichts.
2. Geben Sie an, wo die neuen Sichtweisen andere Ansatzpunkte wählen.

---

49 Vorbilder hierfür hat es in den Zwergschulen gegeben.
50 Außerdem ändern sich die Anforderungen an die Steuerung des Unterrichts, weil auch bei dieser Aufgabe die Notwendigkeit einer differenzierten Berücksichtigung der einzelnen Lerner zunimmt.
51 Das wird bei den Themen Unterrichtsteuerung und Unterrichtsqualität noch näher spezifiziert werden.

2 Merkmale des Unterrichts: Die klassische Variante

> Im zweiten Kapitel wird vorgestellt, welche Merkmale sich für das Verständnis von Unterricht traditionell als wichtig herausgestellt hatten. Dazu wird als Grundlage auf ein Modell zurückgegriffen, bei dem zwischen Unterrichtszielen, Unterrichtsinhalten, Unterrichtsmethoden und Unterrichtsevaluation unterschieden worden sind. Da in der Erziehungswissenschaft und der Didaktik besonders viele Überlegungen zu den Unterrichtszielen entwickelt worden sind, wird mit deren Darstellung begonnen. Diese Darstellung verharrt aber nicht bei den Modellen der Didaktik, sondern bezieht auch neue Herausforderungen mit ein, die unter dem Begriff Kompetenz verhandelt werden. Für die drei anderen Kategorien wird gezeigt, wie über sie Ziele mitformuliert bzw. beeinflusst werden. Unterrichtsinhalte, Unterrichtsmethoden, hier mit dem Schwerpunkt Lehren, sowie Evaluation werden ebenfalls mit Varianten bis zur Gegenwart einbezogen. Es bleibt aber festzuhalten, dass das Grundschema des Unterrichts in diesem Kapitel in dem Organisieren von Lehr-Lern-Prozessen gesehen wird. Es wird also in einer Relation argumentiert, in der dem Lehren das Lernen korrespondiert. Damit ist ein klassisches Grundschema benannt.

Die fehlende einvernehmliche theoretische Basis bei der Bestimmung von Unterricht legt es nahe, beschreibend Merkmale von Unterricht einschließlich seiner Umgestaltung zusammenzutragen, um daraus Erkenntnisse zu gewinnen. Dabei wird im Folgenden analog zum Vorgehen im ersten Kapitel verfahren. Begonnen wird mit einer Darstellung, die als klassisch bezeichnet wird, bei der die Tätigkeit des Lehrens im Fokus steht. Das ist der Gegenstand dieses Kapitels. Im fünften Kapitel wird dann gefragt werden, welche Veränderungen sich einstellen, wenn vom Ziel des Unterrichts, dem Lernen der Schüler ausgegangen wird.[52]

Klassisch wird mit Unterricht die Vermittlung von Inhalten auf der Basis von Lehren und Lernen nach dem Muster der Instruktion bezeichnet. Es gibt eine klare Rollenzuschreibung für Lehrer und Schüler in ihrem wechselseitigen Verhältnis im Unterricht (s. Abb. 2).

Bei der Instruktion wird von der Annahme ausgegangen, der Unterricht lasse sich rational planen (vgl. Gebauer et al. 1977, 41ff.).[53] Lehrern obliegt es, bei

---
52 Dem Nachteil, dass einiges bei dieser Form der Darstellung wiederholt werden muss, steht der Vorteil gegenüber, dass sich die beiden Varianten deutlicher voneinander unterscheiden lassen.
53 Vgl. das Kapitel über Unterrichtsplanung.

diesem Ansatz im Unterricht zu erklären, anzuleiten oder vorzutragen. Alle Aktivitäten gehen im Unterricht von ihnen aus.

Abbildung 2: Schematische Darstellung des Unterrichts als Instruktion

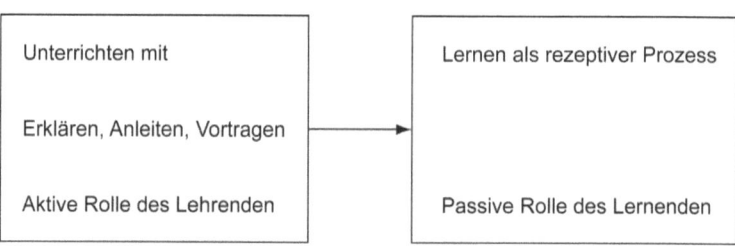

Von den Schülern wird erwartet, dass sie das von den Lehrern Präsentierte rezeptiv aufnehmen. Ihnen wird bei der Gestaltung des Unterrichts eine passive bei ihrem eigenen Lernen aber aktive Rolle zugeschrieben.[54] Weiterhin wird diese Auffassung von der Annahme geprägt, dass bei der jeweiligen Planung des Unterrichts das Schülerverhalten angemessen antizipiert werden kann, dass die Schüler das Gelehrte also auch lernen würden und es bei ihnen allenfalls erforderlich sein würde, den Lernfortschritt kontinuierlich zu überprüfen. In der Planungsphase wurden bestimmte Merkmale in eine Beziehung zueinander gesetzt. Das waren z. B. in der Tradition der Curriculumtheorie Ziele, Inhalte, Methoden und Evaluation (vgl. Taba 1962, 425). In einem einfachen Planungsmodell könnten identifizierten Zielen, Inhalte zugeordnet und geplant werden, wie die Umsetzung im Unterricht methodisch erfolgen soll. Das Ergebnis könnte anschließend evaluiert werden, d. h., es würde konsekutiv verfahren.

Unterricht wurde entgegen diesem simplifizierenden Rational, wie Abbildung 3 belegt, von Taba (1962), die vor allem die Planung des Unterrichts im Blick hatte, als Interdependenzgeflecht von vier Merkmalen gesehen, die wechselseitig aufeinander einwirken.[55] Interdependenzgeflechte bereiten Probleme, wenn dem Anspruch der rationalen Planung gefolgt werden soll, weil sich abhängige und unabhängige Variablen nicht eindeutig fixieren lassen. Beispielsweise werden bei der Planung des Unterrichts auch Schleifen vorgesehen werden müssen, sobald sich während des Unterrichts oder im Anschluss an ihn beim Evaluieren herausstellen sollte, dass Gruppen von Schülern bestimmte Inhalte nicht verstanden bzw. Ziele nicht erreicht haben.

---

54 Typisch für das Letztere ist die Rede vom faulen bzw. fleißigen Schüler.
55 In der Debatte über Curricula hat vor allem die Planung des Unterrichts im Mittelpunkt gestanden (Frey 1975).

Abbildung 3: Zusammenhang der Grundelemente des Unterrichts
(nach Taba 1962, 425)

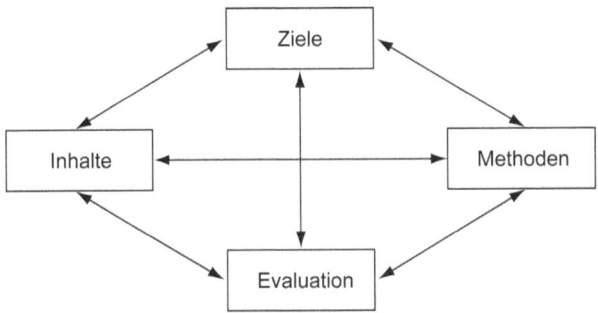

Außerdem ist dem Modell zu entnehmen, dass es keinen eindeutigen Anfang und kein eindeutiges Ende des Prozesses gibt. Das entspricht zwar dem, was im Unterricht geleistet werden muss, weil jedes erreichte Ziel auch ein Beginn für einen neuen Prozess sein sollte, aber es erschwert eindeutige Zuordnungen z. B. von Erfolgen. Entgegen vereinfachenden Annahmen ist Unterricht kein eindeutiger Ablauf mit eindeutig definiertem Start- sowie Endpunkt. Vielmehr handelt es sich beim Startpunkt immer auch um einen Endpunkt und dem Endpunkt um einen Startpunkt. Folgt man dieser Überlegung, dann muss Unterricht als Prozess konzipiert werden.

Nicht nur in der Tradition der Curriculumstheorie sind Annahmen darüber formuliert worden, was bei einem gut geplanten Unterricht zu beachten sei.[56] So hat Schulz (1965, 23) ähnlich und doch abweichend sowie noch ergänzend Unterricht in folgender Weise bestimmt: „Mindestens sechs Momente konstituieren in ihrem Zusammenwirken Unterricht als absichtsvolles pädagogisches Geschehen: Die pädagogischen Intentionen (Absichten), die Themen des Unterrichts (Inhalte, Gegenstände), mit denen Absichten verfolgt werden, die Methoden und schließlich die Medien (Mittel) der Verständigung zwischen den am Unterricht Beteiligten." Hinzugefügt wurden noch die anthropogenen Voraussetzungen der am Unterricht Beteiligten sowie die sozial-kulturellen Voraussetzungen, über die der gesellschaftliche Kontext erfasst werden sollte, in dem der Unterricht stattfand.[57] Während den Medien eine eigene Dimension gegeben wird, entfällt in diesem Modell die Evaluation.

---

56 Heid (2000) hat mit Recht darauf verwiesen, dass in vielen Fällen die Verwendung des Indikativs eine deskriptive Aussage suggeriert, obwohl der normative Gehalt des Adjektivs ‚gut' präskriptiv ist.
57 Überlegungen, die in diese Richtung weisen, finden sich auch bei Glaser (1970, 72ff.).

Unstrittig war bei beiden Modellen, dass Ziele, Inhalte und Methoden wesentliche Merkmale des Unterrichts seien. Die bei Schulz zusätzlich geforderte Einbindung des Unterrichts in das soziokulturelle Umfeld verbunden mit dem Erfassen der anthropogenen Voraussetzungen der Schüler kann man als Ansatzpunkt sehen, die Heterogenität der Schüler im Unterricht zu beachten.

Den Modellen von Taba (1962) und Schulz (1965) ist ein Moment gemeinsam, das noch weiter behandelt werden wird: Der Unterricht wird als planbar und als Voraussetzung dafür modellierbar angesehen. Es handelt sich um eine rationale Konstruktion – das lässt sich festhalten –, durch die im Unterricht die Lehr-Lern-Prozesse organisiert werden.[58]

Damit ist historisch die lange dominierende theoretische Sicht von Unterricht benannt und zugleich ein wesentliches Merkmal gefunden, das die Überlegungen zum Unterricht geprägt hat: Es handelt sich um eine Institutionalisierung, die es gestattet, Lehren und Lernen so aufeinander zu beziehen, dass das Gelehrte auch gelernt wird. „Das Lehr-Lern-Verhältnis wird als ein Prozess betrachtet, bei dem der Lehrende objektive Inhalte so zu übermitteln versucht, dass der Lernende am Ende dieses ‚Wissenstransports' den vermittelten Wissensausschnitt (Lerngegenstand) in ähnlicher Weise besitzt wie der Lehrende" (Reinmann, Mandl 2006, 619).[59] Auf dieser Basis hat sich eine technologische Auffassung des Unterrichts herausgebildet, nach der „eine rationale und systematische Planung und Durchgestaltung aller Aspekte des Lehrens und Lernens" möglich sei (vgl. ebd.), die in den USA einflussreich geworden war, aber mit Variationen auch Überlegungen zum Unterricht in Deutschland mit bestimmt hat (vgl. z.B. Frey 1975).[60]

Demgegenüber haben Luhmann und Schorr (1982) bereits früh auf ein Technologiedefizit aufmerksam gemacht, indem sie auf die prinzipielle Differenz sozialer – Unterricht ist ein solches – und psychischer Systeme verwiesen haben. Geht man aber von einer prinzipiellen Differenz sozialer und psychischer Systeme aus, dann ist Unterricht nicht mehr in der Art denkbar, dass es einen unproblematischen Transfer des Geschehens im Unterricht in Richtung Schüler – psychische Systeme – gibt (vgl. Heyting 1996).[61] Entgegen solchen skeptischen Positionen ist Unterricht vor allem in der Curriculumtheorie (vgl. z.B. Frey 1975) aus der Sicht des technologisch Machbaren betrachtet worden.[62]

---

58 Das Thema Unterrichtsplanung wird noch getrennt betrachtet werden.
59 Dieses letztere Element hat allerdings ursprünglich in der deutschen Diskussion eine eher untergeordnete Rolle gespielt, dafür aber die Diskussion in den USA schon lange mit geprägt.
60 Unter den Themen Instruktion, Unterrichtsplanung und Organisation im Klassenraum wird das noch genauer betrachtet werden.
61 Vielmehr bedarf es der Interpenetration in die psychischen Systeme, die sich aber bezüglich des Ergebnisses zumindest teilweise der rationalen Planung entzieht (vgl. Luhmann 1984).
62 Dieser Aspekt wird beim Thema Unterrichtsplanung nochmals vertieft.

Es hat in den USA immer wieder Anstrengungen gegeben, die angenommene Wirkung der entworfenen Modelle empirisch nachzuweisen. Wittrock (1970) hat versucht, ein einfaches Modell zu entwickeln, bei dem drei Aspekte als wichtig eingestuft worden sind: die individuellen Lerner, die Lernumwelt und den Lernprozess.[63] Jedoch ist es bisher nicht gelungen, solche Modelle in empirischen Untersuchungen erfolgreich zu testen (vgl. Gettinger, Kohler 2006).

Trotz der benannten Einschränkung haben die geschilderten Modelle die Sichtweise des Unterrichts geprägt. Die Grundfigur, dass es einen Lehrer gebe, der die Schüler lehrt und sich dabei wissenschaftlich abgesicherter Erkenntnisse bedient, ist insbesondere in den USA selten bezweifelt worden. Das hat sich auch bei einer ganz anderen Variante der Unterrichtsforschung gezeigt, den Interaktionsanalysen. Sie wurden mit dem Ziel durchgeführt, die Lehrer-Schüler-Interaktion in der Klasse zu optimieren. Dabei wurde im Kern von der Modellannahme ausgegangen, dass ein Lehrer der Klasse gegenübersteht; die aufgezeichnete Schüleraktion bzw. -reaktion wurde jeweils als repräsentativ für die Klasse angesehen (vgl. Merkens, Seiler 1978; Thelen 1969, 119f.). Dieses Bild verdeutlicht, dass die Konfiguration des Unterrichts vom Lehrer her bestimmt worden ist und die Schüler als eher homogene Gruppe wahrgenommen worden sind.

Die bisher geschilderte Sichtweise des Unterrichts hat Helmke (2003, 19f.) als variablenorientiert bezeichnet: Die Figur des Unterrichts lässt sich über Variablen konstruieren, und auf dieser Basis sind Annahmen über guten Unterricht bzw. Unterrichtsqualität formuliert worden.[64] Davon hat er eine personenorientierte Variante unterschieden. Dabei werden diejenigen Personen gesucht, denen Unterricht besser gelingt.[65] Die Diskussion darüber hat die Erziehungswissenschaft unter der Fragestellung bewegt, ob es geborene Erzieher oder Lehrer gebe.[66] Auf die Behandlung dieser Frage wird im Folgenden verzichtet, weil sie nicht als problemlösend angesehen wird. Sollte es geborene Lehrer geben, dann würde sich die Herausforderung stellen, diese auch zu entdecken.[67] Dazu fehlen bisher alle entsprechenden Methoden. Aussichtsreicher erscheint die Suche nach Methoden der Ausbildung von Lehrkräften. In dieser Variante geht es um deren Professionalisierung. Dem Aspekt der Professionalisierung der Lehrkräfte wird neuerdings, z.B. mit der Formulierung von Standards für die Lehrerbildung

---

63 Wie sich noch zeigen wird, sind damit die wichtigen Merkmale berücksichtigt.
64 Zu den Grenzen dieser Argumentationsfigur vgl. Heid (2000).
65 Dieses Ziel wird auch in Studien verfolgt, die dazu dienen, Modelle von *best practise* zu entdecken.
66 Klassisch findet sich diese Diskussion bei Spranger (1958).
67 Eine Variante dieses Denkens ist die Suche nach Modellen der *best practises*. Das ist auch heute noch ein Thema, wenn Unterrichtsforschung beschrieben und bewertet wird.

durch die KMK, mehr Aufmerksamkeit geschenkt (vgl. Leschinsky, Cortina 2008, 48f.).

Beide Sichtweisen von Helmke (2003) können natürlich miteinander kombiniert werden. In der Literatur wird eher die erste, die variablenorientierte präferiert, das gilt insbesondere in der Literatur, die als Lehrbuch eingesetzt wird. Die zweite Perspektive gewinnt gegenwärtig mit dem Wechsel zur Outcome-Orientierung in der Schule an Gewicht. Die Lehrerpersönlichkeit tritt mehr in den Fokus der Betrachtung. So hat Bosch (2006, 15ff.) dargestellt, wie Lehrer ihren Unterrichtsstil und ihre Persönlichkeit in eine Balance bringen können und wie sich dieses Verhältnis entwickeln lässt. Im Folgenden werden die wichtigsten Merkmale der variablenorientierten Sicht im Anschluss an das Modell von Taba (1962) vorgestellt. Das bietet den Vorteil, einzelne Aspekte des Unterrichts genauer zu betrachten. Dabei wird mit den Unterrichtszielen begonnen.

2.1 Ziele des Unterrichts

Dass im Unterricht bestimmte Ziele verfolgt und zu erreichen versucht werden, zählt zum Allerweltswissen über Unterricht.[68] Ziele des Unterrichts sind klassisch in der Didaktik bzw. in den Didaktiken der Unterrichtsfächer ausgewählt und zu fixieren versucht worden.[69] Dabei musste jeweils geklärt werden, welche allgemeineren Ziele im Unterricht erreicht werden sollten.[70] Didaktik war in der Pädagogik dem Anspruch nach als Bildungslehre angelegt (Willmann 1909). Bildung ist „auf mannigfaltige, freie und rege Wechselwirkungen zwischen selbst- und weltbildenden Tätigkeiten angewiesen" (Benner 2008, 17). Mit Didaktik wurde nicht nur bestimmt, welche Ziele im Unterricht aus irgendeiner Perspektive von Bedeutung sein könnten, sondern welchen Beitrag der Unterricht im Rahmen der Menschwerdung des Menschen, also seiner sozialen Geburt, zu erbringen habe. Unterricht sollte nicht nur eine Veranstaltung sein, in der Wissen, Fähigkeiten, Fertigkeiten – heute werden Kompetenzen benannt – vermittelt werden sollten, sondern es sollte ein wesentlicher Beitrag zur Menschwerdung jedes einzelnen Menschen erbracht werden. Nicht der Sachbezug, sondern die Zuordnung zu pädagogischen Zwecken kann als das Grundanliegen

---

68 Zum Begriff des Allerweltswissens vgl. Berger und Luckmann (1974).
69 Das Verständnis von Didaktik ist nie so eindeutig gewesen, wie es hier unterstellt wird (vgl. Blankertz 1969, 31ff.). Die unterschiedlichen Positionen werden aber nicht wiedergegeben.
70 In dieser Formulierung wird deutlich, dass es bei den Zielen des Unterrichts auch um deren Legitimation gegangen ist. Diese Legitimation konnte nicht nur innerhalb des jeweiligen Rahmens verschafft werden, sie bedurfte jeweils einer Legitimation von außen her, also über Zielstellungen, die nicht aus dem Bildungssystem generiert worden waren.

dieses Denkens angesehen werden (vgl. Blankertz 1969, 31).[71] Unterricht kann aus dieser Perspektive nicht nur unter dem Aspekt der Machbarkeit, sondern, wenn es um die Zielstellungen geht, auch unter dem des zu erreichen Gewünschten betrachtet werden.

Über die Allgemeine Didaktik ist traditionell eine Relation von Unterricht und Erziehung hergestellt worden: Unterrichtsziele wurden mittels der Didaktik zu Bildungszielen in Beziehung gesetzt, wie das Weniger (1952) betont hat. Blankertz (1969, 19) hat erläutert, dass traditionelle Didaktiken oft ein normatives Element aufwiesen, indem als oberste Ziele von Erziehung und Unterricht von „vorpädagogischen Sinn-Normen über das menschliche Leben, über die Stellung des Menschen in der Welt oder die Natur des Menschen" ausgegangen worden sei.[72] Diese Normen seien dann in Erziehungsziele transformiert worden, aus denen wiederum Unterrichtsziele hergeleitet werden konnten. Der Zusammenhang der Pädagogik mit der Praktischen Philosophie, aus der sie ausgegliedert worden war, wurde auf diese Weise deutlich. In dieser Tradition sind die Ziele des Unterrichts nicht selbstreferentiell generiert worden.[73] Vielmehr ist über die Figur des Lehrplans bzw. der Rahmenrichtlinie ein Bezug zu Institutionalisierungen hergestellt worden, die im engeren Sinne nicht als pädagogische gekennzeichnet werden konnten. Gesellschaftliche und politische Kräfte wurden in die Zieldefinition einbezogen.[74]

Unter der Bezeichnung Didaktik sind nicht nur Vorgaben für das Finden von Unterrichtszielen formuliert worden. Vielmehr ist auch ein Rahmen für die Reflexion über das Erreichen der Unterrichtsziele und die Analyse von Unterrichtsverläufen entwickelt worden (vgl. Schulz 1968, 13f.). Es wird hier nicht dargestellt, wieweit die Didaktik die verschiedenen Erwartungen praktisch erfüllt hat. Daran kann ein erheblicher Zweifel angemeldet werden. Von Interesse ist eher das Selbstverständnis, aus dem heraus die Aufgaben von Didaktik entwickelt worden sind. In der Variante der Curriculumtheorie sind diese allgemeinen

---

71 Das steht im Gegensatz zur Praxis der Schule, des Unterrichtens und der Lehrpläne, in der eher das Ziel formuliert worden ist, Wissen, Fertigkeiten, Kenntnisse und Fähigkeiten zur Bewältigung des Lebens zu vermitteln. Das kann vor allem als eine Leitlinie angesehen werden, der bei der Konstruktion der Tests für die internationalen Vergleichsstudien gefolgt worden ist. Die humanistische Perspektive ist durch eine Zielrichtung ersetzt worden, die man als zivilisatorisch-kulturalistisch bezeichnen kann.
72 Vgl. auch Schulz (1968, 13).
73 Das hat seine Ursache darin, dass mit dem Unterricht zur Lebensbewältigung gebildet werden sollte, die Ziele des Unterrichts dienten auch lebenspraktischen Aspekten, es ging nicht nur um die Bildung im pädagogischen Sinne. Der Unterricht hat in der Schule schon lange diesem Ziel gedient. Der pädagogische Diskurs hat die Praxis des Unterrichtens nicht wirklich erreicht.
74 Der Begriff der Institutionalisierung wird hier in der Tradition des Neoinstitutionalismus verwendet (Walgenbach, Meyer 2008).

Zielstellungen nicht mehr von Bedeutung gewesen.[75] In dieser Variante wurden eher die Unterrichtsziele im engeren Sinne einbezogen.

Die Funktion der Didaktik lässt sich, obwohl der Kreis der Beteiligten erweitert wurde, in ähnlicher Weise auf die Varianten des Lehrplans oder der Rahmenrichtlinien als Grundlagen für die Bestimmung der Unterrichtsziele übertragen:[76] Letztere wurden in Kommissionen unter Einschluss gesellschaftlicher Gruppen entwickelt, und es galt in diesem Fall, dass die Gesellschaft über politische Akteure in den Prozess des Generierens inkludiert war. Unterhalb dieser allgemeinen Einbindung hat eine Feinjustierung der Unterrichtsziele in der Schulpädagogik und der Praxis des Unterrichtens stattgefunden (vgl. z.B. Gebauer et al. 1977). Die von Schulz (1965) gesehene Notwendigkeit, die sozialkulturellen Voraussetzungen bei der Planung des Unterrichts mit zu berücksichtigen, kann als eine Variante dieses Denkens betrachtet werden.[77] Dabei konnte auch noch eine Anpassung an die besondere Situation einer Schule bzw. Klasse erfolgen. Gerade in der Tradition von Schulz (1965) hätte beispielsweise von Beginn an die Berücksichtigung der besonderen Situation der Kinder mit Migrationshintergrund nahe gelegen, die in Deutschland am Unterricht teilnahmen.[78]

Unterrichtsziele sind auch als Lernziele bestimmt worden.[79] Klauer (1972) hat in diesem Zusammenhang vorgeschlagen, zwischen Lehr- und Lernzielen zu unterscheiden. Damit hat er darauf verwiesen, dass im Deutschen *educational* und *instructional* übersetzt worden ist, als sei *learning* verwendet worden. Er insistierte demgegenüber darauf, dass die Bezeichnung Lehrziel korrekter sei. Bleibt man in der klassischen Auffassung von Unterricht mit dem Lehren als einem zentralen Element, dann ist ihm sicherlich zuzustimmen: ‚Lehrziel' wäre die korrektere Bezeichnung, dennoch hat sich im Deutschen ‚Lernziel' als Bezeichnung durchgesetzt, deshalb wird an dieser Bezeichnung festgehalten. Unabhängig von solchen Definitionsproblemen ist es wichtig, bei den Lernzielen zu erfassen, dass über sie der Unterricht gesteuert werden soll; sie bieten die Vorgabe dafür, dass der Unterricht für rational planbar gehalten werden kann, wie Fend (2006, 31) es erläutert hat: „Die globale Zielsetzung muss, wenn der Lernprozess sich über lange Zeit erstreckt, in Teilziele aufgegliedert werden, die systematisch aufeinander bezogen sind. Es muss also eine Aufgabenanalyse, d.h.

---

75 Das wird bei dem von Frey (1975) herausgegebenen Handbuch deutlich.
76 Allerdings ist der Zusammenhang mit der Erziehungswissenschaft verloren gegangen. Es gab vielmehr ein Bemühen, die fachlichen Ziele des Unterrichts zu bestimmen und gesellschaftliche Ziele einzubeziehen.
77 Sie finden sich auch bei Wittrock (1970), der die Umwelt des Lerners mit einschließen wollte, wenn es um die Bestimmung von Ursache-Wirkungs-Relationen gehen sollte.
78 An diesem Beispiel wird die Distanz zwischen der praktischen Handlung im Unterricht und den theoretischen Vorgaben besonders deutlich.
79 Diese Sichtweise ist insbesondere aus der Tradition der pädagogischen Psychologie entstanden.

eine differenzierte Analyse der Anforderungen erfolgen, die in eine Differenzierung der Lernziele mündet."

In dieser Bestimmung wird eine erste Variante der Lernzieldiskussion deutlich: man benötigt Lernziele für die Steuerung des Unterrichts, die aufeinander abgestimmt sind, in einer rational nachvollziehbaren Beziehung zueinander stehen, sich ergänzen etc.[80] Diese Sicht hängt eng damit zusammen, dass Unterricht organisiert werden muss und Organisation wiederum einem Rational folgen muss, wenn sie nicht ständig neu ausgehandelt werden soll.[81] Generationen von Studierenden des Lehramtes haben in den Entwürfen für ihre Lehrproben neben allgemeinen Zielen Teilziele aufführen und auf diese Weise eine Einordnung der geplanten Schritte in ein Gesamtkonzept für die zu haltende Unterrichtsstunde entwerfen müssen: Das, was geplant ist, muss sich aufeinander beziehen lassen und in einem wechselseitigen Zusammenhang stehen. Offensichtlich hat die Annahme der rationalen Konstruktion für den Unterricht weitreichende Folgen.[82] Einteilungen eines Gesamtzieles in Teilziele können unterschiedlichen Rationalitäten folgen. In der bisher geschilderten Vorgehensweise dominiert eine sachlogische Betrachtung: Über die Teilziele soll der Inhalt des Unterrichts so strukturiert werden, dass der Unterricht selbst eine geschlossene Gestalt behält, dennoch aber Sequenzen bei der Präsentation der Inhalte ermöglicht werden.[83]

Davon lassen sich andere Einteilungen unterscheiden: Ein Beispiel hierfür sind die Lernzieltaxonomien, die in den USA entwickelt worden sind, um Lernziele anzuordnen.[84] Damit sollte erreicht werden, dass Unterricht nicht nur auf die Vermittlung von Wissen reduziert wird, vielmehr sollten u. a. auch Verstehen und Bewerten als Ziele des Unterrichts einbezogen werden können.[85] Außerdem sollte das Spektrum nicht nur auf kognitive Ziele fixiert werden, sondern es sollten auch emotionale und motorische Ziele im Unterricht erreicht werden. Vor diesem Hintergrund sind verschiedene Taxonomien entstanden, von denen die

---

80 Bei Gagnè (1962) hatte sich diese Auffassung bereits gefunden.
81 Der Aspekt des Organisierens hat in der traditionellen Betrachtung des Unterrichts nicht im Zentrum gestanden. Vielmehr ging es mehr darum, die Tätigkeit des Unterrichtens zu beschreiben.
82 In diesem Zusammenhang ist häufig Mager (1971) zitiert worden. Der Anspruch wird exemplarisch von König und Riedel (1970) mit dem Buchtitel „Unterrichtsplanung als Konstruktion" formuliert. Deutlicher kann der Aspekt des Konstruierens nicht hervorgehoben werden.
83 Anforderungen dieser Art werden immer leichter zu erfüllen, wenn es sich um Ziele in Unterrichtsfächern handelt, die eine hohe Übereinstimmung aufweisen, wie Gage und Berliner (1977, 451) das bezeichnet haben. Das trifft nach ihrer Zuteilung für die mathematisch-naturwissenschaftlichen, nicht aber die humanistischen Fächer zu.
84 Diese Taxonomien lassen sich im Detail jeweils als reduktionistisch qualifizieren. Das ist ein Aspekt, der hier nicht interessiert. Vielmehr ist es wichtig, dass über sie die Betrachtung und Bilanzierung der Unterrichtsziele systematisiert werden konnte.
85 Damit ist im Kern die Diskussion um Kompetenzen eröffnet, wie sich bei der Erläuterung des Kompetenzbegriffs noch zeigen wird.

bekannteste die von Bloom et al. (1956, 201ff.) ist. In dieser Taxonomie wurden für die kognitiven Lernziele sechs verschiedene Dimensionen und dazu jeweils nochmals Kategorien verschiedener Anzahl unterschieden. Der Anspruch war, auf diese Weise unterschiedliche Ziele des Unterrichts unabhängig von den Inhalten abbilden zu können. Die Dimensionierung nach Lernzielen sollte auch bewirken, dass im Unterricht eine entsprechende Vorbereitung angestrebt werden sollte. Im Unterricht sollten die Voraussetzungen für ein erfolgreiches Abschneiden bei Evaluationen auf der Basis dieser Taxonomie erbracht werden:

1. Knowledge
2. Comprehension
3. Application
4. Analysis
5. Synthesis
6. Evaluation

Die Lernzieltaxonomie demonstriert mit den ersten drei Ebenen Wissen, Verstehen und Anwenden bereits, dass mit schulischem Lernen im Unterricht mehr erreicht werden sollte als nur der Erwerb abfragbaren Wissens. Bei der Konzeption der internationalen Vergleichsstudien hat diese Einstellung das Denken mitbestimmt.[86] Das lässt sich ebenso für die drei darauf folgenden Ebenen zeigen, bei denen der aktivierte und intelligente Umgang mit dem erworbenen Wissen im Mittelpunkt des Interesses gestanden hat.[87] Damit war eine einseitige Orientierung des Unterrichts auf das Ziel des Wissenserwerbs infrage gestellt. Es sollte erreicht werden, dass schulisches Lernen in seinem gesamten Umfang erfasst werden konnte. Das angestrebte Spektrum der Lernziele wurde entscheidend erweitert. Das wird deutlicher, wenn man die entsprechende Taxonomie für die affektiven Lernziele mit einbezieht. In diesem Fall werden fünf Dimensionen und, bei diesen zugeordnet, nochmals mehrere Kategorien unterschieden (Krathwohl, Bloom, Masia 1964, 176ff.):

1. Receiving (Attending)
2. Responding
3. Valuing
4. Organization
5. Characterization by a value or value complex.

Es soll erfasst werden, wieweit Lerner für verschiedene Phänomene und Stimuli sensibilisiert sind und sich zu ihnen verhalten. Dann wird die Art der Reaktion

---

86 Insofern lässt sich eine Tradition für diese Vergleichsstudien in den USA feststellen.
87 Ansätze für diese Art der Betrachtung haben sich bereits bei Herbart (1874) und dem Ansatz der Formalstufen gefunden.

einbezogen: wie aktiv ist diese? Drittens geht es um den Wert, den die Sache für den Lerner hat. Die nächste Ebene betrifft die Organisation, also das In-Beziehung-Setzen der Werte und die letzte, wie die Werte beim Lerner in eine Hierarchie gebracht werden. Während die zuerst genannte Hierarchie oft zitiert worden ist, wurde die zweite erwähnt, aber seltener umgesetzt.[88] Dennoch ist die erste Taxonomie ohne die zweite kaum denkbar, weil mit der zweiten wesentliche Voraussetzungen für eine erfolgreiche Partizipation der Schüler im Unterricht benannt werden.

Während die Ziele des Unterrichts traditionell als Bildungs- oder Lernziele vorgegeben worden sind, werden sie gegenwärtig als Kompetenzen formuliert. Damit tritt eine Wende ein: Es soll nicht mehr Wissen allein vermittelt werden, sondern die Anwendung des Gelernten gewinnt an Bedeutung. Unter Kompetenz versteht man „die bei Individuen verfügbaren oder durch sie erlernbaren kognitiven Fähigkeiten und Fertigkeiten, um bestimmte Probleme zu lösen, sowie die damit verbundenen motivationalen, volitionalen und sozialen Bereitschaften und Fähigkeiten um die Problemlösungen in variablen Situationen erfolgreich und verantwortungsvoll nutzen zu können" (Weinert 2001a, 27f.). Diese Bestimmung ist auch als Grundlage für die Entwicklung nationaler Bildungsstandards gewählt worden (BMBF 2003, 72).

Mit dem Anspruch, im Unterricht Kompetenzen zu vermitteln, vollzieht sich ein Wandel vom Lehren von Wissen, Fähigkeiten und Fertigkeiten hin zu einer anwendungsbezogenen auf Handeln ausgerichteten Vermittlung im Unterricht.[89] Deshalb muss sich die Grundfigur des Unterrichts verändern: es kommt weniger darauf an, replizierbares Wissen zu lehren, sondern Wissen muss so erworben werden, dass es in unterschiedlichen Situationen angewendet werden kann. Vor diesem Hintergrund gewinnt die Unterscheidung von deklarativem und prozeduralem Wissen an Bedeutung. Lernen ist in der Schule traditionell dadurch gekennzeichnet, dass eine domänen- oder fachspezifische Wissensstruktur aufgebaut wird. Das wird als deklaratives Wissen bezeichnet. Dieses Wissen kann in vielen konkreten Situationen nicht genutzt werden. Das erfordert vielmehr prozedurales Wissen (vgl. Cortina 2006, 520).[90] Damit ist eine Umorientierung erforderlich, die eng mit dem Kompetenzbegriff verknüpft ist: Wissen soll so erworben werden, dass es in verschiedenen konkreten Situationen angewendet werden kann, die anders sind als die Situation, in der es erworben worden ist. Mit dieser Änderung des Wissensbegriffs ist oft ein Verdikt des trägen Wissens

---

88 Die Lernzieltaxonomie für die psychomotorische Dimension, die auch angekündigt worden war, ist von den Autoren nicht in einem vergleichbaren Format elaboriert worden.
89 Das ist nicht so neu, wie das Sprichwort „Non scholae, sed vitae discimus" lehrt.
90 Hasselhorn, Gold (2006, 36) haben zwischen deklarativem (was?), prozeduralem (wie?) und funktionalem (warum?) Wissen unterschieden.

verbunden. Träges Wissen wird als das in „gegenstandszentrierten (geschlossenen) Lernumgebungen systematisch aufbereitete und nach sachlogischen Kriterien geordnete Wissen" charakterisiert, das wenig mit den komplexen und wenig strukturierten Erfahrungen in Alltagssituationen gemeinsam hat (Reinmann, Mandl 2006, 625). Bei der Formulierung solcher Positionen darf nicht übersehen werden, dass auch träges Wissen eine Funktion hat. Es bietet die Voraussetzung dafür, neues Wissen erwerben zu können, weil es die Grundlage für die Anschlussfähigkeit neuen Wissens bietet.[91] Das gilt in ähnlicher Weise für das deklarative Wissen: Ohne deklaratives Wissen als Basis kann prozedurales Wissen nicht realisiert werden. Dennoch bleibt festzuhalten, dass im Mittelpunkt des Unterrichts traditionell die Vermittlung deklarativen Wissens gestanden hat und mit dem Kompetenzbegriff der Erwerb prozeduralen Wissens im Unterricht wichtiger wird. Kompetenzen weisen eine neue Qualität für das Bestimmen der Unterrichtsziele auf. Inzwischen ist der Kompetenzbegriff für einige Domänen spezifiziert worden, wie die folgenden Beispiele belegen.

2.1.1 Lesekompetenz

„Lesekompetenz (reading literacy) ist im Rahmen von PISA definiert als die Fähigkeit, geschriebene Texte zu verstehen, zu nutzen und über sie zu reflektieren, um eigene Ziele zu erreichen, das eigene Wissen und Potential weiterzuentwickeln und aktiv am gesellschaftlichen Leben teilzunehmen" (OECD 2001, 23). Ganz ähnlich, aber etwas lapidarer wird in der deutschen Ausgabe von PISA Lesekompetenz „als aktive Auseinandersetzung mit Texten aufgefasst" (Artelt, Stanat, Schneider, Schiefele 2001, 70). Dabei werden die im Text „enthaltenen Aussagen aktiv mit dem Vor-, Welt- und Sprachwissen der Leser verbunden" (ebd., 71). Ein kompetenzorientierter Unterricht setzt demnach bestimmte Akzentuierungen voraus: Es kommt nicht auf die rezeptive Wiedergabe von Inhalten an, diese wird vielmehr nur vorausgesetzt, gefragt ist vielmehr die aktive Verarbeitung eines Textes. Das ist im Kern eine Schlüsselaufgabe. Die PISA-Studie hat die herausragende Bedeutung der Lesekompetenz, über die Schülerinnen und Schüler auf der Sekundarstufe I verfügen, für deren Leistungen in Mathematik sowie den Naturwissenschaften belegt (Deutsches PISA-Konsortium 2001). Insoweit kommt der Lesekompetenz und deren Erwerb während Kindheit und Jugend eine große Bedeutung zu. Dieser Frage wird gegenwärtig in entsprechenden Modellierungen große Aufmerksamkeit gewidmet.

---

91 Levinthal (1996) hat die erforderliche Trägheit im Kontext des organisationalen Lernens erläutert.

Der Vorgang des Lesens lässt sich in verschiedene Schritte untergliedern. Erstens ist es erforderlich, dass Zeichen dekodiert werden. Zweitens muss auf der Basis vorangehender Erfahrungen mit den dekodierten Zeichen ein bestimmter Sinn verbunden werden. Dieser Sinn ist im Allgemeinen gesellschaftlich geteilt, wenn das Lesen innerhalb eines bestimmten kulturellen Raums bzw. in Bezug auf eine bestimmte Sprache untersucht wird. Die Zuordnung erfolgt also innerhalb eines gesellschaftlich geteilten Referenzrahmens. Dabei kann nochmals die Denotation (der begriffliche Inhalt) von der Konnotation (Begriff plus damit verbundene Emotionen oder Verknüpfungen – Bedeutungsumfeld) unterschieden werden. Lesen selbst ist also ein komplexer Prozess, der zumindest zwei verschiedene basale Kompetenzen vereinen muss: Die Identifikation von Zeichen verbunden damit, dass die einzelnen Zeichen in eine Struktur gebracht werden, mit denen sich ein Sinn in Bezug auf die Komposition von Superzeichen koppeln lässt. Dabei handelt es sich um das Erkennen von Buchstaben und Wörtern. Diese Wörter (Superzeichen) müssen mit aus der Erfahrung vorhandenem Sinn verknüpft werden, wenn sie verstanden werden. Es werden den Wörtern Wortbedeutungen zugeschrieben. Daraus resultiert das mit dem Lesen verbundene Verstehen: „In der Psychologie besteht Einigkeit darüber, dass der Prozess des Textverstehens als Konstruktionsleistung des Individuums zu verstehen ist" (Artelt, Stanat, Schneider, Schiefele 2001, 70).

Das Ziel, die Lesekompetenz zu verbessern, ist zu komplex, um es mit Aussicht auf Erfolg ohne nähere Spezifikation erreichen zu können. Deshalb sind Modelle von Interesse, auf deren Basis empirisch überprüft werden kann, welche operationalisierbaren Variablen einen Einfluss auf den Erwerb der Lesekompetenz ausüben können. Auf diese Weise kann versucht werden, eine aus der Theorie hergeleitete Sachstruktur empirisch zu bestätigen. Das ist im Rahmen der PISA-Untersuchungen geleistet worden und wird hier als Beispiel dafür benannt, wie ein Bezug von Teilzielen zu einem Gesamtziel hergestellt werden kann.[92]

Bei PISA haben sich vier Prädiktoren für die Vorhersage der Lesekompetenz bestätigen lassen: kognitive Grundfähigkeiten, Dekodierfähigkeit, Lernstrategiewissen und Leseinteresse.

---

92 Wie komplex die Zusammenhänge sind, wird aus einer Untersuchung deutlich, deren Ergebnisse Limbird und Stanat (2006) berichtet haben. Demnach ist in vielen vorangehenden Studien bestätigt worden, dass für den Erwerb der Lesekompetenz das phonologische Bewusstsein der beste Prädiktor ist. Bei Kindern mit Migrationshintergrund kommt aber dem Wortschatz, über den diese Kinder in der Zielsprache am Beginn der Grundschule verfügen, noch größere Bedeutung zu. Das letztere Ergebnis entstammt einer Längsschnittstudie, während es sich bei PISA um Querschnittstudien handelt. Die Konsequenz aus der Studie von Limbird und Stanat wäre, dass es wichtig ist, den Wortschatz zu trainieren. Diese Debatte interessiert hier nicht. Es ging nur darum zu zeigen, dass die Lesekompetenz ein komplexes Konstrukt ist und es keine einfachen Lösungen für deren Training gibt.

Abbildung 4: Prädiktoren für Lesekompetenz
(nach Artelt, Stanat, Schneider, Schiefele 2001, 129)

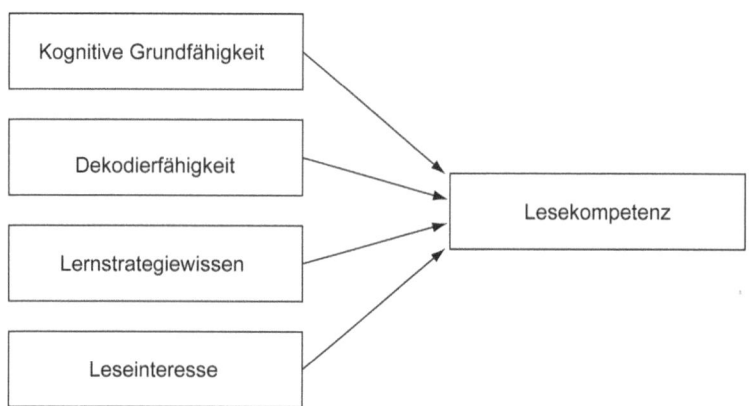

Um die Lesekompetenz zu verbessern, bietet es sich auf der Basis dieses Modells an, im Unterricht drei Teilziele anzusteuern, von denen erwartet werden kann, dass sie einen Beitrag zum Erreichen des Ziels leisten: Die Dekodierfähigkeit ist ähnlich wie das Lernstrategiewissen[93] trainierbar. Das Leseinteresse speziell und die Motivation allgemein können gefördert werden. Darauf wird noch getrennt eingegangen.[94] Demgegenüber ist die kognitive Grundfertigkeit nicht so einfach trainierbar. Dieser erste Zugriff zum Thema Lesekompetenz offenbart, dass es sich um ein komplexes Geschehen handelt, wenn gelesen wird. Es werden nicht nur einzelne Wörter gelesen, denen eine Bedeutung zugeschrieben wird, sondern der Vorgang des Lesens weist sowohl semantische als auch syntaktische Aspekte auf. Wir können beispielsweise erkennen, wenn in einem Text einem Substantiv der falsche Artikel zugeordnet worden ist.[95] Wichtig ist auch die pragmatische Komponente (Ehlich 2005).

In Deutschland hat sich die Lesekompetenz über die drei Messzeitpunkte im Rahmen der PISA-Untersuchungen leicht positiv entwickelt (Drechsel, Artelt 2008, 236ff.). Das ist international nicht in allen an den Untersuchungen beteiligten Ländern der Fall gewesen. Worauf die Differenzen in den Entwicklungen zurückzu-

---

93   Das Thema Lernstrategie wird noch gesondert behandelt werden.
94   Dabei wird das Leseinteresse nicht speziell im Mittelpunkt stehen; es wird vielmehr die mögliche Förderung der intrinsischen Motivation beschrieben. Allerdings wird beim Ländervergleich für PISA 2006 deutlich, dass Differenzen zwischen den Bundesländern in der BRD mit der Differenz beim Leseinteresse nicht erklärt werden können (Drechsel, Artelt 2008).
95   Dabei ist es wichtig, wie viel Wert auf eine solche korrekte Zuordnung gelegt wird.

führen sind, kann den Untersuchungen nicht entnommen werden. Es ist aber von Interesse, dass in Polen und vor allem Korea eine sehr starke Verbesserung stattgefunden hat. Effekte dieser Art können auf Trainings beruhen, sie können aber auch andere Ursachen haben. Es zeigt sich nur, dass in einigen Ländern wahrscheinlich systematische Bemühungen eingesetzt haben, die eigene Position zu verbessern. Andere Länder scheinen sich demgegenüber uninteressiert verhalten zu haben. Zusammengenommen bleibt festzuhalten, dass Untersuchungen, wie sie bei PISA stattfinden, auch einen Einfluss auf die Unterrichtsziele ausüben.[96] Das ist eine Nebenwirkung, die auftritt, unabhängig davon, ob sie gewünscht wird.

2.1.2 Mathematische Grundbildung

„Mathematische Grundbildung (mathematical literacy) im Rahmen von PISA ist definiert als die Fähigkeit, mathematische Probleme zu identifizieren, zu verstehen und sich mit ihnen zu befassen und fundierte Urteile über die Rolle abzugeben, die die Mathematik im gegenwärtigen und künftigen Privatleben, im Berufsleben, im sozialen Kontakt mit Peers und Verwandten und im Leben dieser Person als konstruktivem, engagiertem und reflektierenden Bürger spielt" (OECD 2001, 24). Mathematische Grundbildung umfasst also mehr, als nur rechnen oder mathematische Gleichungen lösen zu können. Vielmehr steht der Bezug zur Anwendung im Fokus.[97] Traditionell ist das ansatzweise bei Textaufgaben der Fall gewesen. Nunmehr kommt es zusätzlich darauf an, Probleme mathematisch modellieren zu können. Beide Anforderungen lassen bereits auf der theoretischen Ebene eine Abhängigkeit der *mathematical literacy* von der Lesekompetenz erkennen.

Mathematische Kompetenzen sind nicht nur in der Mathematik und den Naturwissenschaften, sondern ebenso im alltäglichen Leben gefordert. Zu den wesentlichen Zielen des Mathematikunterrichts gehört damit das Trainieren eines entsprechenden prozeduralen Wissens. In der Vergangenheit hat demgegenüber der Fokus eher auf dem Trainieren deklarativen mathematischen Wissens gelegen.[98]

---

96 Das wird auch sichtbar, wenn die Zahl der Fächer, für die Kompetenzmodelle entwickelt werden, zunimmt. Offensichtlich bedarf es der Kompetenzmessung, um als Unterrichtsfach in der Schule weiter ernst genommen zu werden, lässt sich als Schlussfolgerung formulieren, wenn man diese Tendenzen kommentieren will.
97 In Deutschland ist ein erweiterter Begriff von mathematischer Grundbildung präferiert worden, der auch die innere Welt der Mathematik und „die Bedeutung von heuristischen Fähigkeiten zu allgemeinen Problemlösungen" mit eingeschlossen hat (Ehmke et al. 2006, 64).
98 Hasselhorn und Gold (2006) erwähnen noch das episodale Wissen.

Abbildung 5: Modell zur Erklärung der Mathematikleistung
(nach Klieme, Neubrand, Lüdtke 2001, 184)

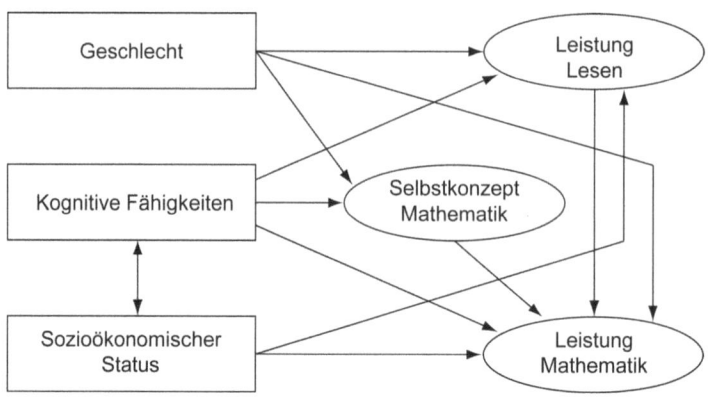

Die Pfadkoeffizienten werden in Abbildung 5 nicht mit den entsprechenden Werten gekennzeichnet, die von den Autoren für PISA berichtet worden sind. Es soll nur dokumentiert werden, welche Einflüsse sich für die Leistung in Mathematik nachweisen ließen. Zuerst kommt den kognitiven Fähigkeiten eine sehr große Bedeutung zu. Neben einem direkten Pfad gibt es auch noch einen über das mathematische Selbstkonzept und einen weiteren über die ‚Leistung Lesen' in Richtung ‚Leistung Mathematik'. Demgegenüber sind die Pfade vom sozio-ökonomischen Status zur ‚Leistung Lesen' und zur ‚Leistung Mathematik' deutlich schwächer. Da der soziale Status und das Geschlecht nicht zu beeinflussen sind, kann offensichtlich in erster Linie die Verbesserung der Leistung in Lesen zur Verbesserung der Leistungen in Mathematik beitragen; spätestens hier wird die große Bedeutung der Lesekompetenz als Schlüsselkompetenz deutlich.[99] Die kognitiven Fähigkeiten werden sich in der Schule auch nicht so stark trainieren lassen. Sie müssen aber gefördert werden, wenn die Leistungen in Mathematik verbessert werden sollen.[100]

---

99 Das hängt natürlich auch mit dem bei der PISA-Studie eingesetzten Aufgabentyp zusammen.
100 Auch in diesem Fall werfen spätere Analysen mehr Fragen auf, als dass ihnen Antworten entnommen werden können. So hat sich speziell für die Gymnasien 2006 gezeigt, dass es einen negativen Zusammenhang zwischen der Gymnasialquote eines Bundeslandes und den Leistungen bei den Tests zu Mathematik gibt; ebenso gibt es beim Vergleich der Ergebnisse von 2003 und 2006 Gewinner und Verlierer unter den Bundesländern. Diese finden sich aber nicht bei den Bundesländern, die am besten abgeschnitten haben (Frey, Asseburg, Ehmke, Blum 2008).

Die bisherigen Resultate zur Erklärung der Mathematikleistungen lassen sich durch Ergebnisse der Längsschnittstudie ergänzen, die im Anschluss an PISA 2003 durchgeführt worden ist.

Abbildung 6: Pfadmodell zur Vorhersage der Mathematischen Kompetenz 2004
(nach Leutner, Fleischer, Wirth 2006, 127)

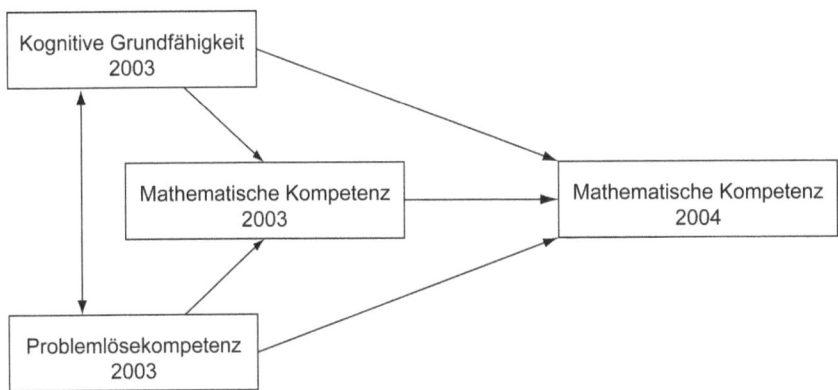

Es zeigt sich ein modifiziertes Ergebnis.[101] Erwartungsgemäß ist der Pfad von der mathematischen Kompetenz 2003 zu der im Jahr 2004 am stärksten besetzt. Aber die kognitiven Grundfähigkeiten und die Problemlösekompetenz liefern zusätzlich einen eigenen Beitrag. Dabei ist der Einfluss der Problemlösekompetenz auf die mathematische Kompetenz im Jahr 2003 noch stärker als der der kognitiven Grundfähigkeit. Problemlösekompetenz und kognitive Grundfähigkeit korrelieren wiederum hoch miteinander. Der Problemlösekompetenz kommt nach diesen Resultaten eine Schlüsselfunktion zu, weil sie in der Schule trainierbar ist.

2.1.3 Naturwissenschaftliche Grundbildung

„Naturwissenschaftliche Grundbildung (scientific literacy) beinhaltet die Fähigkeit zu naturwissenschaftlichem Denken in einer Welt, in der Naturwissenschaft und Technologie das Leben prägen. Solche Grundkenntnisse setzen ein Verständnis naturwissenschaftlicher Konzepte sowie die Fähigkeit voraus, eine

---

101 Auf die Wiedergabe der Pfadkoeffizienten wird wiederum verzichtet. Alle hier berichteten Verbindungen sind statistisch signifikant.

naturwissenschaftliche Perspektive anzuwenden" (OECD 2001, 26). 2006 ist das noch näher spezifiziert worden (OECD 2006). Bei PISA wird nunmehr für naturwissenschaftliche Grundbildung die Fähigkeit folgendermaßen ausdifferenziert:

- Naturwissenschaftliches Wissen anwenden,
- charakteristische Eigenschaften der Naturwissenschaften als Form menschlichen Wissens und Forschens verstehen,
- bewusst sein, wie Naturwissenschaft und Technik die kulturelle, intellektuelle und materielle Umwelt formen und
- zusätzlich wird die Bereitschaft vorausgesetzt, sich mit naturwissenschaftlichen Ideen und Themen zu beschäftigen (Prenzel et al. 2007, 65).

Damit wird das bisher einbezogene Spektrum bei den Kompetenzen um die Dimension Interesse/Motivation erweitert.[102] Außerdem wird noch deutlicher, dass es sich bei den Kompetenzen weniger um fachbezogene als vielmehr um fachübergreifende Fähigkeiten handelt.

Abbildung 7: Rahmenkonzeption naturwissenschaftlicher Grundbildung
(nach Prenzel et al. 2007, 66)

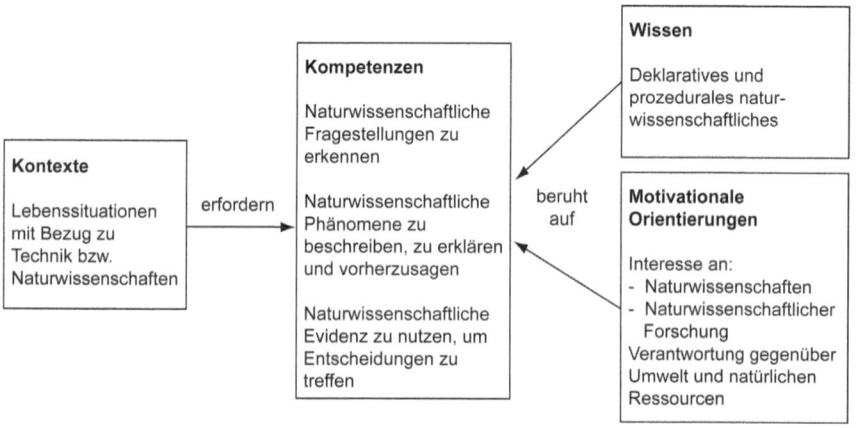

---

102 Das ist ein Aspekt, der später nochmals aufgegriffen werden wird.

Im Unterschied zu den bisher vorgestellten Modellen handelt es sich in diesem Fall um ein theoretisches Modell, das in der Studie empirisch nicht überprüft worden ist. Das ist ein Wechsel der Ebene der Argumentation im PISA-Konsortium; naturwissenschaftliche Kompetenzen werden demnach in bestimmten Kontexten abgefordert und setzen Fähigkeiten sowie Interessen bei den Personen voraus. Das verdeutlicht abermals das Grundkonzept: Kompetenzen sollen so erworben werden, dass sie auch in anderen Situationen als denen, die ähnlich sind wie die, in denen sie erworben worden sind, eingesetzt werden können. Übertragen auf die deutsche Schule lassen sich diese Kompetenzen nicht bestimmten Unterrichtsfächern zuordnen, sondern sie müssen im Fächerkanon der naturwissenschaftlichen Fächer vermittelt werden. In den Items sind die drei Referenzfächer Biologie, Chemie und Physik nach einem Expertenrating etwa gleich gewichtet vertreten (Prenzel et al. 2007, 75).[103] Es handelt sich um eine Mischung von deklarativem und prozeduralem Wissen. Außerdem wurde zwischen naturwissenschaftlichem Wissen und Wissen über die Naturwissenschaften unterschieden (Prenzel et al. 2007, 68f.): Beim naturwissenschaftlichen Wissen wird nach Wissen über physikalische, lebende, Erd- und Weltraum- sowie technologische Systeme differenziert. Hier wird der übergreifende Bezug des Verständnisses von Naturwissenschaften deutlich. Ebenso ist von Interesse, dass beim Wissen über Naturwissenschaften zwischen naturwissenschaftlichem Forschen und Erklären unterschieden wird. Zusammengenommen wird aus diesen Erläuterungen deutlich, dass es sich um ein breit angelegtes Verständnis von Naturwissenschaften handelt, welches dem Kompetenzkonzept bei PISA zugrunde liegt. Das zeigen auch die weiteren Erläuterungen zu dem Gebiet Naturwissenschaften.

Es wurden drei verschiedene Teilkompetenzen bei der naturwissenschaftlichen Grundbildung unterschieden:

– Naturwissenschaftliche Fragestellungen erkennen,
– naturwissenschaftliche Phänomene erklären und
– naturwissenschaftliche Evidenz nutzen (Rönnebeck, Schöps, Prenzel, Hammann 2008, 69).

Während 2000 noch ein deutlicher Bezug zu bestimmten Sphären der Alltagswelt ersichtlich war, dominieren 2006 bei den Teilkompetenzen eher wissenschaftli-

---

103 Es ist interessant, dass gegenwärtig über die Einführung eines neuen Faches „Naturwissenschaften" in mehreren Bundesländern nachgedacht wird. Das kann als Beleg dafür genommen werden, dass PISA auch eine curriculare Seite mit einem Änderungspotential bis hin zu den Schulfächern aufweist. Dieser Aspekt spielt in den Diskussionen nur eine untergeordnete Rolle. Ihm kommt aber große Bedeutung zu, weil sich zeigt, dass das Messen in den Schulen auch eine Wirkung hat, die weitreichend ist.

che Konzeptualisierungen. Aber es wird auch in diesem Fall die Ergänzung des deklarativen um prozedurales Wissen gefordert. Die Relation der Naturwissenschaften zur Technik ist deutlich: Naturwissenschaftliche Bildung wird in Bezug zur technischen Bildung gebracht. Das wird bei der dritten Teilkompetenz am deutlichsten. Das bietet sich auf der Ebene der Unterrichtsziele beispielsweise an, wenn das Thema Ökologie mit einbezogen wird. Es lassen sich aber Verknüpfungen zu anderen Prinzipien des Unterrichts, wie dem der Anschaulichkeit[104] herstellen, nur dass in diesem Fall das Argument umgekehrt wird: Ausgehend vom Alltag erschließt sich die naturwissenschaftliche Bildung als Erklärungsgrundlage für bekannte Erscheinungen. Insbesondere bei den naturwissenschaftlichen Kompetenzen wird ersichtlich, dass mit dem Wechsel zum Kompetenzbegriff auch eine Veränderung der Unterrichtsziele verbunden ist.

Für die naturwissenschaftliche Kompetenz ist ebenfalls ein Pfadmodell auf der Basis der Längsschnittuntersuchung im Anschluss an PISA 2003 vorgestellt worden (Leutner, Fleischer, Wirth 2006, 131). Dabei ergibt sich ein identisches Muster zu dem berichteten Pfadmodell für die mathematische Kompetenz 2004. Wiederum gibt es einen starken Einfluss der Problemlösekompetenz, der sogar noch etwas größer ist als bei der mathematischen Kompetenz 2004. Mit der Problemlösekompetenz wäre eine weitere Schlüsselkompetenz entdeckt, wenn es um mathematisch- naturwissenschaftliche Kompetenzen geht. Bei der Problemlösekompetenz haben die deutschen Schüler im internationalen Vergleich besser abgeschnitten als bei den mathematischen und naturwissenschaftlichen Kompetenzen (Leutner, Fleischer, Wirt 2006), es gibt also auch ein Potential, welches im Unterricht noch nicht optimal genutzt wird.

2.1.4 Die Neujustierung der Unterrichtsziele

Mit der Kompetenzorientierung werden die Ziele des Unterrichts neu justiert. Es setzt sich eine sowohl fachspezifische als auch allgemein anwendungsorientierte Sicht auf die Unterrichtsziele durch. Der Anspruch geht dahin, im Unterricht Ziele zu verfolgen, die man eher als lebenspraktisch denn als aus Bildungstheorien hergeleitet ansehen kann. Die Legitimation für die neue Orientierung wird aus der Annahme gewonnen, mit diesen Zielen werde eine Anbindung an Herausforderungen der modernen durch Technik und Industrie gekennzeichneten Welt ermöglicht. Es ist ein bestimmtes Weltverständnis, das zugrunde gelegt wird (vgl. OECD 2001). Während die Schule und der Unterricht ursprünglich

---

[104] Anschaulichkeit ist ein Prinzip, dem im Unterricht schon immer große Bedeutung zugemessen wurde und werden sollte (vgl. Düker, Tausch 1957).

eher programmorientiert gewesen sind – Programme konnten aus Bildungstheorien hergeleitet werden[105] – wird nunmehr auf Leistungsvergleiche abgestellt. Mögliche Differenzen in den Programmen interessieren nicht mehr.[106] Das ist eine Veränderung, die sich bei den Vergleichsarbeiten aber auch bei der Konzeption nationaler Bildungsstandards fortsetzt. „Bildungsstandards formulieren Anforderungen an das Lehren und Lernen in der Schule. Sie benennen Ziele für die pädagogische Arbeit, ausgedrückt als Lernergebnisse der Schülerinnen und Schüler (BMBF 2003, 19).[107] Über die Vergleichsarbeiten kann innerhalb des Bildungssystems eine Steuerungsfunktion erfüllt werden. Nicht mehr das Programm der Schule, sondern das Abschneiden beim Vergleich kann zum Kriterium werden (Füssel, Leschinsky 2008).

Über die Ziele des Unterrichts soll auch in der neuen Variante der Kompetenzorientierung eine Annäherung an Erziehung angestrebt werden, wie das einleitend als traditionell vorhanden geschildert worden ist. Das wird z.B. in der folgenden Definition für guten Unterricht behauptet:

Abbildung 8: Bestimmung guten Unterrichts
(nach Meyer 2004, 13)

„Guter Unterricht ist ein Unterricht in dem
(1) im Rahmen einer demokratischen Unterrichtskultur
(2) auf der Grundlage des Erziehungsauftrags
(3) und mit dem Ziel eines gelingenden Arbeitsverständnisses
(4) eine sinnstiftende Orientierung
(5) und ein Beitrag zur nachhaltigen Kompetenzentwicklung aller Schülerinnen und Schüler geleistet wird."

Allerdings bleibt bei dieser Aufzählung, die plausibel klingen mag, verborgen, wie die verschiedenen Bereiche, die man als Dimensionen bezeichnen kann, zusammenhängen. Begründungen dieses Typs weisen eine gewisse Beliebigkeit auf. Sie sind normativ. In ihnen wird präskriptiv argumentiert, obwohl sie

---

105 Zumindest konnte dieser Anspruch erhoben werden. Es soll hier nicht erörtert werden, wieweit das der Fall gewesen ist.
106 Das ist eine Veränderung der Sichtweise auf Schule und Unterricht, deren Tragweite bisher wenig diskutiert wird. Es entsteht durchaus der Eindruck, dass auf diese Weise möglicherweise die Uniformität von Schule zunimmt. Das kann ein erwünschtes Ziel sein, es müsste nur in dieser Weise diskutiert werden.
107 Bildungsstandards müssen auch Mindeststandards formulieren, eine Stufe hinter die kein Jugendlicher zurückfallen soll. Über Bildungsstandards kann das erwartete Outcome des Bildungssystems bzw. von Abschnitten innerhalb dieses Systems formuliert werden (BMBF 2003, 26).

scheinbar deskriptiv formuliert sind (Heid 2000). Vor allem der Zusammenhang des fünften Punktes mit den vier anderen wird nicht deutlich. Die beiden ersten Punkte wiederum stellen einen Bezug zur Pädagogik her, der auch anders hätte formuliert werden können. Wenn man bedenkt, dass die Bestimmung von Zielen notwendigerweise einen normativen Aspekt hat, kann man solche Versuche akzeptieren, es bleibt aber zu beklagen, dass sie mit dem Merkmal ‚guter Unterricht' kombiniert werden. Genau genommen handelt es sich aus der Perspektive des Neoinstitutionalismus um ein Nebeneinander unterschiedlicher Rationalitätsannahmen, also einen speziellen Fall der Entkopplung (Meyer, Rowan 1992). Dieses Nebeneinander unterschiedlicher Ziele kann als typisch für Unterrichtsziele angenommen werden, wie sie auch in der Praxis formuliert werden. Entgegen anders lautenden Behauptungen sind Unterrichtsziele in der Regel multikriterial.[108] Das schlägt im oben zitierten Fall bis auf die Formulierung der Einzelziele durch: Ein gelingendes Arbeitsverständnis muss z.B. keinerlei Beziehung zur demokratischen Unterrichtskultur aufweisen, lässt sich als Beispiel formulieren.

Festzuhalten bleibt, dass sich unter dem Aspekt des Organisierens von Unterricht in der Praxis, aber auch dem zunehmenden Einfluss pädagogisch-psychologischer Theorien das Verständnis der Unterrichtsziele verändert hat. Das ist für die Diskussion in der Erziehungswissenschaft und der Schulpädagogik nicht uninteressant. Die Unterrichtsziele werden mit bestimmten Inhalten im Unterricht umgesetzt. Deshalb liegt es nahe, im nächsten Schritt die Unterrichtsinhalte in den Blick zu nehmen.

2.2 Inhalte des Unterrichts

Bei einem technologischen Verständnis von Unterricht kann davon ausgegangen werden, dass die jeweiligen Unterrichtsinhalte aus Unterrichtszielen hergeleitet werden. Über die Inhalte soll das aktive Handeln der Schüler im Unterricht sachlich gesteuert werden. Es gibt lapidare Formulierungen zum Thema Unterrichtsinhalt, in denen ein solcher Bezug nicht hergestellt wird: „Im Unterricht werden Inhalte vermittelt, die – zunächst im weitesten Sinne – der Lebensbewältigung dienen."[109] (Schmidt 1978, 15). Das impliziert, dass mit den Inhalten bestimmte Ziele verfolgt werden sollen, die sich dem Oberziel ‚Bewältigung des Lebens'

---

108 Für die Grundschule haben das Einsiedler, Martschinke und Kammermeyer (2008, 345f.) beschrieben. Diese Deskription lässt sich unschwer auf andere Schulformen übertragen. Das gilt ebenso für die Fragen, die aus dem Merkmal Multikriterialität entstehen.
109 Auf der Ebene der Inhalte hat es also schon lange keine Zweifel gegeben, dass der Unterricht auf das Leben auszurichten ist.

zuordnen lassen.[110] Dieses Ziel ist so allgemein formuliert, dass sich ihm die verschiedensten Inhalte subsumieren lassen. Das kann sich von Unterrichtsfach zu Unterrichtsfach unterscheiden.

Daneben kann man von einer pauschalen Auffassung ausgehen: Unter Unterrichtsinhalten wird in einem gängigen Verständnis der Kanon des Zu-Lernenden gefasst. Sie sind traditionell als deklaratives Wissen formuliert worden. Sie wurden für die einzelnen Fächer des Unterrichts fixiert. Dabei hat im Mittelpunkt der Überlegungen gestanden, was man wissen müsse, wenn man ein Fach beherrschen solle.[111] Das ist die fachliche Sicht, die lange Zeit bestimmend gewesen ist. Sie musste um eine Sicht vom Schüler her ergänzt werden. Damit Unterricht im Sinne der Vermittlung von Inhalten erfolgreich stattfinden kann, wird z. B. empfohlen, das Folgende zu beachten: „Die Anforderungen müssen an den jeweiligen Stand der Lernfähigkeit einer Schülerschaft angenähert werden, indem die individuellen Lernvoraussetzungen berücksichtigt werden" (Fend 2006, 32). „Die kognitive Struktur des Lernenden muss mindestens Anknüpfungspunkte für die Bedeutungen des Lernmaterials bieten", haben Straka und Macke (1979, 116) diese Anforderung bei ihrer Darstellung von Ausubel beschrieben. Das gleiche Prinzip hatte sich bereits bei Herbart (1874, 60) gefunden, wenn unter Assoziation bei den Formalstufen die Anknüpfung und Einordnung des Neuen an das schon Bekannte beim Lernen erfasst worden ist. Die Idee, die dahinter steht, lässt sich dahin charakterisieren, dass das neu Gelernte anschlussfähig an das bereits Gewusste bzw. Erfahrene sein muss. Zumindest muss der Anschluss im Unterricht hergestellt werden. Hier wird ein Perspektivenwechsel sichtbar: Die Schüler werden mit ihren Voraussetzungen zur Teilhabe am Unterricht in die Überlegungen einbezogen. In klassischen Darstellungen ist das unter dem Thema Anschauung verhandelt worden.[112] Bei Schulz (1965) werden damit die anthropogenen Voraussetzungen gemeint.

Aus diesen Überlegungen lässt sich eine Erwartung an die Auswahl und Einordnung der Unterrichtsinhalte ableiten: Unterrichtsinhalte müssen an den Schülern Bekanntes anschlussfähig sein.[113] Das wird immer einfach zu realisieren sein, wenn es innerhalb eines Unterrichtsfaches eine Sachlogik gibt. Das wird beispielsweise für naturwissenschaftliche Fächer angenommen. Der Anschluss kann aber auch bei den Alltagserfahrungen der Schüler gesucht werden. Für die Förderung der Lesekompetenz müssen, um ein Beispiel zu geben, Texte ausgewählt werden, die an das Vor- und Weltverständnis der Schüler anschlie-

---

110 Das ist an die neue Kompetenzorientierung anschlussfähig.
111 Das ist zumindest für das Gymnasium so gültig gewesen.
112 Dieses Thema haben bereits Pestalozzi und Herbart behandelt.
113 Das wurde bei Schulz (1965) mit dem Einbezug der anthropogenen und sozial-kulturellen Voraussetzungen angemahnt.

ßen sollen. Über sie soll das aktive Handeln der Schüler im Unterricht sachlich gesteuert werden. Dieser Anschlussfähigkeit und der Frage nach dem kulturellen Mindestwissen kommt bei der Auswahl der Unterrichtsinhalte eine zentrale Bedeutung zu. In der Curriculumtheorie sind im Rahmen des Situationsansatzes Antworten auf Fragen dieser Art formuliert worden (vgl. Robinsohn 1967).

Ausubel (1968) hat aus seiner Grundannahme, dass neue Bedeutungen anschlussfähig an bereits Vorhandenes sein müssten, eine Hierarchie beim Lernen von Bedeutungen gesetzt. Den Ausgangspunkt bilden einzelne Fakten, konkretes empirisches Material (Straka, Macke 1979, 119). Darauf lassen sich speziellere, weniger umfassende Begriffe aufbauen. In einem weiteren Schritt können allgemeinste Begriffe angeschlossen werden. Auf diese Weise gelingt eine allgemeine Sequenzierung der Unterrichtsinhalte, die sich naturgemäß auf die Unterrichtsmethode auswirkt. Das ist bezüglich der Unterrichtsinhalte sicherlich eine der Fragen, die man nicht leicht beantworten kann: Gibt es in Bezug auf die Auswahl und Anordnung von Unterrichtsinhalten, die in Bezug zu den Zielen des Unterrichts stehen, allgemeine, fachübergreifende oder gibt es solche Regeln eher fachspezifisch oder muss man solche Regeln individuell als Verantwortlicher für eine Unterrichtsstunde entwerfen? Ausubel (1968) hat jedenfalls die Idee einer hierarchisch gegliederten allgemeinen kognitiven Struktur als Grundannahmen im Sinne einer anthropogenen Voraussetzung formuliert (Straka, Macke 1979,119).[114]

Unterrichtsinhalte haben sich aus einer pädagogischen Perspektive in der Praxis des Unterrichtens unabhängig von den Unterrichtszielen entwickelt. Die für sie operationalisierten Lernziele mussten nicht mehr mit den allgemeinen Zielen des Unterrichts im Detail abgeglichen werden, die in Didaktiken formuliert waren.[115] Ebenso sind oft eventuell erforderliche Bezüge zwischen den Unterrichtsfächern aus dem Blick geraten. So konnte im Physikunterricht ein mathematisches Fachwissen benötigt werden, welches im Mathematikunterricht noch nicht vermittelt worden war. Festzuhalten bleibt, dass die Unterrichtsinhalte mehr noch als die Unterrichtsziele aus einer Fachsystematik bzw. einer dem jeweiligen Unterrichtsfach verpflichteten Tradition gewonnen worden sind. Auf diese Weise hat sich die Sequenzierung der Unterrichtsinhalte in den einzelnen Fächern praktisch von selbst ergeben. Das zeigt sich bereits in der Lehrerbildung in der ersten Phase, wenn in einem Entwurf der staatlichen Prüfungsordnung für

---

114 In der pädagogischen Psychologie und der Lernpsychologie sind häufig Annahmen zum Lernen entwickelt worden, die allgemein und nicht fachspezifisch waren. Aus der Perspektive des Neoinstituionalismus sind Annahmen dieser Art eine normale Reaktion auf die Aporien des Organisierens. Nach Meyer und Rowan (1992, 87ff.) kann das unter das Thema Entkopplung subsumiert werden. Es handelt sich in dieser Lesart um einen alltäglichen und erwartbaren Vorgang.
115 Auch das ist typisch für Entkopplung.

das Lehramt an Regelschulen in Thüringen unter zentralen Kompetenzen in der Fachwissenschaft gefordert wird:

- „Struktur sowie grundlegende Konzepte und Inhalte des jeweiligen Fachgebietes kennen und erörtern sowie fachliche Fragen entwickeln; [...]
- Fachwissenschaftliche Begriffs-, Modell- und Theoriebildung sowie deren Systematik kennen und ihren wissenschaftlichen Stellenwert reflektieren" (Entwurf der Thüringer Verordnung 2008).

An diesem Beispiel zeigt sich, dass Unterrichtsziele über die jeweiligen Inhalte, die sich aus der Sachstruktur oder der Systematik des jeweiligen Faches ergeben, mitbestimmt werden und es nicht nur eine Relation gibt, mit der der Einfluss der Ziele auf die Inhalte erfasst wird. Das setzt sich bei den neuen Kompetenzmodellen fort, die zu diesem Bereich in den vorangehenden Abschnitten vorgestellt worden sind.

Dass Ziele und Inhalte wechselseitig zusammenhängen, wird beim Sprachunterricht deutlich, hier insbesondere dem für Kinder mit Migrationshintergrund: Ist das Ziel die Kommunikationsfähigkeit, dann dominiert die Pragmatik (vgl. z. B. Ehlich 2005), wird sprachliche Korrektheit angestrebt, dann gewinnen Grammatik und Orthographie an Bedeutung (vgl. z. B. Roesch 2008). Ebenso ist das Verhältnis von Muttersprache und Deutsch als Zweitsprache ungeklärt.[116] Daraus entsteht die Frage nach der Notwendigkeit eines muttersprachlichen Unterrichts.[117]

Traditionell ist der Formulierung von Unterrichtsinhalten in Lehrplänen, Rahmenrichtlinien, Stoffverteilungsplänen, Lehrbüchern, Arbeitsmaterialien, Prüfungsaufgaben, aber auch in Anleitungen für den Unterricht große Aufmerksamkeit geschenkt worden (vgl. Fend 2006, 57; Schmidt 1978, 15). In der Schulpraxis kommt den Schulbüchern eine sehr große Bedeutung zu: Mit ihrer Hilfe werden nicht nur Hausaufgaben vorgegeben, sie dienen auch als Basis für die Gestaltung des Unterrichts selbst. Vor allem das Zu-Lernende wird über sie definiert und operationalisiert.[118] Die praktische Bedeutsamkeit dieser Werke ist als viel größer zu veranschlagen, als das in der Ausbildung zum Lehrer in der ersten bzw. zweiten Phase zum Ausdruck kommt. In ihnen werden nicht nur Unterrichtsinhalte präsentiert, sondern auch wesentliche Grundlagen für das vermittelte jeweilige Wissenschaftsverständnis gelegt. Schulbücher erhalten ihre Bedeu-

---

116 Hier interessiert die Kontroverse zwischen Stanat, Christensen (2006) und Cummins (2008). Die Replik von Cummins verdeutlicht, dass es eher eine Frage der Argumentationsebene ist, welches Ergebnis als zutreffend betrachtet wird.
117 Gegenwärtig überwiegen die Argumente der Skeptiker (vgl. Esser 2006; Hopf 2005; Söhn 2005a, 2005b). Von Interesse ist in diesem Zusammenhang auch der Beitrag von Schründer-Lenzen (2008).
118 Das findet sich bei Schulz (1965) unter den sozial-kulturellen Voraussetzungen.

tung auch daher, dass in der Lehrerbildung vor allem in den geistes- und sozialwissenschaftlichen Fächern die fachlichen Grundlagen für den Unterricht in der Schule in aller Regel unvollständig vermittelt worden sind. Das Studium verläuft vielmehr im Vergleich zu den Anforderungen des Schulfaches in den Fachwissenschaften eher exemplarisch.[119] Erst mit den Schulbüchern wird in vielen Unterrichtsfächern ein systematischer Zusammenhang zwischen den verschiedenen Unterrichtsinhalten hergestellt.

Über Unterrichtsinhalte werden auf der Grundschule oft traditionelle Lebenswelten vermittelt, die nicht der alltäglichen Welt der Kinder korrespondieren, beim Gymnasium, um eine andere Schulform zu wählen, wird oft beansprucht, über Inhalte Kulturgüter zu vermitteln. Oberstes Ziel ist bei allen Inhalten das Vermitteln von Kulturtechniken. „Die Kernaufgabe [...] besteht [...] in der Vermittlung von Kultur, von kulturellen Deutungssystemen und kulturellen Kompetenzen" (Fend 2006, 179). Daraus können neue Fragestellungen entstehen. So ist z. B. im Rahmen der Diskussion über Bildungsstandards nicht definiert, welches mathematische Grundwissen für die Alltagsbewältigung mindestens erforderlich ist[120] und wieweit die Beherrschung der grammatikalischen Regeln vorangetrieben sein muss, damit man den Anforderungen des Alltags genügen kann.[121] Ist beispielsweise beim Verwenden von bestimmten oder unbestimmten Artikeln die Zuordnung des richtigen Genus eine wichtige Bedingung oder nicht? Damit ist indirekt angesprochen, dass bisher bei den Inhalten des Unterrichts zu wenig darüber nachgedacht worden ist, wie das kulturell erforderliche Mindestwissen zu bestimmen sei.[122] Dabei wird zu berücksichtigen sein, dass sich eine solche Bestimmung wahrscheinlich allgemein gar nicht treffen lässt. Festzuhalten bleibt, dass der Zusammenhang ‚Unterrichtsziele' und ‚Unterrichtsinhalte' als komplex und kompliziert anzusehen ist. Vor allem die Frage, welche Ziele über die Inhalte des Unterrichts angesteuert werden, bedarf der Klärung, wenn die rationale Unterrichtsplanung umgesetzt werden soll.[123] Ebenso muss geklärt werden, mit welchen Inhalten die formulierten Ziele des Unter-

---

119 Das stellt sich in naturwissenschaftlichen Fächern wie der Physik, die auch im Studium eine Sachlogik aufweisen, anders dar. In vielen Fächern werden Lehrkräfte allein schon aus zeitökonomischen Gründen bei der Vorbereitung und der Durchführung ihres Unterrichts auf Schulbücher als Unterstützung zurückgreifen.
120 Das wird unter dem Thema Mindeststandards zu verhandeln versucht.
121 Das spielt beispielsweise im Rahmen des Unterrichts „Deutsch als Zweitsprache" eine große Rolle.
122 Bei den Bildungsstandards wird dieser Aspekt unter Mindeststandards verhandelt (BMBF 2003).
123 Das Thema Unterrichtsplanung wird noch getrennt behandelt werden.

richts erreicht werden können. Praktisch werden die Inhalte in Lehrplänen und Rahmenrichtlinien sowie in und über Unterrichtsmedien bestimmt.[124]

2.3 Unterrichtsmethoden

Mit der gewählten Unterrichtsmethode soll erreicht werden, dass möglichst viele Schüler die im Unterricht angestrebten Ziele erreichen, indem sie die Unterrichtsinhalte lernen. Um das zu gewährleisten, muss u. a. angestrebt werden, dass alle Schüler einer Klasse dem Unterricht aufmerksam folgen bzw. sich am Unterricht beteiligen. Auf diese Weise wird in einem allgemeinen Verständnis sichergestellt, dass sie lernen. Lernen soll mit dieser Vorgabe organisiert werden.[125] Um das Bestreben umzusetzen, sind bezüglich der Unterrichtsmethoden unterschiedliche Vorstellungen entwickelt worden, bei denen im traditionellen Verständnis jeweils die aktive, gestaltende Rolle des Lehrers im Zentrum gestanden hat. „Unterricht stellt eine Lernsituation dar, in der systematisch – nach sachgerechten Methoden – Inhalte vermittelt werden" (Schmidt 1978, 16). Allgemein werden diese Methoden mit ‚lehrerzentriert' bezeichnet. Hasselhorn und Gold (2006, 250) unterscheiden dabei nach Frontalunterricht, darbietendem Unterricht, Unterrichtsvortrag, gelenktem Unterrichtsgespräch und Unterrichtsdiskussion.[126] Dem jeweiligen Lehrer obliegt dabei das Lehren[127] und darüber vermittelt die Steuerung des Lernens. Damit ist eine der Grundfiguren der Unterrichtsmethode beschrieben: Lehrkräfte geben das zu Lernende vor und Schüler lernen. Das wird gemeint, wenn vom lehrerzentrierten Unterricht die Rede ist. Generationen von Schülern sind nach diesem Modell in seinen verschiedenen

---

124 Die Bedeutung der eingesetzten Schulbücher sollte in diesem Kontext nicht unterschätzt werden.
125 Ausführliche Erläuterungen zum Thema Lehr- bzw. Unterrichtsmethode finden sich bei Gage und Berliner 1977. Sie werden an dieser Stelle nicht wiederholt. Die beiden Autoren haben versucht, eine Systematik der Unterrichtsmethoden zu erstellen.
126 Diese Unterscheidungen sind typisch für die pädagogische Psychologie, sobald das Thema Lehren oder Lehrmethoden behandelt wird (vgl. z. B. Gage, Berliner 1977).
127 Hasselhorn und Gold (2006, 217) unterscheiden beim Lehren zwischen der Strategie oder Methode, um ein Lernziel zu erreichen, dem Lehren als Lernen, dem Lehren als Bereitstellen von Lerngelegenheiten und dem Lehren des Lernens. Diese Unterscheidung wird im Folgenden noch eine Rolle spielen. Bisher ist der Begriff des Lehrens hier vor allem im Sinne der ersten Lesart verwendet worden. Es wird aber deutlich, dass Lehren ein Begriff ist, der in unterschiedlichen Kontexten mit einer jeweils anderen Bedeutung verwendet wird.

Varianten unterrichtet worden.[128] Entscheidend war, dass die Organisation der Lernprozesse durch Formen des Lehrens der Lehrkraft gekennzeichnet war.[129]

In dem Zitat von Schmidt werden mehrere Anforderungen benannt, die im Unterricht beachtet werden müssen, wenn er erfolgreich verlaufen soll. Oberstes Ziel ist, den Unterricht so zu gestalten, dass die Schüler lernen. Der Unterricht soll methodisch so angelegt sein, dass die Schüler einer Klasse bzw. Gruppe, die gemeinsam teilnehmen, gewünschte Ziele erreichen und entsprechend lernen. Damit sie lernen, bedarf es entsprechender Anreize. Anreize zu lernen können

- mit dem Gegenstand des Lernens verbunden sein,
- von außen gegeben werden (extrinsische Motivation),
- von innen her bei den Schülern vorhanden sein (intrinsische Motivation),
- durch das Unterrichtsarrangement geweckt werden etc.

Bereits in den klassischen Überlegungen zum Unterricht sind verschiedene Unterrichtsmethoden dargestellt worden. Dabei sind unterschiedliche Annahmen als Ausgangspunkt formuliert worden. Ein allgemeines Kennzeichen für die Diskussion über Unterrichtsmethoden war jedoch lange Zeit, dass Annahmen über das richtige Vorgehen ohne Bezug auf die Art des zu vermittelnden Wissens gemacht worden sind. Diese Sichtweise wird in Annahmen zum fragend-entwickelnden Unterricht deutlich, der eindeutig lehrerzentriert aufgebaut ist. Bei dieser Unterrichtsmethode ist die Herausforderung darin zu sehen gewesen, das dem Lehren korrespondierende Lernen möglichst bei allen Schülern sicherzustellen. Für den fragend-entwickelnden Stil wurden z.B. fünf Argumente herangezogen, die belegen sollten, dass ein auf Fragen aufbauender Unterrichtsstil angemessen sei und auch Hinweise enthalte, wie das Lernen der Schüler gesichert werden könne (s. Abb. 9).

Thesen dieser Art verdeutlichen, dass Argumente aus dem Kontext des Fachunterrichts im Sinne der Angemessenheit der Methode bei bestimmten Lerngegenständen kaum eine Rolle gespielt haben.[130] Es lassen sich allerdings unterschiedliche Rationalitätsannahmen für die Angemessenheit der Organisation bei dieser Form des Unterrichts entdecken.

---

128 Das wird beim Thema Instruktion noch genauer analysiert werden.
129 Unter dem Thema Unterrichtsmethode ist aus der Perspektive des Organisierens versucht worden, eine Standardisierung der Tätigkeit des Unterrichtens zu erreichen. Unterricht wurde in der Weise organisiert, dass alle Schüler das gleiche Angebot erhielten. Bei den Schülern wurde ein Standardbedürfnis unterstellt.
130 Das hängt damit zusammen, dass Methodiken einerseits in erster Linie von Praktikern und von Lehrenden an Pädagogischen Hochschulen verfasst worden sind. Andererseits wurden sie von pädagogischen Psychologen verfasst. Lehrende an Universitäten, die aus der Erziehungswissenschaft mit der Ausbildung von Gymnasiallehrern betraut waren, haben sich dieser Thematik weniger gewidmet.

Abbildung 9: Thesen zur Unterrichtsführung
(nach Wegmann 1964, 149ff.)

- *Konzentrationsthese:* Durch die Frage soll die Schüleraufmerksamkeit geweckt, erhalten und gesteigert werden.
- *Kontrollthese:* Die Aufmerksamkeit kann kontrolliert werden, indem man einzelne Schüler zur Antwort auf die Frage auffordert.
- *Führungsthese:* Die Führung des Unterrichts wird von der Lehrkraft wahrgenommen.
- *Kommunikationsthese:* Zwischen Lehrer und Schüler wird Kommunikation gefördert.
- *Präzisionsthese:* bezieht sich auf die Präzision der Kommunikation zwischen Lehrer und Schüler.

Die Kommunikationsthese folgt beispielsweise einer anderen Rationalität als die Kontrollthese, obwohl sich die letztere auch als Teilmenge der ersteren konstatieren lässt, d.h., es müssen keine Widersprüche entstehen. Die Unterrichtsmethode wurde – und wird in vielen Fällen auch heute noch – als eine Vorgehensweise angesehen, die man allgemein anwenden kann.[131] Damit zeichnet sich ein interessanter Befund ab: Offensichtlich kann man in der Praxis des Unterrichtens in vielen Fällen anstelle der im von Taba (1962) übernommenen Modell gegebenen Beziehung zwischen Unterrichtszielen, Unterrichtsinhalten und Unterrichtsmethoden ein unverbindliches Nebeneinander feststellen. Daraus resultiert als Möglichkeit, dass über die Unterrichtsmethode Unterrichtsziele vorgegeben und erreicht werden. Diese Ziele können unerwünscht sein.[132] Die Ziele des Unterrichts werden im Modell von Taba (1962) über unterschiedliche Variablen bestimmt.[133]

Über die fragend-entwickelnde Methode wurde zu sichern versucht, dass alle Schüler aufmerksam am Geschehen im Unterricht teilnehmen. Dazu wurde auf extrinsische Motivation gesetzt: Die Schüler sollten, weil jeder von ihnen gefragt werden konnte, gezwungen werden, aufmerksam zu sein. Das Interesse musste nicht über die Ziele oder den Inhalt, sondern sollte über die Art des Unterrichtens sichergestellt werden. Diese Art des Denkens ist lange Zeit in der Ausbildung der Lehrer aber auch in der Praxis des Unterrichtens dominant geblieben. Es ist zur Ausbildung bestimmter Routinen gekommen, die sich in der Lehrerbildung und der Lehrerweiterbildung vermitteln und trainieren ließen. Über die Organisation wurde im Bereich der Unterrichtsmethode Verlässlichkeit gesichert. Entscheidend ist dabei im Kontext der Argumentation, dass sich auch Er-

---

131 Das gilt am eindeutigsten für den Lehrervortrag, bei dem es aber Schwierigkeiten bereitet, im Unterricht zu kontrollieren, was die Schüler rezipiert haben.
132 Mit der Metapher vom heimlichen Lehrplan ist das beklagt worden.
133 Das entspricht wiederum der schon erwähnten Entkopplungsthese.

folge zeigten. Viele Schüler haben auf der Basis dieser Methode erfolgreich gelernt und lernen heute noch mit ihr. Ebenso gibt es Versager. Das sind Schüler, die die Unterrichtsziele nicht erreichen bzw. die Unterrichtsinhalte nicht gelernt haben. Zumindest in Bezug auf diese Schüler ist nicht kritisch hinterfragt worden, ob die Methode angemessen sei. Außerdem bleibt festzuhalten, dass die Schüler in eine vorwiegend rezeptive Form des Lernens gedrängt werden.

Eine weitere Methode lässt sich folgendermaßen beschreiben: Geht es darum, eine Gruppe von Schülern optimal über einen Lerngegenstand zu informieren und wird außerdem gewünscht, dass ein großer Teil der Klasse am Ende der jeweiligen Stunde über die erwarteten Kenntnisse bzw. das Wissen verfügt, dann bietet sich der Lehrervortrag als Unterrichtsmethode an. Lehrervorträge spielen in der alltäglichen Praxis des Unterrichts eine große Rolle. Sie haben eine lange Tradition[134] und stellen auch heute noch eine wichtige Unterrichtsmethode dar.[135] Die Grundidee des Lehrervortrags ist, dass die Schüler über neue Lerngegenstände informiert werden. Lehrer können über einen Vortrag einen Input geben. Dabei kann sowohl der Anschluss zum bisherigen Wissen gesucht als auch den Schülern die Anregung vermittelt werden, sich das Neue weiter zu erschließen. Lehrervorträge haben vielleicht traditionell den Unterricht im Alltag dominiert. Sie sollten heute kurz und prägnant ausfallen. Diese Form des Unterrichts hat sich bewährt, das belegen auch neuere empirische Untersuchungen. Allerdings ist zu bemerken, dass sie die Schüler zum Rezipieren veranlasst. Eine Spezialform ist dann nochmals der Unterrichtsvortrag, der als Prototyp des frontalen, darbietenden Unterrichts angesehen werden kann und in der Form von Vorlesungen oder Referaten gestaltet wird.

Ein gemeinsamer Nachteil der beiden bisher behandelten Unterrichtsmethoden muss darin gesehen werden, dass bei ihnen neben der Rezeptivität der Lernenden im Kern homogene Gruppen in den Klassen vorausgesetzt werden. Das entspricht weitgehend der normalen Annahme in deutschen Schulen. Über Klassen bzw. die verschiedenen Schulformen ab der Sekundarstufe I soll diese Homogenität der Lerngruppen gesichert werden. Diese Homogenität wird auch durch Maßnahmen wie das Sitzenbleiben[136] bzw. die Überweisung an Sonder-

---

134   Die Unterweisung ist beispielsweise nach diesem Modell erfolgt (Petrat 1979).
135   Es gibt viele Hinweise in Darstellungen, dass Lehrervorträge als Unterrichtsmethode nicht besonders erfolgreich sind (vgl. z.B. Gage, Berliner 1977, 445ff.). Inzwischen hat sich diese Beurteilung zumindest partiell verändert, wie sich im Folgenden noch zeigen wird. Die Frage, für welche Gegenstände im Unterricht Lehrervorträge die angemessene Form der Darbietung sind, wird wahrscheinlich immer wichtiger werden.
136   Sitzenbleiben ist in Deutschland immer noch ein Problem, unter dem viele Schüler leiden (vgl. Konsortium Bildungsberichterstattung 2006, 54f.). Folgt man Einsiedler, Martschinke und Kammermeyer (2008, 365f.), dann hat sich die Problematik für die Grundschule inzwischen abgeschwächt.

schulen unterstützt. Es wird übersehen, dass die Normalsituation eine andere ist: Klassen sind auch unter den Bedingungen des deutschen Schulsystems heterogen zusammengesetzt. Die eigentliche Herausforderung besteht bei den Unterrichtsmethoden darin, hierauf eine passende Antwort zu finden. Das ist eine Herausforderung, der im Rahmen der bisher vorgestellten Modelle nicht genügt werden kann, weil für sie typisch ist, dass die Klasse der Adressat der unterrichtlichen Bemühungen des Lehrers ist.

Eine weitere Methode ist die Stillarbeit. In diesem Fall erhalten die Schüler einen Arbeitsauftrag, den sie allein bearbeiten sollen. In Klassen, in denen die Schülerschaft sehr heterogen zusammengesetzt ist, kann der Stillarbeit große Bedeutung zukommen, wenn der Lehrer verschiedene Gruppen bildet, von denen er sich immer nur einer widmen kann und den anderen Schülern Aufgaben zur Erarbeitung oder zum Üben mit dem Ziel übergibt, dass jeder Schüler sich individuell mit ihnen beschäftigen soll. Auf diese Weise schafft er sich Raum, um sich mit einer der Gruppen intensiv zu beschäftigen.[137] Stillarbeit hat in den einklassigen Schulen eine große Bedeutung gehabt. Wenn der Lehrer eine Gruppe von Schülern unterrichtete, mussten die anderen beschäftigt werden. Damit kommt ein Aspekt in die Betrachtung hinein, der bisher nicht erörtert worden ist. Neben dem Lehren und Lernen ist das Üben eine Anforderung, die im Rahmen von Unterrichtsmethoden beachtet werden muss.[138] Stillarbeit kann mit dem Ziel des Übens systematisch in den Unterricht einbezogen werden. Stillarbeit kann aber auch mit dem Ziel durchgeführt werden, dass die Schüler sich Neues selbst erschließen. Das könnte beispielsweise für Schüler organisiert werden, die den Stoff schon beherrschen, mit dem andere noch ihre Probleme haben.

Anstelle der Stillarbeit kann die Paararbeit als Arbeitsform gewählt werden. Hier sind verschiedene Varianten möglich. Erstens können Paare aufgefordert werden, gemeinsam eine Aufgabenstellung zu bearbeiten. Paare können z. B. so organisiert sein, dass ein Schüler, der bereits weiter fortgeschritten ist, mit einem anderen, der Lerndefizite aufweist, bestimmte Aufgabenstellungen bearbeitet: Das kann man als Variante eines Tutorenmodells betrachten.

---

137 Das Thema Unterrichtsmethode wird noch weiter und genauer behandelt werden. Es ging an dieser Stelle nur darum, einige klassische Methoden, die auch heute noch verwendet werden, kurz zu charakterisieren.
138 Eine klassische Form des Übens sind die Aufgaben, die häufig mit dem Ziel aufgegeben werden, dass die Schüler bestimmte Aspekte des im Unterricht Gelernten oder dessen, was von ihnen als gelernt worden erwartet wird, in der Form von Hausaufgaben einüben. Über Üben soll allgemein eine Verfestigung des Gelernten erreicht werden. Dabei ist Üben klassisch eher repetierend angelegt worden. Das muss aber nicht mit Notwendigkeit der Fall sein. Üben kann auch mit der Erwartung des Übertrags von Gelerntem auf neue Aufgabenstellungen organisiert werden.

Festzuhalten bleibt, dass die Annahme, bestimmte Unterrichtsmethoden übten einen relevanten Einfluss auf den Unterrichtserfolg aus, die schulpädagogische Diskussion seit ihren Anfängen bestimmt. So ist bereits die Maxime von Comenius „omnes, omnia, omnino" in diese Richtung formuliert. Eine der wesentlichen Annahmen vor allem in der schulpädagogischen Diskussion war es, dass der Weg, die Methode, eine entscheidende Voraussetzung dafür sei, dass man die erwarteten Ziele auch erreiche.[139] Angesichts dieser Situation müssen Befunde aus empirischen Untersuchungen enttäuschen, wie Einsiedler und Treinies (1997) sie berichtet haben, dass Unterrichtsmethoden nur einen geringen Effekte ausüben und Effekte der Klasse, die die Schuljugendlichen besuchen, eine viel stärkere Wirkung haben würden (vgl. Merkens 2005).[140] Sollte das unabhängig von den sozioökonomischen Rahmenbedingungen, die sich bei den Schulkindern identifizieren lassen, zutreffen, wäre das für die Lehrerausbildung ein Rückschlag, weil es kein Wissen mehr über die angemessenen Wege des Unterrichtens geben würde. Dieses Wissen ist aber eine wesentliche Voraussetzung dafür, dass die Professionalisierung der Lehrertätigkeit voranschreitet.[141] Allerdings ist zu bemerken, dass die bisherigen Informationen über Effekte von Unterrichtsmethoden im allgemeinen auf sozial basierten Tests beruhen; ipsative Messinstrumente, die erst in Bezug zum Prozess des Unterrichtens gesetzt werden können, sind bisher kaum verwendet worden. Hier kann also erst ein neuer Typ von Rückmeldesystemen Auskunft geben.[142]

Trotz der enttäuschenden Befunde zur Wirksamkeit der Unterrichtsmethoden gibt es immer wieder Versuche, Merkmale guter Lehre im Unterricht zu bestimmen. Klassisch hat Gage (1979, 2) bestimmt, was Lehren heißt: „Unter Lehren verstehe ich jegliche Aktivität von Seiten eines Menschen, die darauf zielt, einem anderen das Lernen zu erleichtern." Damit wird ersichtlich, dass es sich beim Lehren nicht um eine Tätigkeit handeln kann, die ohne Bezug zu anderen Tätigkeiten eine Bedeutung erhält. Lehren setzt vielmehr den Anderen voraus, der lernt. Die Qualität der Lehre bestimmt sich danach, wieweit es gelingt, andere zum Lernen zu bringen bzw. sie in ihrem Lernen zu unterstützen.[143]

Entgegen der bisher berichteten traditionellen Auffassungen gibt es eine differenziertere Bestimmung für Unterrichtsmethoden: „Es muss eine Lernumwelt konstruiert werden, die Lernprozesse stimuliert. Dazu muss die interne Struktur der Lernprozesse im Individuum bekannt sein, d.h., man muss z.B. über den

---

139 In der DDR ist bei der Lehrerausbildung weitgehend von dieser Annahme ausgegangen worden.
140 Das ist ein Ergebnis, das auch in eigenen Untersuchungen bestätigt werden konnte (vgl. Merkens 2006).
141 Diese Fragestellung wird nochmals aufgegriffen werden.
142 Dieser Aspekt wird im Abschnitt 4.3.1 nochmals aufgegriffen werden.
143 Diese Überlegung wird noch weiter dargelegt werden.

Aufbau kognitiver Schemata Bescheid wissen. Wenn sich der Lernprozess über viele Jahre erstreckt, dann werden entwicklungspsychologische Kenntnisse relevant" (Fend 2006, 32). Wiederum wird die zunehmende Bedeutung der pädagogischen Psychologie deutlich. Das schließt an Herbarts (1874) Bestimmung der Pädagogik an, der sie als eine Disziplin zwischen Ethik und Psychologie bestimmt hatte.

Beim Thema Unterrichtsmethoden haben traditionell Praxiserfahrungen und technologisch orientierte Konzepte dominiert. Daraus resultiert eine gewisse Abkoppelung von den Themen ‚Unterrichtsziele' und ‚Unterrichtsinhalte'. Eine ähnliche Tendenz wird sich bei dem folgenden Thema ‚Evaluation' zeigen.

2.4 Evaluation des Unterrichts

Der Zweck der Evaluation des Unterrichts oder von einzelnen seiner Teile ist, Entscheidungen über ihn fällen zu können (Wittrock 1970, 4).[144] Wiley (1970, 261) hat Evaluation allgemeiner so bestimmt, dass es darum gehe, Daten zu sammeln und die Information in Bezug auf Verhaltensänderungen bei den Schülern zu nutzen, um Entscheidungen über ein pädagogisches Programm zu fällen. Dabei hat er offensichtlich ausschließlich quantitative Methoden im Blick gehabt.[145] Als Problem bleibt dann zu lösen, was Evaluation auf der Ebene der Klasse bedeuten kann. Prinzipielle Reserven gegenüber der mit Evaluation häufig einhergehenden Übernahme von Methoden aus der Ökonomie werden in einem Beitrag von Lortie (1970) sichtbar, der auf Inkompatibilitäten verweist.

In einem allgemeinen Verständnis wird mit Evaluation Messen und Bewerten bezeichnet.[146] Dieser Anspruch ist im Unterricht z.B. bei der Leistungsüberprüfung vertreten und formal traditionell gehandhabt worden.[147] Dabei stand die Messung und Bewertung der Schülerleistungen in der Form von Zensuren im Zentrum.[148] Sowohl schriftliche als auch mündliche Leistungen wurden zensiert.

---

144 Dieser Hinweis zeigt, dass eine Unterrichtstheorie mit dem Fokus auf Entscheidungen einen Schwerpunkt sicherlich bei der Evaluation finden würde.
145 Es ist interessant, dass in der Diskussion des Vortrags eine Reserve aus der Sicht von Methoden deutlich wird, es werde wissenschaftlich nicht akribisch genau argumentiert, es gebe also aus der Sicht der Psychologie methodische Einwendungen (Wittrock 1970, 273ff.).
146 Anleitungen dazu, wie rein technisch in Klassen und im Fachunterricht vorzugehen ist, finden sich in einem Band, der von Gronlund (1968, 61ff.) herausgegeben worden ist. Es handelt sich um Hinweise, die im Rahmen der klassischen Testtheorie entwickelt worden sind.
147 Das Eingeständnis, einem Kriterium wie der Objektivität bei der Leistungsüberprüfung nicht genügen zu können, hätte im Ergebnis dazu geführt, das gesamte System dieser Überprüfungen infrage zu stellen.
148 In den USA hat die mit Leistungsmessung bei Schülern verbundene Evaluation am Beginn der Entwicklung gestanden (vgl. Kuper 2005, 29f.).

Daraus wurden in den Zeugnissen die Zeugnisnoten gebildet.[149] Aber auch Selektionsentscheidungen wurden auf der Basis von Zensuren gefällt und legitimiert.[150] Ausgehend von der Grundeinstellung, dass das Gelehrte gelernt werde, gab es vor allem ein Interesse daran, Schüler zu identifizieren, die Probleme mit dem gelehrten Stoff hatten. Leistungsdefizite wurden den einzelnen Schülern angelastet. Traten diese Defizite in mehreren Fächern parallel auf, wurde in der Regel entschieden, dass die betreffende Klasse wiederholt werden müsse. Über die Bewertung von Schülerleistungen, so lässt sich diese Tendenz der Aussonderung in den Klassen deuten, wurde versucht, die Heterogenität der Schülerschaft in einer Klasse abzumindern. Oberstes Ziel war es, in den verschiedenen Klassen möglichst homogene Leistungsgruppen zu bilden.[151] Dies war möglich, weil Leistungsdefizite nicht dem Lehrer oder der Organisation des Unterrichts angelastet worden sind. Vielmehr wurde angenommen, dass die Begabung, der Fleiß, die Aufmerksamkeit oder das Konzentrationsvermögen der einzelnen betroffenen Schüler nicht ausreichen, um erfolgreich am Unterricht teilnehmen zu können. Entscheidungen dieser Art wurden im Kern auf der Basis klassenbezogener Bezugsnormen gefällt. Ein Korrekturbedarf in Richtung Unterricht wurde selten aus den Zensuren abgeleitet.

Die Grundfigur dieses Denkens hat sich erst nach den Ergebnissen der internationalen Leistungsstudien und der daran anschließenden Einführung der Vergleichsarbeiten geändert. Gegenwärtig gewinnt in Deutschland ein anderer Typ von Evaluation in der Form von Rückmeldesystemen ständig an Bedeutung.

Exkurs 2: Traditionelle Formen der Rückmeldung im Unterricht

Sie haben im Unterricht lange Traditionen. Klassenarbeiten und die Bewertung von mündlichen Leistungen oder von Hausarbeiten stellen nur eine Variante dar, bei der, im klassischen Verständnis, den Schülerinnen und Schülern eine Mitteilung über ihren Leistungsstand vermittelt werden, die aber in aller Regel keine Information zur Bewertungsbasis enthalten, allenfalls kann die relative Position innerhalb des Klassenverbandes ermittelt werden. Der Hinweis auf Lehrpläne oder Rahmencurricula als Grundlage bleibt als Urteilsbasis in aller Regel vage. Selten werden aus den Ergebnissen Folgerungen für die anschließende Gestaltung des Unterrichts abgeleitet. Vielmehr wird die Ursache für nicht genügende oder schlechte Leistungen meistens den einzelnen Schülerinnen und Schülern zugeschrieben. Die Darstellung im Präsens verdeutlicht, dass diese Praxis auch heute fortwährt. Im Unterrichtsverlauf stellen wiederum Reaktionen der Schülerinnen und Schüler eine Art Rückmeldung für die jeweilige Lehrkraft dar, über die sie Informationen darüber erhalten kann, ob bzw. inwieweit die Schülerinnen und Schüler dem Unterricht folgen bzw.

---

149 Es gibt eine eigene Literaturgattung zu der Frage, ob es dabei objektiv und gerecht zugegangen ist. Diese Fragestellung soll hier nicht aufgegriffen und geschildert werden.
150 Luhmann (1984) hat das als den Code des Erziehungssystems bezeichnet.
151 Das zeigt sich z.B. in den Gesamtschulen bei der Leistungsdifferenzierung nach dem FEGA-System.

folgen können. In dieser Variante bieten Rückmeldungen eine wichtige Information für die Unterrichtsführung, sie können als ein Instrument der Unterrichtsdiagnose angesehen werden.

Die Teilnahme an international vergleichenden Studien zur Schulleistungsmessung und vor allem die dabei erzielten schlechten Ergebnisse haben dazu geführt, dass nicht nur die Bereitschaft entstanden ist, sich weiterhin am internationalen Bildungsmonitoring zu beteiligen, sondern zusätzlich auch nationale Monitoringsysteme, z. B. in der Form von Vergleichsarbeiten, als Rückmeldesysteme entwickelt worden sind. Nunmehr werden nicht nur die Leistungen der jeweiligen Klassen und der einzelnen Schüler zurückgemeldet, sondern es wird auch mitgeteilt, ob Erwartungswerte, die z. B. auf der Basis des sozioökonomischen Status und/oder der kognitiven Leistungsfähigkeit für die Klassen gebildet werden, über- oder unterschritten werden. An die Stelle klassenspezifischer Bezugsnormen sind jahrgangsspezifische getreten. Auf der Basis solcher Daten kann ein Korrekturbedarf für die Gestaltung des Unterrichts erschlossen werden, indem auf eine Differenz zu den Erwartungswerten verwiesen wird. Daraus folgt, dass sich die Position der Evaluation im Unterricht verändert hat: Aus deren Ergebnissen kann ein Korrekturbedarf im Unterricht hergeleitet werden.[152] Bei dieser Umorientierung spielen die neuen Bildungsstandards eine wichtige Rolle. Sie sind ein neues Referenzsystem für die Unterrichtsplanung (BMBF 2003, 49). Damit zeichnet sich eine interessante Entwicklung ab: Der Unterricht wird vom Ergebnis her bewertet und dieses Ergebnis wird durch den Vergleich mit allgemeinen Standards gewonnen.

Die heute beim Systemmonitoring der internationalen Studien üblichen Formate gestatten Rückmeldungen in der Regel nur auf der Schulebene. Das hängt mit der Ziehung der Stichproben zusammen, die meistens schulbezogen erfolgt ist.[153] Es werden nicht Klassen sondern aus einer Jahrgangsstufe oder einem Jahrgang pro Schule eine bestimmte Anzahl von Schuljugendlichen per Zufall als Stichprobe gezogen. Daher können anschließend keine klassenbezogenen Auswertungen vorgelegt werden. Diese Situation ändert sich, wenn Vergleichsarbeiten geschrieben werden. In diesem Fall ist eine klassenbezogene Auswertung möglich. Wie aussagefähig entsprechende Daten sind, hängt aber davon ab, ob zusätzlich weitere Informationen zur Verfügung stehen. Solche Informationen beziehen sich auf die persönlichen Ressourcen der Kinder, auf den Sozialstatus der Eltern, auf den Anteil der Kinder mit Migrationshintergrund in den Klassen etc. Sollen wirklich Aussagen über mögliche Ursachen für Erfolg

---

152 Die Folgen dieser geänderten Position der Evaluation im Unterricht sind bereits bei den Unterrichtszielen beschrieben worden. Sie müssen hier nicht wiederholt werden.
153 Das Ziel der Untersuchung waren Systemvergleiche zwischen verschiedenen Ländern, wie das der Tradition der OECD entspricht (OECD 2001).

oder Misserfolg im Unterricht gefunden werden, dann sind weiterhin Aussagen über den Unterricht gefordert. Diese können sich einerseits auf die Lehrpersonen beziehen, andererseits kann versucht werden, den Unterrichtsprozess oder Variablen mit einzubeziehen, die es gestatten, den Unterrichtsprozess zu erfassen. Hierzu fehlen bisher in der Regel entsprechende Daten.

Mit den klassenbezogenen Rückmeldungen ändert sich allerdings eine Grundhaltung innerhalb des Bildungssystems: Es werden Outcome-Daten zur Verfügung gestellt, die es den Lehrkräften im Prinzip ermöglichen, für sich Konsequenzen aus den mitgeteilten Daten zu ziehen. Sie werden zumindest darüber informiert, wo die Schülerinnen und Schüler in ihrer Klasse in dem jeweiligen Fach, für das die Daten erhoben worden sind, Defizite in Bezug auf die getesteten Leistungen aufweisen, wo sie durchschnittlich abschneiden und wo sie zur Spitzengruppe gerechnet werden können. Das ist eine Information, über die Lehrkräfte traditionell nicht verfügten, die sie sich allenfalls indirekt erschließen konnten.[154] Damit diese Information von den Lehrkräften auch genutzt werden kann, bedarf es allerdings zusätzlicher Maßnahmen: Die Daten müssen so aufbereitet sein, dass sie für die Lehrkräfte lesbar sind.[155] Zumindest von den Bildungsstandards her soll über die Rückmeldungen keine Standardisierung des Unterrichts erfolgen (BMBF 2003, 49).

Zu dieser Perspektive passt, dass der Begriff Evaluation im Zusammenhang mit der Orientierung auf Curricula aus den USA übernommen worden war. In der geschilderten technologischen Orientierung war beim Unterricht mit den Curricula das Grundverständnis verbunden, Curricula zu planen und in Bezug auf ihre Wirkung zu überprüfen. Welche Erwartungen mit Evaluation in diesem Kontext verbunden sind, hat Thelen (1969, 115) lapidar formuliert: „evaluation includes the functions of feedback, diagnosis, and steering". Dabei war nicht allein das individuelle Schülerverhalten im Blick, vielmehr war das Ziel, „die curricularen Entwicklungsprozesse, die Curricula und den Unterricht zu dokumentieren und zu bewerten, mit dem Ziel, zu ihrer Verbesserung beizutragen" (Wulf 1975a, 568).[156] Damit ist eine Aufgabenstellung benannt, die traditionell allenfalls im Rahmen von Visitationen durch Schulräte bei Lehrkräften angefallen war: Es ging darum, den Erfolg des Unterrichts bei den Schülern festzustel-

---

154 Die klassen- oder programmbezogene Evaluation nennt Kuper (2005, 30ff.) ‚Beschreibung'. Damit hat sich ein Wechsel im Denken in Bezug auf Bewerten und Beurteilen vollzogen. Es wurden nicht mehr einzelne Schüler bewertet, sondern der Unterrichtserfolg wird überprüft. Diese Art des Denkens hat Stake (1967) dargestellt. Das ist eine andere Sichtweise, die für die Curriculumforschung so auch gewollt worden ist.
155 Das klingt einfacher, als es sich realisieren lässt, soll hier aber nicht weiter erörtert werden.
156 In einer Einteilung von Wottawa (2006) kann man das der praxisorientierten Evaluation zurechnen, die die konkrete Verbesserung der Ist-Situation zum Ziel hat. Den hier beschriebenen Typ der Evaluation hat Wottawa allerdings kaum im Blick.

len. Das setzt im Prinzip eine Input-, Output- und Prozessevaluation voraus: Man muss die Eingangs-, Ausgangsleistungen und die Unterrichtsprozesse kennen, um darauf schließen zu können, welche Ziele im Unterricht erreicht worden sind, ob die Unterrichtsinhalte verstanden worden sind und an welchen Stellen die Schüler beim Verständnis bzw. spezifisch beim Erwerb von deklarativem und prozeduralem Wissen Probleme gehabt haben. Damit ist ein anspruchsvolles Programm formuliert: „Es müssen Kontrollsysteme zur Festlegung des Lernfortschritts vorhanden sein und korrektive Lernarrangements konstruiert werden, um Ausfälle auszugleichen" (Fend 2006, 32).

Geht man von dieser Beschreibung aus, dann kann die fragend entwickelnde Unterrichtsmethode klassisch als Vorläufer dafür angesehen werden, die Evaluation, ohne dass das so bezeichnet worden ist, prozessbegleitend im Unterricht zu realisieren. Der Duktus der Vorgehensweise konnte und sollte bei dieser Unterrichtsmethode über die Antworten der Schüler beeinflusst werden. Auf der Basis von Zwischenergebnissen, den Schülerantworten auf die Lehrerfragen, konnte und sollte der Unterricht gesteuert werden. Das Beispiel wird erwähnt, weil neben der produktbezogenen Evaluation in der Form von Zensuren bereits in der traditionellen Form des Unterrichts eine Variante vorhanden gewesen ist, die Züge der prozessbegleitenden Evaluation zeigt. Kennzeichnend war, dass wahrgenommene Zwischenergebnisse als Datenbasis dienten.

Von dieser als Ergebnisevaluation bezeichneten Variante, wurde eine weitere unterschieden, die mit intrinsisch bezeichnet wurde, und die Evaluation des Curriculums zum Ziel hatte. In Deutschland war sie partiell als Lehrplananalyse bekannt.[157] Während bei der Ersteren mit quantitativen Verfahren gearbeitet wurde, erforderte die Zweite den Einsatz qualitativer Methoden.

Im Sinne des Ausgangsmodells, das hier im Anschluss an Taba (1962) berichtet worden ist, hat Wulf (1975a, 1975b) drei verschiedene Funktionen der Evaluation in Bezug auf Curricula unterschieden (s. Abb. 10).

Bei der zuletzt genannten Funktion handelt es sich um eine Kombination des ersten mit dem zweiten Spiegelstrich. Hier interessiert vor allem, dass die Evaluation erstens systematisch und zweitens in Relation zu Zielen, Inhalten und Methoden des Unterrichts eingeführt werden sollte. Damit war im Prinzip eine mögliche Rückwirkung der Evaluation auf die Ziele, Inhalte und die angewendeten Methoden eingeplant. Gerade die Evaluation macht es, wenn sie erfolgreich implementiert werden soll, erforderlich, Rückkopplungen einzuplanen.

---

157 Benner hat in einem von ihm beantragten und geleiteten DFG-Projekt beispielsweise Lehrpläne aus der DDR in Bezug auf ihren ideologischen Gehalt analysiert.

Abbildung 10: Funktionen der Evaluation (nach Wulf)

> - Eine *Optimierungsfunktion*, dabei geht es im Unterricht beispielsweise darum, das Lernen der Schüler zu optimieren. Das setzt eine genaue Formulierung der Ziele voraus; es wird vom Modell der rationalen Planbarkeit des Unterrichts ausgegangen (1975b, 582f.)
> - Eine *Legitimationsfunktion*, das kann die Legitimation einer bestimmten Praxis zum Ziel haben.
> - Eine *Funktion, Entscheidungshilfe* im Hinblick auf Planung, Verbesserung und Verwendung von Curricula zu erhalten. Hier erweist sich der Nutzen des Modells, weil sich in ihm Beziehungen inklusive des Vorsehens von Alternativen abbilden lassen (1975a, 569f.).

Die benannten Funktionen haben bei der Evaluation zu einer klassischen dichotomen Einteilung in formative und summative Evaluation geführt. Gemäß dieser Differenzierung haben im Unterricht Formen der formativen Evaluation dominiert. Das geschah durch Klassenarbeiten, aber auch durch die mündliche Abfrage des Wissens. Mit dieser Form der Evaluation lassen sich zwar Outputs des Unterrichts überprüfen, aber man muss davon ausgehen, das sie nicht hinreichend ist. Erforderlich ist vielmehr eine kontinuierliche Überprüfung des Unterrichtserfolges. Das bedeutet, dass der Prozess des Unterrichtens evaluiert werden muss. Summative Evaluationen gab es auf der Basis von Zeugnissen und Abschlüssen.

Die Anforderungen an Evaluation werden in einer pragmatischen Definition von Helmke (2007, 152) präzisiert. Danach „umfasst das Konzept der Evaluation folgende Bestandteile:

- eine systematische Erfassung
- der Durchführung und Ergebnisse
- eines Programms oder einer Maßnahme
- verglichen mit vorgegebenen Standards, Kriterien, Erwartungen oder Hypothesen
- des Programms oder einer Maßnahme."

Dieser Bestimmung lassen sich Anforderungen an die Evaluation entnehmen, die erkennen lassen, wo die Differenzen zum klassischen Bewerten und Beurteilen im Unterricht zu sehen sind. Zunächst müssen die Ziele des Unterrichts so formuliert werden, dass der Grad des Erreichens gemessen werden kann, d.h., sie müssen operationalisiert werden. Das wird gegenwärtig über die Benennung von Kompetenzen angestrebt. Im Kern setzt das die Gewinnung einer Menge von Aufgabenstellungen voraus, von denen erwartet wird, dass sie nach dem Abschluss einer Unterrichtssequenz erfolgreich bearbeitet werden können. In Bezug auf den traditionell im Unterricht vorherrschenden Typ des deklarativen Wissens ließe sich das verhältnismäßig einfach bewältigen, wie sich am Beispiel der Mathematik demonstrieren lässt, wenn die Überprüfung darin besteht, Aufgaben aus dem jeweiligen Schulbuch zu bearbeiten. Schwieriger ist es, prozedurales Wissen entsprechend zu überprüfen.

Neben der Operationalisierung bedarf es zusätzlich der Konstruktion eines Messinstrumentes. Zwar sind auch traditionell im Unterricht Leistungen bewertet worden, das beruhte aber genau genommen nicht auf Messungen, sondern basierte eher auf Einschätzungen, die nicht den Anforderungen genügten, die an das Messen gestellt werden.[158]

Bei der Evaluation im Sinne von Taba (1962) aber auch den Anforderungen, die Wulf (1975a, b) benannt hat, genügen die geschilderten traditionellen Beobachtungen und Reaktionen im Unterricht nicht den Kriterien, wie sie bei Evaluationen angewendet werden. Helmke (2007, 152) beschreibt noch allgemein den Evaluationszyklus, der sich auf Unterricht übertragen lässt, mit folgenden Schritten.

Abbildung 11: Schritte im Evaluationszyklus
(nach Helmke 2007, 152)

Ausgangspunkt ist die Planung einer Evaluation des Unterrichts, es folgen

- Bestimmung der Unterrichtsziele
- Umsetzung in Unterrichtsinhalte
- Planung und Durchführung der Evaluation
- Datenerhebung
- Analyse und Interpretation der Daten
- Nutzung der Daten für Anpassungen und Veränderungen und
- evtl. Änderung des Evaluationsdesigns

Nunmehr findet sich wieder ein Ablaufmodell, das Rationalität unterstellt, in diesem Fall aber interessanterweise von der Evaluation ausgeht. Es wird deutlich, dass bestimmte Aspekte, die getrennt behandelt worden sind, Unterrichtsinhalt und -methoden hier zusammengefasst werden, dafür andere ausführlicher in den Blick genommen werden. Dass Unterrichtsziele von den -inhalten und -methoden her beeinflusst werden können, ist nicht vorgesehen. Das Modell enthält nur eine Evaluationsschleife.

---

158 Diese Anforderungen werden noch genauer beschrieben werden.

Die Darstellung zeigt, dass die Anforderungen an die diagnostische Kompetenz von Lehrkräften als groß anzusehen sind und sie zur Unterstützung auch komplexer Formate der Rückmeldung bedürfen. Helmke, Hosenfeld und Schrader (2004, 122) haben die Erwartungen des amerikanischen Lehrerverbandes zusammenfassend vorgelegt. Danach sollen die Lehrkräfte aus einem vorhandenen Arsenal die geeigneten Verfahren auswählen können, selbst Verfahren entwickeln können, die für anstehende Entscheidungen im Unterricht wichtig sind, von Testexperten und eigene konstruierte Verfahren einsetzen und anwenden können, Ergebnisse sowohl schüler- als auch unterrichts- als auch schulbezogen nutzen können, als auch die Ergebnisse Eltern wie Schülern kommunizieren können. Spätestens an dieser Stelle wird deutlich, wie wenig professionell die Evaluation des Unterrichts bisher gestaltet worden ist. Beim Modell von Taba (1962) dürften in diesem Sektor bei der Umsetzung die größten Defizite in der Praxis des Unterrichtens in Deutschland liegen.

2.5 Zusammenfassung

Die bisher vorgestellten Überlegungen zum Unterricht kann man unter der Bezeichnung Lehrwegsorientierung zusammenfassen: Ihnen ist gemeinsam, dass Lehrwege vorgegeben werden und erwartet wird, dass die Schüler lernen, indem sie diese Lehrwege einschlagen. Sie zeichnen sich darüber hinaus durch das Merkmal aus, dass der Unterricht selbst sehr stark von der Lehrkraft geprägt wird. In einem solchen Umfeld liegt es nahe, über eine Optimierung des Zusammenhangs zwischen den Variablen Ziele, Methoden, Inhalte, Medien und Evaluation den Unterricht in seiner Qualität zu verbessern.[159] In der amerikanischen Variante zeichnete sich diese Orientierung dadurch aus, dass es eine große Affinität zur Lernpsychologie gegeben hat. Viele der Annahmen über Unterricht und den richtigen Unterricht basierten auf Erkenntnissen aus der Lernpsychologie. Sie weisen als Gemeinsamkeit auf, dass sie ein kognitivistisches Verständnis von Lernen und damit von Lernen im Unterricht haben. Unterricht wird bei

---

159 Damit ist ein Thema angesprochen, das hier nicht weiter verfolgt werden wird. Es ist ein eigener Diskurs zu der Frage entstanden, dass vor allem die Kompetenz und die Unterrichtsdurchführung der einzelnen Lehrkräfte zur Qualitätsentwicklung einer Schule und damit zur Optimierung der Erfolge im Unterricht beitragen (Baumert, Cortina, Leschinsky 2008). Scheerens und Bosker (1997) haben die entsprechende Diskussion angestoßen, die im hier interessierenden Kontext als Hinweis dafür genommen werden kann, welche Bedeutung der Institution Unterricht allgemein und vor allem den spezifischen Ausprägungen des Unterrichts in Schulen zukommt. Dabei wird es im Folgenden weniger darum gehen, spezifische Sollvorstellungen zu entwickeln, es soll vielmehr der Rahmen geschildert werden, innerhalb dessen Unterricht organisiert wird.

ihnen handelnd als der Vollzug einer rationalen Planung gesehen, die vor dem Unterricht stattgefunden hat. Außerdem spielt bei ihnen Wissen und die Vermittlung von Wissen im Unterricht eine zentrale Rolle. Wie bereits angemerkt worden ist, lässt sich davon eine andere Auffassung unterscheiden, nach der die Aufmerksamkeit weniger auf den Lehrer oder den Lehr-Lern-Prozess gerichtet werden soll. Im Zentrum stehen dann der Lerner und dessen Aktivitäten.

Bevor in Kapitel 5 das Gegenmodell der Lernwegsorientierung dargestellt wird, sollen zuvor noch das Drei-Phasen-Modell des Unterrichts vorgestellt und die Unterrichtssteuerung geschildert werden. Das Drei-Phasen-Modell kann als eine weitere Variante der bisher beschriebenen Sicht von Unterricht angesehen werden, es eröffnet aber Perspektiven für eine Neuorientierung. Das kann in ähnlicher Weise von der Unterrichtssteuerung erwartet werden.

Fragen bzw. Aufgaben zum Kapitel 2

1. Beschreiben Sie das Modell nach Tabe.
2. Wie wurden klassisch Unterrichtsziele bestimmt?
3. Was versteht man unter Lesekompetenz?
4. Was ist die Grundannahme bei der fragend-entwickelnden Unterrichtsmethode?
5. In welchem Verhältnis stehen Unterrichtsinhalte zu Unterrichtszielen?
6. Welche Rückwirkungen von Unterrichtsinhalten und -methoden sind auf Unterrichtsziele möglich? Geben Sie bitte je ein Beispiel an.
7. Welche Bedeutung hat die Unterrichtsevaluation im klassischen Modell?

3 Rationalitätsannahmen zum Unterrichtsprozess: Das Drei-Phasen-Modell

> Im dritten Kapitel wird mit der Unterscheidung von Unterrichtsplanung, Unterrichtsdurchführung und -nachbereitung ebenfalls eine klassische Unterscheidung vorgestellt. Vor allem der Planung ist in diesem Modell große Aufmerksamkeit geschenkt worden. Das *Instructional Design*, welches in den USA entstanden ist, wird in verschiedenen Varianten präsentiert. In diesem Kapitel wird die im Vorangehenden schon begonnene Diskussion zu der Frage, wie die Flexibilität in der Unterrichtsdurchführung verbessert werden kann, weitergeführt, die auch die weiteren Überlegungen in diesem Band bestimmen wird. Es werden Rationalitätsannahmen bei der Organisation des Unterrichts präsentiert. Indem auf die Nachbereitung verwiesen wird, wird außerdem die Anschlussfähigkeit an neuere Tendenzen in der Praxis hergestellt.

In Bezug auf den Unterricht und die Gestaltung des Unterrichtsprozesses stehen bestimmte Rationalitätsannahmen im Mittelpunkt. Eine von ihnen ist, dass sich drei Phasen unterscheiden lassen, die aufeinander aufbauen und sich folgendermaßen charakterisieren lassen:

- Erstens wird Unterricht geplant,
- zweitens kann er auf der Basis des Plans auch durchgeführt werden und
- drittens, das ist die am wenigsten ausgeführte Dimension, bedarf er einer systematischen Nachbereitung.

Daraus resultiert, dass der Unterricht der Organisation bedarf. Über sie wird ein Ablauf für eine Sequenz von Unterrichtsstunden, aber auch die einzelne Unterrichtsstunde entworfen. Dabei werden mögliche Alternativen beim Vorgehen teils antizipiert, teils aber auch verworfen.[160] Aus Wiederholungen und der Auswahl ähnlicher Alternativen können sich Routinen entwickeln. Diese Routinen bedürfen der Begründung. Muster des Begründens werden im Folgenden geschildert.

In der Planung wird ein Grundschema der Unterrichtsorganisation entworfen. Bei der Unterrichtsdurchführung soll auf der Basis dieses Schemas gehandelt werden. Gleichzeitig findet eine Überprüfung auf die Umsetzbarkeit statt.

---

160 Weick und Westley (1996) haben erläutert, dass Organisation immer mit einer Reduktion verbunden ist.

Deshalb wird eine Prozesskontrolle erforderlich, auf deren Basis im Ablauf Feinjustierungen und Abstimmungen vorgenommen werden können. Die Nachbereitung wird oft als Evaluation bezeichnet, in ihr muss im Kern eine Bewertung der Durchführung in Bezug auf den Plan geleistet werden. Außerdem wird erwartet, dass Erkenntnisse für zukünftige Planungen und Durchführungen gewonnen werden können. Das schließt alternative Überlegungen zur Organisation bzw. zu eventuell erforderlichen Anpassungen der Organisation mit ein.

3.1 Unterrichtsplanung

Die Unterrichtsplanung ist oft als Vorbereitung bezeichnet worden. Da diese Vorbereitung immer erforderlich ist, gibt es eine breit gefächerte Praxis, die von Lehrern routinemäßig ausgefüllt wird und die höchst unterschiedliche Grade der Spezifikation erreichen kann. Neben der kurzen Überlegung, was mit welchen Medien im Unterricht präsentiert werden soll, gibt es Formate, bei denen genau festzulegen versucht wird, welche Schritte in welcher Abfolge stattfinden sollen. Ein wichtiges Element der Vorbereitung sollte sein, dass der Lernstand der Schüler in der jeweiligen Klasse als Grundlage des Plans gewählt wird. Zusätzlich sind die angestrebten Ziele eine wichtige Planungsgrundlage. Aufzählungen dieser Art lassen bereits vermuten, dass es zwar eine praktizierte Unterrichtsplanung gibt, dass es aber an einer theoretischen Fundierung dieser Planung eher mangelt.[161]

Ziel der Planung des Unterrichts ist, eine Form der Organisation des Unterrichts zu entwerfen, indem Mittel Zwecken zugeordnet werden.[162] Bosch (2006, 10) schildert die Anforderungen an die Unterrichtsplanung kurz und knapp: "When teachers plan lessons, they determine the objectives of the lesson, decide how to introduce the topic, ascertain the most effective way to convey the information, and select activities that promote student understanding". Beck und Krapp (2006, 42) haben den Prozess der Planung als Wechselspiel von Technologie und Prognose beschrieben, so muss beispielsweise in Bezug auf Ziele und Inhalte eine Einschätzung gegeben werden, was mit der Vorgehensweise A und

---

161 Der darin enthaltene implizite Vorbehalt der Theorielosigkeit oder zu einfachen Modellannahmen bei der Unterrichtsvorbereitung findet sich bereits bei Gebauer et al. (1977).
162 "The effective teacher performs many functions. These functions can be organized in three major roles: (1) making wise choices about the most effective instructional strategies to employ, (2) designing classroom curriculum to facilitate student learning, and (3) making effective use of classroom management techniques." (Marzano 2003, 3).

was mit der Vorgehensweise B erreicht werden kann. Das wird erleichtert, wenn auf Erfahrungen bzw. Modelle zurückgegriffen werden kann.[163]

Eine der Fragen, die am Beginn der Planung gestellt werden müssen, ist die nach dem Ausgangspunkt der Planung des Unterrichts. In vielen bisher präsentierten Beispielen ist suggeriert worden, dass mit der Bestimmung der Ziele begonnen werden müsse. Cangelosi (2008, 8) setzt bei dem von ihm entworfenen Unterrichtszirkel mit der Frage nach den Schülerbedürfnissen an. Damit wird eine andere Perspektive eröffnet: Im Zentrum des Unterrichts steht der Schüler bzw. stehen die Schüler.[164] Alle Maßnahmen und Aktivitäten sollen sich an ihm bzw. ihnen orientieren.[165] Insgesamt benennt er sechs Stationen.

Abbildung 12: Stationen im Evaluationszirkel
(nach Cangelosi 2008, 8)

- Bestimmen der Schülerbedürfnisse
- Bestimmen der Lernziele
- Designen der Lernaktivitäten
- Vorbereiten der Lernaktivitäten
- Durchführen der Lernaktivitäten
- Evaluation des Grades, mit dem die Schüler das Ziel erreicht haben

In diesem Ablauf finden sich alle bisher benannten Schritte wieder. Gleichzeitig wird ersichtlich, dass die Unterrichtsplanung eine komplexe Vorgehensweise erfordert. Sobald man die Planung mit den Schülerbedürfnissen beginnt, ergibt sich eine doppelte Herausforderung für die Planung: Die Ziele des Unterrichts müssen sich einerseits aus dem Wohin ergeben; das ist die Frage danach, welche Ziele die Schüler erreichen sollen oder wollen.[166] Außerdem müssen „student's needs, interests, prior knowledge, and abilities" (Bosch 2006, 10) in die Planung einbezogen werden. Die traditionelle Zielorientierung hat einen etwas anderen Fokus gesetzt. Danach sind die Ziele des Unterrichts fremdbestimmt. Mit dem Ansetzen bei den Schülerbedürfnissen wird die Entscheidungsgrundlage in einem wesentlichen Aspekt erweitert: Die Gruppe im Unterricht, für die entschieden wurde, wird nun selbst in den Prozess des Entscheidens mit einbezogen. Auf

---

163 Eine gewisse Technologieskepsis hat sich allerdings schon bei Gebauer et al. (1977, 48f.) gezeigt.
164 Diese Position wird für viele der folgenden Überlegungen leitend sein.
165 Das muss nicht im Widerspruch zu den traditionellen Annahmen stehen, die bisher vorgestellt worden sind, aber es wird anders gewichtet.
166 Diese Differenz wird noch erörtert werden.

diese Weise kommt ein Element der Selbstbestimmung hinzu.[167] Überlegungen dieser Art hatte bereits Gaudig (1917, 1963) eingebracht, der das Tun aus eigenem Antrieb bei den Schülern in den Mittelpunkt gestellt hat.

Auf die Schülerbedürfnisse werden die Ziele, geplante Lernaktivitäten, deren Umsetzung im Unterricht und die Evaluation abgestimmt. Das setzt voraus: „observing and collecting information about each student's understanding of the lesson" (Bosch 2006, 10). Damit ist ein grundlegendes Rational der Planung benannt.[168] Der Unterrichtsplanung liegt offensichtlich ein technologisches Verständnis zugrunde. Es wird in Ursache-Wirkungs-Ketten gedacht: Dabei steht das, was gelernt werden soll, oder wie das im traditionellen Verständnis vorherrschend ist, das, was gelehrt werden soll, damit es gelernt wird,[169] im Zentrum der Überlegungen. Oft wird angenommen, dass sich die Unterrichtsinhalte additiv aufbauen lassen und Lernen sich als Prozess ebenfalls additiv vollziehen kann. Diese Annahme ist für die mathematisch-naturwissenschaftlichen Fächer typisch. Außerdem spielen bei der Planung Vorkenntnisse der Schüler eine Rolle, das gilt z.B. im Fremdsprachenunterricht, aber auch im Unterricht der Naturwissenschaften. Vor diesem Hintergrund sind unterschiedliche Planungsmodelle entstanden, von denen im Folgenden einige kurz vorgestellt werden.

Die bekannteste Variante der Unterrichtsplanung in Deutschland ist von Heimann, Otto und Schulz (1965) als Vertretern der sogenannten Berliner Didaktik konzipiert worden. Es wird von der Grundannahme eines Lehrens ausgegangen, das Lernenmachen bewirken soll. Eine der Besonderheiten des Ansatzes besteht darin, dass zwei Annahmen in den Vordergrund gestellt werden, die bei anderen Ansätzen oft nicht so im Mittelpunkt stehen. Erstens wird betont, dass Unterricht in einem gesellschaftlichen Kontext stattfindet. Diese Aussage erscheint selbstverständlich; wenn man aber in Betracht zieht, wie lange sich Unterricht als robust gegenüber Veränderungen im gesellschaftlichen Umfeld, wie z.B. der starken Zunahme der Kinder mit Migrationshintergrund, erwiesen hat, indem das nicht als eine besondere Herausforderung für den Unterricht begriffen worden ist, kann man ermessen, welche Bedeutung dem gesellschaftlichen Kontext zukommt. Zweitens sollen die anthropogenen Voraussetzungen der Kinder berücksichtigt werden.[170] Damit wird in der Berliner Didaktik ein Aspekt eingeführt, dem traditionell weniger Beachtung beigemessen worden ist: Klassen sind heterogen zusammengesetzt, und bei der Planung des Unterrichts muss dieser

---

167 Dabei handelt es sich um einen Ansatz, der schon in der Reformpädagogik verfolgt worden ist (vgl. Gaudig 1963; Key 1961; Lietz 1961).
168 Das wird noch näher erläutert werden.
169 Aber: „Lehren hat nicht automatisch Lernen zur Folge" (Hasselhorn, Gold 2006, 223). Diese Sichtweise bestimmt die neueren Vorschläge für die Gestaltung des Unterrichts.
170 Bestimmte Einflüsse der Reformpädagogik werden hier sichtbar, und es zeigt sich auch eine Ähnlichkeit zum Ansatz von Cangelosi (2008).

Tatsache Rechnung getragen werden. Darauf bauen dann die Intentionen, Inhalte, Methoden und der geplante Einsatz von Medien auf.

In den USA hat sich unter der Bezeichnung *Instructional Design* eine eigene Planungsvariante herausgebildet, bei der allgemein gilt, dass die Lernziele oder Lernaufgaben sachinhaltlich in Teilkomponenten zerlegt werden und auf der Seite der Schüler die Voraussetzungen, hier insbesondere die kognitiven, benannt werden, die zum Erreichen dieser Teilziele erforderlich sind. Im Kern wird auch in diesem Fall beim Unterricht und Lernen davon ausgegangen, dass das Lernen sich additiv vollzieht (Hasselhorn, Gold 2006, 218). Diese Vorgehensweise hat sich nach Ansicht von Reinmann und Mandel (2006) bei der Wissensvermittlung und dem Lernziel Sachwissen durchaus bewährt.

Gagnè (1965) hat ein komplexes Planungsmodell entworfen und angenommen, dass es verschiedene Lernarten gibt, die sich in einem hierarchischen Modell anordnen lassen.

Abbildung 13: Modell der Lernarten
(nach Gagnè 1965, 53)

Problemlösen

Setzt voraus

Regeln

Setzt voraus

Begriffe

Setzt voraus

Multiple Diskrimination

Setzt voraus

Verbale Assoziation oder andere Kettenbildungen

Setzen voraus

Reiz-Reaktions-Lernen

Auf der Basis solcher Annahmen lassen sich im Unterricht Sequenzen bilden, die geplant werden müssen. Bemerkenswert ist, dass diese Sequenzen als allgemein gültig für schulisches Lernen angenommen worden sind.[171] Daraus resultiert eine

---

171 Das Modell wird als allgemein angesehen. Die Vorgehensweise kann als typisch für Modelle mit einer lernpsychologischen Basis betrachtet werden. In diesem Fall wird eine Hierarchie kognitiver Muster entworfen.

allgemeine Technologie für die Unterrichtsplanung, die anschließend auf Fächer hin spezifiziert werden kann.[172] So hat Gagnè (1965) das Modell mit Inhalten angereichert, indem er Lernstrukturen für Mathematik, den naturwissenschaftlichen Unterricht und den Fremdsprachenunterricht entworfen hat. Diese Vorgehensweise hat weitere Modelle für die Unterrichtsplanung evoziert.

Eine andere Variante des *Instructional Design* stellte das sogenannte *Mastery Learning* dar. Dabei wird angestrebt, den Schülern die Zeit zum Lernen zu gewähren, die sie benötigen, um einen Lerngegenstand gelernt zu haben. Vom Ansatz her sollte mit dem *Learning for Mastery* (Bloom, Hastings, Madaus 1971, 41ff.) erreicht werden, dass alle Schüler bessere Lernchancen erhielten, indem das Lernangebot an die individuellen Voraussetzungen der Schüler angepasst werden sollte. Im Anschluss an Carroll (1963) sollte ihnen vor allem die erforderliche Zeit zur Verfügung gestellt werden. Carroll hatte zwischen drei Zeiten unterschieden,

- der, die in der Schule zur Verfügung gestellt wird,
- der, die vom Schüler zum Erreichen der Ziele benötigt wird, und
- der, die von ihm tatsächlich benutzt wird.

Vor allem das Verhältnis zwischen benötigter und zur Verfügung gestellter Zeit sollte beim *Mastery Learning* zugunsten der ersteren Zeit verändert werden. Zumindest für 95% der Schüler wurde die Erreichbarkeit der Lernziele angestrebt, indem Lerngegenstand und Lernzeit ihren Voraussetzungen angepasst werden sollten. Die Instruktion sollte individuell angepasst werden. Die hierzu notwendigen Informationen sollten über begleitende Evaluationen ermittelt werden, die den Schülern zurückgemeldet und auf die abgestimmt der weitere Lernprozess strukturiert werden sollte. Vorschläge für den Aufbau des Unterrichts konnten (1969, 143ff.) entnommen werden. *Learning for Mastery* war ein ambitioniertes Programm, es sollten mehr Schüler durch den Unterricht gefordert und gefördert werden, indem vor allem hinreichende Zeit gewährt, aber auch eine individuelle Anpassung an den einzelnen Schüler realisiert werden sollten. Kennzeichnend für Ansätze dieser Art ist wiederum, dass Instruktionsstrategien unabhängig vom zu vermittelnden Wissen entwickelt worden sind. Aus dieser Sicht dominierte das methodische Vorgehen weitgehend die Unterrichtsinhalte.[173]

---

172 Das ist abermals ein Vorgehen, das für die traditionelle Lernpsychologie als typisch angesehen werden kann.
173 Das ist ein Aspekt, der bei der Behandlung des Themas Unterrichtsmethoden nochmals aufgegriffen werden wird. Für die Pädagogische Psychologie haben Gruber (2000) und Weidenmann (2000) eine Annäherung an die Fachdidaktik gefordert. Damit haben sie im Kern eine stärkere Berücksichtigung fachlicher Besonderheiten beim methodischen Vorgehen angemahnt.

Eine andere Variante des Versuchs, eine Technologie des Unterrichtens zu entwickeln, stellte die Programmierte Unterweisung dar.[174] Diese Form des Unterrichts baute auf Erkenntnissen der behavioristischen Lernpsychologie auf. Genutzt werden sollte das in dieser Disziplin experimentell bestätigte Ergebnis, dass die Wiederauftretenswahrscheinlichkeit von Reaktionen auf Reize dadurch erhöht werden kann, dass die richtige Reaktion auf einen Reiz bei ihrem ersten Auftreten und in der Folge durch eine Belohnung verstärkt wird. Gelingt es, Sequenzen von solchen Reiz-Reaktionsmustern zu verstärken, dann ist das Verhalten gelernt und wird auch ohne ständige Verstärkung beim Auftreten des Reizes verstärkt. Auf Skinner (1968) geht die Variante des operanten Konditionierens zurück, die darin bestand, dass das zu Lernende in kleinste Schritte unterteilt wurde, die aufeinander aufbauend konstruiert wurden und die der Schüler absolvieren musste. Die erforderten Antworten sollten so konstruiert sein, dass möglichst alle Schüler sie korrekt beantworten konnten. Auf diese Weise sollte jeder einzelne Lernschritt verstärkt werden. Das wurde als Verstärkungslernen bezeichnet. Jede Verstärkung sollte wiederum motivierend wirken, den nächsten Schritt zu gehen. D.h., es wurde auf den Aufbau einer intrinsischen Motivation durch die Methode des Verstärkungslernens gesetzt. Im Endeffekt sollte der Unterricht durch Lehrprogramme und Lernmaschinen ersetzt werden. Das Rational der ‚Programmierten Unterweisung' lässt sich folgendermaßen skizzieren (vgl. Reinmann, Mandl 2006, 622f.):

– Ein Lerninhalt wird in kleine Lernschritte unterteilt, die systematisch aufeinander aufbauen und nacheinander dargeboten werden und deren korrekte Beantwortung belohnt wird.
– Dazu werden konkrete Lernaufgaben geboten.
– Der Lernende muss auf jede Frage reagieren.
– Unmittelbar nach der Reaktion erfolgt das Feedback.

Ein Vorteil der Programmierten Unterweisung kann darin gesehen werden, dass das Lernen kontrolliert wurde, ein anderer darin, dass die Lernzeit (das ist die Bearbeitungszeit) individualisiert wurde.[175] So ist ein Element der Flexibilisierung eingeführt.[176] Letzteres war bei Programmen, die auf Überlegungen von Crowder (1960) aufbauten noch ausgeprägter. Hier war in begrenztem Umfang auch eine Individualisierung der Lernwege vorgesehen. Resümierend lässt sich

---

174 Sie wird auch als ‚Programmierter Unterricht' oder ‚Programmierte Instruktion' bezeichnet.
175 Wiederum sollte wie beim *Mastery Learning* die genutzte Lernzeit der benötigten angepasst werden. Gage und Berliner (1977) nennen die ‚Programmierte Instruktion' als Beispiel für die Gruppengröße N = 1 bei ihrer Charakterisierung der Lehrmethoden.
176 Die Lernwege wurden nicht individualisiert.

bilanzieren, dass mit der programmierten Unterweisung ein Modell entwickelt worden ist, bei dem die Technologie das Lernen dominiert.

Ein weiterer Ansatz ist der von Ausubel (1961, 1966), der häufig als entdeckendes Lernen bezeichnet wird.[177] Im Kern wurde hier die Auffassung vertreten, dass Lernen verbal geschieht, rezeptiv verläuft und erfolgreich ist, wenn es an das Vorwissen der jeweiligen Schüler anknüpft (vgl. Straka, Macke 1979, 112ff.). Es lassen sich zwei Varianten unterscheiden, in der ersten wird das zu Lernende präsentiert und soll rezeptiv nachvollzogen werden, in der zweiten ist der Lerninhalt nicht in seiner endgültigen Form vorgegeben, er muss vielmehr zunächst entdeckt werden; daran schließt sich eine rezeptive Phase an (Hasselhorn, Gold 2006, 251). Ausubel hat den Unterricht als sprachlichen Vermittlungsprozess gesehen. Dabei ist er davon ausgegangen, dass es schwer fallen müsse, wenn alle Schüler eigenkreativ lernten. Das wurde u. a. auch damit begründet, dass es bei der Mehrzahl der Lernenden wahrscheinlicher ist, dass sie originelle Lösungen nachvollziehen und verstehen können, als dass sie sie selbst generieren. Bedeutungsvolles Lernen hat er nicht als den Normalfall des Lernens angesehen. Vielmehr hat er die Wichtigkeit des sinnvollen rezeptiven Lernens betont. Dabei wird mit rezeptiv bezeichnet, dass die Lerninhalte vom Lernenden nicht selbst entdeckt werden müssen, sondern in klar umschriebener Form vorliegen. Soweit handelt es sich um Bedingungen, die man methodisch in jedem Unterricht realisieren kann. Für die weitere Entwicklung ist die Idee von großer Bedeutung gewesen, dass der Unterricht bei den kognitiven Strukturen der Schüler anzusetzen habe und das Ziel sein müsse, diese zu verbessern. Damit ist ein Hinweis darauf gegeben, dass sich Schüler in einer Klasse voneinander unterscheiden können. Als Reaktion darauf bieten sich Überlegungen an, dass Binnendifferenzierung ein günstiger Weg sein könnte, um solchen Herausforderungen zu begegnen. Allerdings stand auch bei Ausubel noch die Annahme im Zentrum, dass Lehrkräfte den Unterricht in geeigneter Weise so führen können, dass die Schüler lernen, was die Lehrer lehren. Nur wird die Adaptivität des Unterrichtsgeschehens an mögliche Differenzen bei den Schülern erheblich gesteigert. Damit ist eine andere Perspektive als bisher vorgestellten in die Überlegungen zum Unterricht eingeführt. Festzuhalten bleibt aber auch in diesem Fall, dass der Unterricht von der Instruktion durch die Lehrkraft her konzipiert worden ist.

Allgemein kann man diese Modelle dahin zusammenfassen, dass die Lehre so geplant wird, dass bestimmte Lernziele erreicht werden (Hasselhorn, Gold 2006, 218f.). Die im Abschnitt zu den Unterrichtsmethoden formulierten Grundsätze werden in diesen Ansätzen um den Aspekt erweitert, die individuellen Res-

---

177 Die ausgewählten und präsentierten Ansätze sollen exemplarisch Grundannahmen zur Unterrichtsplanung aus lernpsychologischer Sicht darstellen.

sourcen, Motive, Einstellungen und Ziele der Schüler in den Planungsprozess des Unterrichts einzubeziehen.

Allgemein kann man bei der Unterrichtsplanung verschiedene Schritte unterscheiden, die von verschiedensten Autoren auch – mit kleinen Abweichungen – genannt werden (vgl. Projektgruppe Curriculumbausteine 1977, 70f.).

Abbildung 14: Schritte bei der Unterrichtsplanung

- Festlegung von Unterrichtszielen und Unterrichtsgegenständen sowie Bestimmung der Lernprozesse, mit denen die Ziele erreicht werden sollen
- Formulierung der Erwartungen bezüglich zu erreichender Ergebnisse für die einzelnen Schritte
- Unterrichtsgegenstände und -inhalte werden festgelegt, außerdem werden die erwarteten Schüleraktivitäten formuliert und auf die Inhalte bezogen
- Entwicklung von Instrumenten zur Erfassung der Anfangs- und Endzustände bei den Schülern

---

Der Anspruch der Rationalität erfordert also einen hohen Aufwand. Dabei ist nie gefragt worden, wieweit solche Planungen tatsächlich vorgenommen werden können oder ob sie nicht zu aufwändig sind, wenn man die von Lehrkräften zu erteilenden Stunden in Relation zu Anforderungen wie den hier übernommenen setzt.[178]

König und Riedel (1970) haben eine Form der Unterrichtsplanung vorgestellt, bei der das konstruktive Element dominiert. In diesem Fall wird versucht, auch die Details der Unterrichtsprozesse rational zu planen. Sie haben Algorithmen der Planung bestimmt und die Abfolge dann jeweils in Flussdiagrammen fixiert. In dieser Form dominiert die Technologie den Planungsprozess. Auf diese Weise wird sichtbar, welche Bedeutung der Organisation zukommt. Auf der Basis der Planung wird die Organisation des Unterrichtsprozesses vorbereitet, dabei gibt es zusätzlich eine Organisation der Planung. Das ist bei allen Beispielen der Fall, die sich unter den Aspekt der Technologie subsumieren lassen.

Die Vorstellungen zur Unterrichtsplanung lassen sich dahin zusammenfassen, dass spätestens seit der Entwicklung des *Instructional Designs* der Planungsaufwand sehr groß geworden ist. Der Unterricht sollte so geplant werden, dass eine Individualisierung der Lernprozesse bis hin zur Bereitstellung von unter-

---

[178] Auf bestimmte Aspekte der Unterrichtsplanung, die sich nicht auf die Planung einzelner Unterrichtsstunden oder Sequenzen von Unterrichtsstunden beziehen, wird unter dem Thema „Organisation im Klassenraum" noch eingegangen.

schiedlichen Lernangeboten ermöglicht werden sollte.[179] Von der Unterrichtsdurchführung wurde ‚nur' noch die Umsetzung erwartet. Während im Plan die Ziele und die für angemessen angesehenen Vorgehensweisen fixiert sind, steht bei der Unterrichtsdurchführung die Umsetzung im Mittelpunkt.

3.2 Unterrichtsdurchführung

Nach Bosch (2006, 9ff.) ist die Unterrichtsdurchführung ein Teil des Unterrichtsmanagement-Plans.[180] Folgt man dieser Überlegung, dann erweist sich, dass bei der Unterrichtsdurchführung mehr zu beachten ist, als das, was bisher unter dem Thema Unterrichtsplanung vorgestellt worden ist. Dieser Teil der Darstellung wird im vierten Kapitel unter dem Thema *Classroom Management* (Klassenmanagement) getrennt behandelt werden.[181] Allgemein lässt sich auf das Verhältnis von Unterrichtsplanung und Unterrichtsdurchführung bezogen konstatieren, dass es darum geht, den Plan umzusetzen, und dass auf mögliche Abweichungen im Verlauf des Unterrichts angemessen reagiert wird. Im Unterschied zum Plan ist die Unterrichtsdurchführung nicht so gut bearbeitet worden. Es gibt allerdings Ansätze, sie zu erfassen.

Die Unterrichtsdurchführung ist klassisch von den Unterrichtsmethoden geprägt worden, sie ist im Wesentlichen auch unter diesem Thema behandelt worden.[182] Lehrervortrag und fragend-entwickelnde Unterrichtsmethode sind ursprünglich in den Fokus der Betrachtung gerückt. Sie müssen nunmehr um individualisierende Varianten, die auch unter dem Begriff des Offenen Unterrichts firmieren, wie Stillarbeit, Lernen an Stationen und Wochenplanarbeit ergänzt werden. Mit ‚Offenem Unterricht' wird darauf verwiesen, dass die Lernschwerpunkte, zum Teil auch die Lernformen, im Unterricht variiert werden können. Auf diese Weise soll im Unterricht die Aktivität der Schüler besser genutzt werden. Diese Methoden, die in der Grundschule schon lange praktiziert werden, finden sich nun auch in anderen Schulformen. Allerdings ist der Verbreitungsgrad in den Schulen der Sekundartsufe I noch nicht sehr groß.

Beim Lernen an Stationen können Schüler zwischen verschiedenen Stationen wählen. Die Stationen können sich inhaltlich aber auch nach Schwierigkeitsgrad unterscheiden. Es wird erwartet, dass die unterschiedlichen Stationen absolviert werden. Dabei kann noch zwischen Einzelarbeit oder der Arbeit in kleinen

---

179 Dieser Aspekt wird beim Thema Unterrichtssteuerung nochmals vertieft werden.
180 Bei Bosch (2006) wird das als *Classroom Management Plan* bezeichnet.
181 *Classrroom Management* wird im Folgenden mit Klassenmanagement bezeichnet.
182 Vgl. Wegmann (1964, 130ff.), der zwar den Begriff Formenlehre verwendet, dann aber Methoden vorstellt.

Gruppen variiert werden. Auf diese Weise werden die Schüler an der Gestaltung ihres Unterrichts selbst beteiligt. Beim Wochenplan erhalten Schüler auf der Basis der Zeitperiode, die vorgesehen ist,[183] Aufgaben, die sie bearbeiten sollen. Die Reihenfolge der Bearbeitung wird nicht vorgeschrieben. Wochenpläne können für einzelne Fächer, aber auch den Unterricht in einer Klasse vorgegeben werden. Sowohl das Lernen an Stationen als auch die Arbeit nach Wochenplänen geben den Schülern mehr Freiheitsgrade bei der Artikulation ihrer Lerninteressen. Reihenfolge und Intensität der Beschäftigung mit einem Thema werden ihnen nicht vorgegeben.

Bei allen hier erwähnten Varianten der Unterrichtsdurchführung ändert sich die Rolle des Lehrers im Unterricht. Neben dem Lehren wird nunmehr vom Lehrer Beratung erwartet. Allerdings ist die Anforderung an die Unterrichtsplanung verhältnismäßig groß. Berücksichtigt werden muss auch, dass die Konzentrationsfähigkeit der Schüler gefordert ist und es eines Trainings bedarf, damit sie mit den Möglichkeiten, die die neuen Unterrichtsmethoden bieten, umgehen können.

Im Rahmen der Unterrichtsdurchführung interessieren Informationen über die Gestaltung des Unterrichtsprozesses. Klassisch wurde sie im Rahmen von Lehrproben oder Visitationen durch Schulräte kritisch überprüft. Von den Bewertern wurde zunächst teilnehmend beobachtet und anschließend in einer Besprechung mitgeteilt, wo sie Mängel bzw. Stärken in der Unterrichtsdurchführung gesehen hatten. Bei Lehrproben konnte das oft durch einen Bezug zum Unterrichtsplan geschehen; bei Visitationen sind solche Bezüge oft nicht möglich gewesen. Eine spezielle Variante bieten Mentoren oder Coaches, die auch im Unterricht anwesend sein werden und die Unterrichtsdurchführung kritisch besprechen bzw. Hinweise geben können, wie und wo sie ein Potential zur Verbesserung sehen.

Die Unterrichtsdurchführung ist schon längere Zeit ein Thema der Unterrichtsforschung gewesen. Hier sind die Untersuchungen zur Interaktionsanalyse zu nennen, bei denen die Interaktionen des jeweiligen Lehrers mit den Schülern beobachtet und aufgezeichnet worden sind (vgl. zusammenfassend Merkens, Seiler 1978). Mit Interaktionsanalysen wurde in vielen Fällen erforscht, wie der Unterricht durch geeignete Fragen bzw. Impulse des Lehrers gesteuert werden konnte. Damit wurde in der Regel die Relation Lehrer–Klasse erfasst. Gegenwärtig ist das Interesse in der Forschung vor allem auf die Aufzeichnung und Analyse von Unterrichtsskripts fokussiert (vgl. z.B. Seidel 2003).[184] Es geht um das Erfassen von Verlaufsmustern des Unterrichts, für diese ließen sich kulturty-

---

183 Es muss nicht immer eine Woche sein.
184 Unterrichtsskripts lassen sich in Lehr- und Lernskripts dekomponieren (Seidel 2003, 28).

pische Differenzen ermitteln: „So wurde für den deutschen Unterricht das kleinschrittige, engführende fragend-entwickelnde Vorgehen bei der Erarbeitung neuer Inhalte wie auch in den Übungsphasen als typisch beschrieben, während etwa ein Drittel der japanischen Stunden einer Form des problemorientierten Unterrichts folgte, bei der Schüler in Einzelarbeit und in anschließender Gruppendiskussion verschiedene Lösungswege für komplexe, offene Aufgaben explorieren" (Klieme 2002, 102).[185] Der Ansatz lässt erkennen, dass das Verhältnis Unterrichtsplanung und Unterrichtsdurchführung noch einer näheren Betrachtung bedarf. Gegenwärtig interessiert vor allem, ob sich im Unterricht Muster identifizieren lassen, die als besonders effektiv angesehen werden können (Seidel 2003, 28f.).

Bei der Unterrichtsdurchführung muss sich der Lehrer immer wieder versichern, dass die Schüler dem Unterricht folgen können und folgen. Das bedeutet im Kern, dass sich der Lehrer im Prinzip neben sich stellen muss, um zu überprüfen, wieweit sein Handeln mit den Zielen und Planungen konform ist und wo sich eventuelle Abweichungen vom Plan oder Ergänzungen zu diesem aufdrängen. Das liest sich einfacher als es umzusetzen ist: Die Nichtteilnahmen der oder einzelner Schüler am Unterrichtsgeschehen kann sehr verschiedene Ursachen haben, diese können von Nichtverstehen über Desinteresse bis hin zu aktuellen Problemen beispielsweise mit der Gesundheit reichen. Die einfache Feststellung, dass einige oder viele Schüler nicht mehr aktiv am Unterricht teilnehmen, reicht also nicht aus. Lehrer benötigen sensible Instrumente, um sich die Rückmeldungen zu verschaffen, die sie über das Unterrichtsgeschehen benötigen. Sie müssen dann auch ständig bewerten, was eine Information besagt, wie wichtig und genau sie ist usw. Diese Erläuterungen lassen verstehen, dass im Mittelpunkt der Beobachtung die jeweilige Methode des Unterrichts gestanden hat.

Im Zentrum des gegenwärtigen Forschungsinteresses steht bei der Unterrichtsdurchführung in der Forschung die Analyse von Unterrichtsskripts. Dabei wird eine Vielzahl von Dimensionen in die Analyse einbezogen. Diedrich, Thußbas und Klieme (2002, 109) haben in einer Studie, die auf Selbstberichten der Lehrkräfte beruhte, bezüglich des Lehrerwissens, das dem Handeln der jeweiligen Lehrkraft im Fach Mathematik zugrunde liegen kann, fünf inhaltliche Kategorien im Anschluss an Bromme 1992, 1997) unterschieden (s. Abb. 15).

Es wird ersichtlich, dass die Unterrichtsdurchführung anderen Rationalitäten folgen kann als die Unterrichtsplanung. Deshalb ist es wichtig, Informationen über die Unterrichtsdurchführung zu sammeln, die über eine Wiedergabe der Unterrichtsplanung hinausgehen.

---

185 Wieweit das der speziellen Anordnung der Untersuchungen geschuldet ist, soll hier nicht diskutiert werden.

Abbildung 15: Kategorien des Lehrerwissens (nach Bromme)

- Allgemeines pädagogisches Wissen (Disziplin, Unterrichtsmanagement)
- Fachliches Wissen (Methoden und Erkenntnisse der Referenzdisziplin des jeweiligen Unterrichtsfachs)
- Curriculares Wissen (Unterrichtsziele und Auswahl von Lernsequenzen)
- Philosophie des Schulfachs (Wozu ist das Fach nützlich und welche Bezüge ergeben sich zu anderen Fächern?)
- Fachspezifisch pädagogisches Wissen

Für die Analyse selbst werden drei Dimensionen vorgegeben, die sich auf das methodische Vorgehen eingrenzen ließen: lehrerzentriert versus schüleroffen war eine der Dimensionen, die andere bezog sich auf Art und Qualität der Nutzung von Aufgaben im Unterricht.

Eine weitere Analyse liegt für den Physikunterricht von Fischer, Reyer, Wirz, Bos und Höllrich (2002) vor. Ebenfalls für das Fach Physik haben Prenzel et al. (2002) auf der Basis von Videoanalysen Unterrichtsmuster identifiziert. Dabei wurde besonderer Wert auf die Dokumentation der Eigeninitiative der Schüler gelegt. In allen Fällen wird deutlich, dass bisher die Unterrichtsskripts nicht so ausgewertet worden sind, dass sie Rückschlüsse auf das aktivierte Lehrerwissen zulassen, sie verbleiben eher im Bereich der Unterrichtsmethode, und auch das Unterrichtsmanagement wird nur zu kleinen Teilen erfasst. Dennoch bieten sie eine wichtige Informationsquelle für die Unterrichtsdurchführung.[186]

Aus Interaktionsanalysen und Unterrichtsskripts lassen sich, wenn die jeweilige Auswertung zeitnah erfolgt und die gewonnenen Ergebnisse zur Verfügung gestellt werden, auch Informationen für die Nachbereitung gewinnen.

3.3 Nachbereitung

Es gehört zu den klassischen Aufgaben beim Unterricht, ihn nachzubereiten und zu fragen, welche Ziele erreicht bzw. nicht erreicht worden sind, welche Schüler erfolgreich bzw. nicht erfolgreich teilgenommen haben. Diesem Thema ist in der Vergangenheit neben der Planung und der Durchführung weniger Aufmerksamkeit gewidmet worden, obwohl sie wichtig ist. Zuerst ist die Nachbereitung eine Voraussetzung für die nächste Planung, weil letzten Endes mit der Nachbereitung der Lernstand der Klasse summierend und differenzierend abgebildet wer-

---

186 Diesen Fragen wird im folgenden Kapitel mit dem Thema Unterrichtssteuerung noch näher nachgegangen.

den soll. Das ist eine Art der Evaluation, die auf klassische Weise betrieben worden ist. Deshalb hat die Nachbereitung Konsequenzen für die Zukunft. Ihr können Informationen dazu entnommen werden, wo ein Wiederholungs- oder Ergänzungsbedarf besteht und wo sich ein hohes Maß an Redundanz gezeigt hatte. Das sind theoretische Annahmen über Unterricht, die vielleicht in der Praxis nicht immer beachtet worden sind. Sie sind aber wesentlicher Bestandteil der klassischen Anleitungen zum Unterricht. Berg (1978, 172f.) hat die Lernerfolgskontrolle bei den Schülern mit dem Ziel beschrieben herauszufinden, wieweit diese die Intentionen erreicht haben, die mit dem Unterricht verfolgt wurden. Er hat in diesem Zusammenhang mehrere Funktionen benannt, die mit der Kontrolle verfolgt werden:

- Planungsfunktion (Hinweise für die weitere Planung des Unterrichts)
- Bewertungsfunktion mit
    o Berichtsfunktion für Schüler und Eltern und
    o Disziplinierungsfunktion
- Prognosefunktion (Hinweise auf zukünftige Lernerfolge).

Damit wird ersichtlich, dass die Lernerfolgskontrolle mehr umfasst als nur die Nachbereitung. Diese bezieht sich insbesondere auf die erste der genannten Funktionen. Im heutigen Verständnis kann man die Nachbereitung als eine Form der Evaluation ansehen. Aber es gibt erhebliche Differenzen. Während bei der Evaluation etwas gemessen oder festgestellt und bewertet wird, ging es bei der Nachbreitung um die Interpretation des Geschehens im Unterricht aus der Erinnerung des Protagonisten, also des Lehrers.[187]

3.4 Zusammenfassung

Mit dieser Darstellung ist der Teil abgeschlossen, in dem es einerseits um eine Schilderung klassischer Positionen dazu ging, wie Unterricht zu organisieren sei[188] und andererseits neuere Entwicklungen beschrieben worden sind, die Eigenaktivität der Schüler im Unterricht mehr zu fördern. Im Zentrum aller Überlegungen hat dabei gestanden, dass Lehrkräfte Klassen unterrichten. Die Prozesse des Unterrichtens wurden aus dieser Perspektive geschildert. In Deutschland war mit dieser Sichtweise die Tendenz verbunden, Klassen als homogene Leistungsgruppen anzusehen. Das hat Auswirkungen auf Selektionsprozesse und die Dreiglied-

---

187 Die Nachbereitung kann auch als eine Vorform des Unterrichtscontrolling angesehen werden: Sie hat mit den Ist-Soll-Abgleichen sowie der Anpassung von Ist- bzw. Soll-Werten eine Funktion, die mit Controlling verbunden ist (vgl. von Horvath & Partners 2003).
188 Im Kapitel 3 wurden zusätzlich Ansätze zur Veränderung in die Darstellung einbezogen.

rigkeit des Schulwesens ab der Sekundarstufe I mit der Sonderschule als weiterer Möglichkeit zum Ausgliedern gehabt. Davon lassen sich neuere Überlegungen unterscheiden, bei denen, wie bereits mehrfach erwähnt worden ist, vor allem gefragt wird, wie das Lernen der Schüler im Unterricht angeregt und gestaltet werden kann. Das impliziert im Unterricht die Akzeptanz von und den Umgang mit Heterogenität (vgl. Hasselhorn, Gold 2006, 30).[189] Dieser Aspekt wird für die folgende Darstellung von besonderer Bedeutung sein.

Fragen bzw. Aufgaben zum Kapitel 3

1. Wo setzt Cangelosi bei seinem Planungsmodell den Ausgangspunkt und welche Folgen hat das für die Unterrichtsplanung?
2 Welche Lernarten unterscheidet Gagnè?
3 Nennen Sie verschiedene *Instructional Designs*.
4. In welchem Verhältnis stehen Unterrichtsplanung und Unterrichtsdurchführung?
5. Welche Funktion hat die Unterrichtsnachbereitung?
6, Nennen Sie verschiedene Vorgehensweisen im Unterricht, die Individualisierung ermöglichen.

---

189 Hier liegt eine der größten Herausforderungen für alle Schularten; für die Grundschule vgl. Einsiedler, Martschinke und Kammermeyer 2008, 330ff.

4 Unterrichtssteuerung und Klassenmanagement

> Im vierten Kapitel wird mit den Themen Klassenmanagement und Unterrichtssteuerung die Organisationsperspektive zentral. Mit der Einführung des Begriffs Management wird die Herausforderung in neuen Modellen des Unterrichts verdeutlicht, die von den Lehrern erwarten, dass sie ein höheres Maß an Flexibilität generieren und gleichzeitig auch ein anderes Verständnis von Professionalität entwickeln. Klassemanagement wird von der Unterrichtssteuerung unterschieden, die eher unter dem Begriff Unterrichtsmanagement verhandelt werden kann.

Aus der zuletzt beschriebenen Variante hat sich ein neues Verständnis von Unterricht entwickelt. Dieses bringt eine Darstellung bei Kunter et al. (2006, 162) lapidar auf den Punkt: Danach ist Unterricht eine Lerngelegenheit mit der Aufgabenstellung, „Strukturen zu bieten, die Lernprozesse in Gang setzen". Außerdem kennzeichnen sie Unterricht als eine komplexe soziale Situation, die einerseits durch eine asymmetrische Beziehung zwischen Lehrer und Schülern sowie andererseits durch viele Interaktionsmöglichkeiten der Schüler untereinander geprägt ist. Sie unterscheiden weiterhin zwischen Sicht- und Tiefenstrukturen. Sichtstrukturen weisen viele Gemeinsamkeiten mit dem auf, was im Folgenden als Klassenmanagement beschrieben wird, Tiefenstrukturen beziehen sich mehr auf das, was mit Unterrichtssteuerung gemeint ist.

Mit Unterrichtssteuerung und Klassenmanagement werden in diesem Kapitel zwei Begriffe verwendet, die einer näheren Explikation bedürfen. Für den Begriff Klassenmanagement wird das in einem Exkurs geschehen. Mit Unterrichtssteuerung wird aus einer handlungstheoretischen Perspektive die Tatsache beschrieben, dass im Unterrichtsprozess unter Bezug auf die Planung des Unterrichts und eine ständige formative Evaluation eine Anpassung der Handlungen an die Vorgaben und entworfenen Regeln erfolgt, um die Optimierung der Zielerreichung zu sichern. Unterrichtssteuerung ist demnach eine Variante der technologischen Sicht auf den Unterrichtsprozess und setzt Management voraus. Dies gilt vor allem, weil im Prozess des Unterrichtens Abweichungen von der Planung auftreten.

Mit Management wird im Allgemeinen thematisiert, dass Unternehmen der Führung bedürfen und was bei dieser Führung zu beachten ist (vgl. Kieser, Walgenbach 2007, 32ff.). Unter dem Thema Management kommt der Führung Bedeutung zu.[190] Dem Management obliegt daher im Unterrichtsprozess die Aufgabe der Unterrichtsführung. Diese ist vor allem deshalb gefordert, weil im Unterricht oft Abweichungen von der Organisation auftreten. Vom Management wird erwartet, diese Abweichungen in tolerierbaren Grenzen zu halten. Es wird sich einerseits an der Organisation orientiert, diese aber auch mit dem Ziel der Optimierung an die Gegebenheiten im Unterricht adaptiert. Dazu bedarf es entsprechender Kriterien. Über die Unterrichtssteuerung soll außerdem die Feinjustierung des Unterrichtsprozesses erfolgen, die allein schon deshalb erforderlich ist, weil sich der Unterricht nicht vollständig planen lässt. Das hängt mit der Komplexität des Unterrichtsgeschehens zusammen.

Unterricht soll so organisiert sein, dass jeder einzelne Schüler lernt bzw. lernen kann. Deshalb kommen zur traditionellen Auffassung von Unterricht Prämissen hinzu, die in der bisherigen Darstellung eher marginal geblieben sind.[191] Vor allem muss der Unterricht so gestaltet werden, dass die Schüler zum Lernen angeregt werden. D. h., die Schüler sollen im Unterricht motiviert werden; das setzt voraus, dass die individuellen Lernvoraussetzungen mit einbezogen werden. Deshalb hat sich das Anforderungsprofil für Lehrkräfte im Unterricht geändert: Sie sollen die individuellen Lernstände und -voraussetzungen diagnostizieren, entsprechend Forderungen an die einzelnen Schüler zu deren individueller Förderung adressieren,[192] eine anregende Lernumwelt schaffen und eine positive Lernatmosphäre sichern.[193] Damit wird eine neue Lehrform kreiert, die Beck, Brühwiler und Müller (2007) als adaptives Lehren bezeichnet haben.[194] In Anpassung an solche Überlegungen bzw. Vorgaben wird von der Steuerung des Unterrichts eine flexible Anpassung an die Voraussetzungen und zum Teil

---

190 „Führung ist zielorientierte, soziale Einflußnahme zur Erfüllung gemeinsamer Aufgaben" (Bea, Dichtl, Schweitzer 1989, 1).
191 Dieser Hinweis verdeutlicht, dass nicht davon ausgegangen werden kann, dass dem Lernen der Schüler in der traditionellen Auffassung keine Bedeutung zugemessen worden ist, nur hat sie nicht im Mittelpunkt gestanden, vielmehr hat die Bilanzierung von Lehren und Lernen mit dem Fokus auf das Lehren im Zentrum gestanden. Das ändert sich nunmehr, indem vom Lernen der Schüler ausgegangen werden wird.
192 Bisher ist unter dem Terminus Förderung zu wenig thematisiert worden, dass eine angemessene Förderung eine entsprechende Forderung voraussetzt. Mit der Bezeichnung Förderunterricht ist der Fokus zu sehr auf den Teil der Schüler mit Lern- bzw. Leistungsdefiziten gesetzt worden. Mindestens ebenso wichtig sind die anderen Schüler, die ebenfalls eine Förderung bei ihrem Lernen erhalten müssen.
193 Der Forschungsstand zu diesem Thema ist ähnlich wie der zur Schulentwicklung, wenn man nach einer theoretischen Verortung der Untersuchungen fragt, nicht besonders umfangreich (für die Schulentwicklung vgl. van Ackeren 2008).
194 Beck, Brühwiler und Müller (2007) konnten in einer empirischen Untersuchung auch Vorteile dieser Vorgehensweise im Vergleich zu anderen belegen.

auch Bedürfnisse der einzelnen Schüler erwartet.[195] An die Stelle des Adressaten Schulklasse treten die Adressaten Schüler bzw. Gruppen von Schülern mit ihren unterschiedlichen Voraussetzungen in einer Schulklasse.[196] Daraus resultiert, dass im Unterricht mindestens teilweise die Unterrichtszeit individualisiert werden muss, weil nicht angenommen werden kann, dass alle Schüler einer Klasse über die gleichen Voraussetzungen verfügen. Damit ist eine prinzipielle Änderung der Forderungen an die Lehrkräfte impliziert: Sie sollen neben dem Lehren den Umgang mit Heterogenität in ihren Klassen managen.[197]

Exkurs 3: Klassenmanagement

Unter der Bezeichnung Klassenmanagement sind Vorschläge entwickelt worden, deren allgemeiner Tenor lautet, die erfolgreiche Durchführung des Unterrichts setze das Herstellen einer Arbeitsatmosphäre voraus.[198] Daher wird in vielen Darstellungen besonderer Wert darauf gelegt, dass mit Klassenmanagement die Voraussetzungen dafür geschaffen werden sollen, dass Schüler erfolgreich lernen können (vgl. z. B. Marzano 2003; Bosch 2006; Cangelosi 2008). Diese werden häufig mit Disziplin (Freiberg, Lapointe 2006; Marzano 2003) und Führung des Unterrichts (Gettinger, Kohler 2006) mit den Merkmalen Klarheit, Methodenvielfalt und Individualisierung (Helmke 2003) benannt. Während das Zweite Teil der Unterrichtsplanung sein muss, ist das Erste (Disziplin) eine Anforderung, die noch näherer Erläuterung bedarf. Dieser Teil des Unterrichtsmanagements ist vor allem in den USA elaboriert worden. Dort sind umfangreiche Handlungsempfehlungen und Kataloge von Indikatoren entstanden, die beachtet werden sollen, wenn der Unterricht gemanagt werden soll. Dabei erweist sich, dass es häufig konkurrierende oder auch widersprüchliche Rationalitätsannahmen für das Management des Unterrichts gibt. Die bisher vorgestellten Planungsmodelle hatten jeweils Inhalte, die vermittelt werden sollten, und Ziele, die erreicht werden sollten, als Gegenstand. Nunmehr wird mit einbezogen, dass Rahmenbedingungen geschaffen werden sollen, die das Lernen der Schüler wahrscheinlicher werden lassen und dass die Schüler in ihren Bemühungen unterstützt, aber nicht gestört werden sollen.

Um die Disziplin zu sichern, muss eine Ordnung etabliert und aufrecht erhalten werden (Doyle 1986, 392; Ophardt, Thiel 2007, 133). Dazu muss klar sein, welche Regeln es gibt, wie sie eingeführt werden und wie ihre Einhaltung überwacht wird (Doyle 1986, 393). Ebenso interessiert, wie das Einhalten von Regeln im Klassenraum gehandhabt wird. Es lassen sich ein ökologischer und ein handlungstheoretischer Ansatz unterscheiden (Ophardt 2008): Bei dem Ersteren stehen die situationalen von der Umwelt präformierten Aspekte im

---

195 Im Prinzip handelt es sich um eine konsequente Weiterentwicklung von Ansätzen des *Instructional Design*.
196 In der Berliner Didaktik ist diesem Umstand im Kern Rechnung getragen worden (vgl. Schulz 1965).
197 Doyle (1986) hat in einem Beitrag, der inzwischen zu den Klassikern gerechnet wird, darauf verwiesen, dass in der Unterrichtsforschung einerseits das effektive Lehren und andererseits das *Classroom Management* untersucht worden seien; Klassenmanagement jedoch nicht unbedingt danach beurteilt werden könne, ob alle Schüler effizient gelernt hätten.
198 Brophy (2006) hat die Differenz von Klassenmanagement und Instruktion dargestellt. In diesem Text wird davon ausgegangen, dass Instruktion als Teilmenge von Klassenmanagement angesehen werden kann.

Zentrum (vgl. Doyle 2006), bei dem Zweiten zielt das Interesse dahin, „das Implementieren von Regeln und Prozeduren in Lerngruppen" zu erfassen (Ophardt 2008, 166).

Während bei dem handlungsorientierten Ansatz die Art des Verhaltens und die praktizierten Routinen im Fokus stehen, interessiert bei dem ökologischen die Leistung der Lehrkraft als ‚Gestalter sozialer Verhaltenserwartungen'. Allgemein geht es beim Klassenmanagement um die Ordnung im jeweiligen Kontext der Aktivitätsstrukturen. Das ist beispielsweise über Unterrichtsmethoden zu sichern versucht worden. Diese Ordnung kann auf unterschiedlichen Ebenen hergestellt werden. So konnte z. B. für den Mathematikunterricht in Deutschland eine Sichtstruktur mit dem Ablauf ‚Hausaufgaben besprechen', ‚Wiederholung der vergangenen Stunde', ‚fragend-entwickelnder Unterricht zum neuen Stoff', ‚Stillarbeit mit Üben des neu Gelernten' häufig empirisch bestätigt werden (Kunter et al. 2006, 164). Bei der Einzelarbeit können z. B. Gespräche mit dem jeweiligen Sitznachbarn erlaubt sein oder nicht. Handlungsprogramme dieser Art dienen dazu, Ordnung herzustellen (Ophardt 2008, 165). Das vollzieht sich in verschiedenen Dimensionen wie z. B. der zeitlichen Grenze oder Dauer und der physischen Umwelt.

LePage, Darling-Hammond, Akar (2005, 330) haben zwei Phasen der Entwicklung beim Klassenmanagement unterschieden: Während es zunächst vor allem um Interventionen und deren Planung ging, liegt der neue Schwerpunkt bei der Prävention durch die Bildung von Klassengemeinschaften, in denen Normen aufgebaut werden und Routinen des akademischen Lernens die konstruktive Arbeit voranbringen.[199] Ophardt, Thiel (2007, 133f.) haben vier verschiedene Ansatzpunkte für das Klassenmanagement genannt: Erstens kann der Umgang mit dem Problemverhalten von Schülern im Fokus stehen; zweitens kann es um die Steuerung von Unterrichtsaktivitäten gehen; drittens kann es vorausschauendes Lehrerhandeln betreffen und viertens kann der Bezug des Lehrerhandelns zu den Leistungen der Schüler gemeint sein.[200]

Bosch (2006) unterscheidet beim Klassenmanagement ebenfalls vier Komponenten (vgl. Abb. 16). Von diesen vier Punkten haben bisher vor allem der zweite und der dritte Punkt im Zentrum der Darstellung gestanden. Sie sollen aber alle im Folgenden unter dem Thema Unterrichtssteuerung behandelt werden. Der erste kennzeichnet Klassenmanagement im engeren Sinne, der vierte nennt Voraussetzungen aus dem Bereich Personalentwicklung, um Lehrer zum Klassenmanagement zu befähigen.

Ophardt und Thiel (2007, 135) haben drei Ebenen unterschieden, die für das Klassenmanagement wichtig sind (vgl. Abb. 17). Es wird ersichtlich, dass Klassenmanagement auf verschiedenen Ebenen von Bedeutung ist. Im Kontext der Darstellung von Unterricht kommt der ersten Ebene besondere Bedeutung zu, auf der sich das von Hugener, Pauli und Reusser (2007) vorgestellte Konzept der Inszenierungsmuster platzieren lässt. Über Inszenierungsmuster können Erwartungen in Bezug auf Regel, Routinen und Prozeduren so eingeführt werden, dass sich alle danach richten (vgl. auch Kunter et al. 2006).[201] Hier kann auch eine erhebliche Varianz bestehen, wie der Vergleich solcher Muster zwischen Klassen, in denen nach Montessori gearbeitet wird, mit anderen Klassen zeigt, in denen Lehrervorträge dominieren. Die Etablierung dieser Verhaltenerwartungen findet vor allem in den ersten Stunden statt.

Bei den Gestaltungshandlungen wird zwischen den unterrichtsbegleitenden, die also in den Unterricht integriert sind, und denen unterschieden, die nicht unterrichtsbegleitend

---

199 Dieser Aspekt wird unter der Lernwegsorientierung noch genauer expliziert werden.
200 Hugener, Pauli und Reusser (2007) haben allerdings darauf verwiesen, dass sich der zuletzt genannte Zusammenhang in empirischen Untersuchungen allenfalls selten bestätigen ließ.
201 Inszenierungsmuster sind allerdings nach Ansicht von Hugener, Pauli und Reusser (2007) an der Oberfläche angesiedelt. Mit ihnen wird nicht notwendigerweise die Tiefenstruktur des Unterrichts erfasst.

sind, in denen beispielsweise allgemeine Disziplinprobleme thematisiert werden. Unterrichtsflankierende Maßnahmen können Beratungen von Schülern außerhalb des Unterrichts umfassen. Als allgemeines Ziel des Klassenmanagements lässt sich im Anschluss an Kunter et al. (2006, 165) formulieren, dass die zur Verfügung stehende Lernzeit optimal genutzt werden soll.

Abbildung 16: Komponenten des Klassenmanagements
(nach Bosch 2006)

1.	Organisation in der Klasse – Umgebung, Regeln, Vorgehensweisen und Routinen im Klassenraum
2.	Instruktion – effektive Lehrpraxen
3.	Evaluation – Schemata und Vorgehensweisen bei der Bewertung
4.	Professionelle Entwicklung – Reflexion und Weiterbildung bei den Lehrkräften

Abbildung 17: Ebenen beim Klassenmanagement
(nach Ophardt und Thiel 2007, 135)

Verhaltenserwartungen etablieren:	
Etablieren von Regelsystemen, Routinen und Prozeduren	
Gestaltungshandlungen im Unterricht:	
Unterrichtsbegleitend	**Außerhalb der Instruktion**
Situational	Konfliktbezogen
Unterrichtsflankierend	

Unterrichtssteuerung umfasst mehr als nur die Unterrichtsdurchführung. Als allgemeine Anforderung an sie lässt sich formulieren, dass der Unterricht so organisiert werden muss, dass die einzelnen Schüler ihre Lerngelegenheiten erhalten und sie mit hoher Wahrscheinlichkeit auch wahrnehmen. Die Organisation muss flexibler gestaltet werden, lässt sich daraus als allgemeine Anforderung benennen. Deshalb müssen sich Unterrichtsplanung, -durchführung und -nachbereitung systematisch verändern.

Um den Unterricht zu steuern, bedarf es in einer anders bestimmten Terminologie des Unterrichtsmanagements.[202] Es gibt verschiedene Anforderungen, die hier formuliert sind und auch an Beteiligte adressiert werden. Klarheit wird

---

202 Im Folgenden wird nicht nach Unterrichts- und Klassenmanagement unterschieden.

vor allem von den Lehreräußerungen erwartet, sie wird nicht für die Beiträge der Schüler als Forderung gestellt. Es lassen sich verschiedene Dimensionen für die Beurteilung der Klarheit unterscheiden. Diese reichen von der akustischen Verständlichkeit über die fachliche Kohärenz bis hin zur Strukturiertheit (Helmke 2007, 80f.). Die Forderung nach Methodenvielfalt ist heute ein Allgemeinplatz. Allerdings mangelt es noch daran, genau zu bestimmen, welche Methode in welchem Kontext besonders wirkungsvoll ist. Hierzu lassen sich wahrscheinlich keine allgemeinen Kriterien angeben. Der einfache Wechsel der Methoden, der dann in der Praxis auch willkürlich erscheinen kann, reicht sicherlich nicht aus. Jedoch ist davon auszugehen, dass die Bevorzugung einer einzigen Unterrichtsmethode auf Dauer zu Ermüdungserscheinungen führen kann. Mit der Forderung nach der Individualisierung wird der Tatsache Rechnung getragen, dass sich die Schüler nach Lernvoraussetzungen, Lerntempo und Lernmotivation voneinander unterscheiden. Hier liegt eine besondere Herausforderung für das Management des Unterrichts: Nur wenn es gelingt, die Forderungen individuell zu adressieren, kann erwartet werden, dass alle Schüler sich aktiv am Unterrichtsgeschehen beteiligen werden.[203]

4.1 Organisation im Klassenraum

Unterricht bedarf, wie bereits mehrfach betont worden ist, der Organisation: In ihm werden Rituale und Routinen praktiziert, über die sich Organisation konstituiert (Doyle 2006). Dabei stellt sich die Frage, wie das Zusammenleben in Klassenräumen organisiert ist. Die Beantwortung wird erschwert, weil sich für die Organisation bzw. die Rahmenbedingungen des Organisierens beim Unterricht verschiedene Aspekte unterscheiden lassen. So gibt es für Unterricht Vorgaben unterschiedlicher Art, die teilweise auch zwischen den Schulen variieren können. Dauer, Anfang und Ende, Pausenregelungen etc. sind hierzu zu rechnen.

Nach Bosch (2006, 6) gehört zur Organisation zuerst die Umgebung in der Klasse. Darunter werden in einer einfachen Variante die Anordnung der Tische und Stühle sowie des Lehrerpultes im Klassenraum angeführt. Die Platzierung der Schülerbänke in hintereinander liegenden Reihen und des Lehrerpultes vor ihnen ist für den Frontalunterricht geeignet, erschwert aber den Einsatz anderer methodischer Vorgehensweisen. Daraus lässt sich eine erste Vorgabe für die Organisation entnehmen: Die Anordnung der verschiedenen Möbel im Klassenraum sollte nach Bosch die Dominanz der Lehrkraft nicht noch hervorheben. Besser geeignet sind nach ihrer Überzeugung räumliche Arrangements, die es

---

[203] Diese Anforderung wird im Folgenden immer wieder als Bezugspunkt einbezogen werden.

den Schülern erleichtern, bei Bedarf einen anderen Platz einzunehmen, und bei denen die Schülerplätze die Aufmerksamkeit auf sich ziehen; das Lehrerpult soll so platziert werden, dass alle Schülerplätze gut erreichbar sind.

Die zu Beginn dieses Kapitels formulierten Maximen *Individualisierung des Unterrichts* und *Flexibilisierung der Organisation* erfordern nicht eine Chaosaufstellung der Möbel. Vielmehr lassen sich verschiedene Aspekte formulieren, die untereinander in Einklang gebracht werden müssen und die u. U. jeweils eine Änderung des räumlichen Arrangements erfordern: Tafel, Projektionsflächen und andere Informationsquellen, die zentral genutzt werden sollen, sollten von allen Schülerplätzen gut einsehbar sein. Die Schülerplätze sollten wiederum so angeordnet sein, dass einzeln oder in Gruppen gearbeitet aber auch Einzelvorträgen gut gefolgt werden kann. Diese Anforderungen lassen sich wahrscheinlich nur realisieren, wenn Schülerarbeitsplätze räumlich je nach Bedarf in der Anordnung verändert werden können. Vor allem in Grundschulen sind flexible Arrangements dieser Art oft eingeführt, sie fehlen aber weitgehend in den Schulformen der Sekundarstufen I und II. Die Anordnung der Tische und Plätze in einem Rechteck bedeutet zwar schon eine Veränderung in die intendierte Richtung, ist aber allein noch nicht optimal, vor allem wenn eine der Stirnseiten für die Lehrkraft reserviert ist. Allgemein lässt sich noch als Anforderung formulieren, dass alle Schüler von der jeweiligen Lehrkraft gut gesehen werden können und sie von ihr auch gut erreichbar sein sollen.

Allgemein geht es um die Gestaltung des Klassenraums, also der Umgebung der Schüler. Dabei ist es auch traditionell das Ziel gewesen, ohne dass das immer explizit worden ist, das Lernen der Schüler zu fördern. Zur Umgebung, die das Lernen der Schüler fördern soll, gehört u. a., dass entsprechende Lehr- und Unterrichtsmittel zur Verfügung stehen. Hier werden häufig Duden (z. B. Schülerduden), Nachschlagewerke und die Möglichkeit, sich Informationen über das Internet zu verschaffen, genannt. Ebenso kann es hilfreich sein, für das jeweilige Unterrichtsfach oder ein Projekt, Materialien zur Verfügung zu stellen. Damit wird eine Forderung benannt, die in der Praxis oft schwer einzulösen ist und sich in speziellen Fachräumen häufig nur in Ansätzen realisieren lässt. Im Kern handelt es sich um ein Prinzip, das in der Montessoripädagogik zu realisieren versucht wird (Montessori 1980).[204]

Von dieser einfachen Variante lässt sich eine komplexere unterscheiden, die Doyle (2006, 97ff.) als ökologisch klassifiziert hat. Er geht von einer Schilderung der Kontexte in Klassenräumen aus und unterscheidet dabei verschiedene Aspekte.

---

[204] Das soll nicht als Plädoyer für die Montessoripädagogik verstanden werden. Aber es ist schon beeindruckend, wie anregend Lernumgebungen in Grundschulen gestaltet sein können, die nach den Prinzipien dieses Ansatzes aufgebaut sind.

Abbildung 18: Aspekte beim Klassenmanagement
(nach Doyle 1986)

---

1. *Multidimensionalität:* dieses Problem wird unter dem Stichwort konfligierende Rationalitätsannahmen immer wieder virulent.
2. *Simultanität:* viele Dinge ereignen sich in Klassenräumen parallel; wenn man z. B. einen Schüler berät, muss man als Lehrer die übrige Klasse im Auge behalten.
3. *Geschwindigkeit:* es gibt eine rasche Abfolge unterschiedlicher Ereignisse.
4. *Unvorhersagbarkeit:* es gibt oft unvorhergesehene Wendungen.
5. *Öffentlichkeit:* Klassenräume und das Geschehen in ihnen stehen virtuell und tatsächlich unter öffentlicher Beobachtung sowie eventuell auch Bewertung.
6. *Historizität:* Klassen schreiben und leben ihre eigene Geschichte.

In dieser Aufzählung wird die komplexe Anforderungsstruktur deutlich, der Lehrer in den Klassenräumen gerecht werden müssen. Das hat zuerst dazu geführt, dass versucht worden ist, die Komplexität zu reduzieren, indem bestimmte Unterrichtsmethoden angewendet worden sind, die es z. B. gestatteten, die Differenz zwischen den Schülern negieren zu können. Sie ist aber auch die Ursache dafür, dass Überlegungen zum Klassenmanagement noch nicht lange angestellt werden: Komplexität kann zum Ergebnis haben, dass die scheinbare Einmaligkeit der Ereignisse die Tatsache verdrängt, dass es sich um eine Form der Organisation handelt. Aber es werden parallel verschiedene Zwecke verfolgt und unterschiedliche Mittel eingesetzt.

Stellt man das Handeln in der Klasse in den Mittelpunkt, dann fallen insbesondere folgende Aspekte auf: Man muss gleichzeitig verschiedene Dinge tun. Während man einen Schüler berät, muss man andere im Auge behalten, um nur ein einfaches Beispiel zu benennen. Ebenso muss man schnell auf Dinge reagieren. Es fehlt oft an der Zeit, in der Situation sorgfältig zu überlegen, um dann zu entscheiden. Ebenso ist es kennzeichnend, dass viele Ereignisse eintreten, die sich nicht planen ließen, die also unvorhergesehen sind. Solche Anforderungen bzw. Merkmale nehmen zu, wenn die Individualisierung des Handelns in der Klasse ebenfalls an Bedeutung gewinnt, Lehrkräfte also auf verschiedene Schüler jeweils individuell zu reagieren versuchen. Die Klasse stellt ein öffentliches Forum dar und verfügt in der Regel über eine Geschichte.

Unter dem Begriff Organisation werden noch weitere Aspekte des Klassenmanagements benannt, die sich insbesondere darauf beziehen, die klimatischen Voraussetzungen für das Lernen im Klassenraum zu schaffen. In diesem Zusammenhang wird der Einhaltung von Regeln und Vorgehensweisen bei Vorschlägen zum Klassenmanagement große Aufmerksamkeit geschenkt. Regeln werden dabei im Sinne allgemeiner Prinzipien und Vorgehensweisen als der Situation angemessene Verhaltensweisen genannt. Regeln bilden demnach die Oberkategorie, die Vorgehensweisen, die Handlungen die den Regeln zugeordnet werden können (Marzano 2003, 13). Dass die Einhaltung und Beachtung von Spielregeln wichtig ist, wenn der Unterricht effizient gestaltet werden soll, wird kaum bezweifelt (vgl. z. B. Helmke 2003).

Regeln bilden eine der Grundlagen des Unterrichtsmanagements, über sie wird das hinreichende Maß an Verlässlichkeit gesichert, das erforderlich ist, um Unterricht zu ermöglichen. Die Frage ist nur, wie man zu den Regeln kommt. Im traditionellen Unterricht wurden sie von der Schule oder den Lehrkräften vorgeschrieben. In der Reformpädagogik hatte es Ansätze gegeben, die Schüler an der Gestaltung der Regeln zu beteiligen (vgl. z. B. Gaudig 1963). Beim Klassenmanagement werden im Allgemeinen partizipative Formen bei der Auswahl, Bestimmung und Gestaltung von Spielregeln im Unterricht bevorzugt (Marzano 2003, 25ff.). Damit zeichnet sich in der Klasse eine Beteiligung der Schüler an der Verantwortung für die Regeln des Lernens ab. Davon kann erwartet werden, dass deren Commitment zunimmt. Aus der Organisationsperspektive findet auf diese Weise eine andere Zuordnung der Verantwortung statt. Die in bürokratischen Systemen zentralisierte Verantwortung wird dezentralisiert (vgl. Merkens 2006).

Regeln bzw. deren Einhaltung setzen keineswegs Passivität, absolute Ruhe oder eine rigide Art der Konformität z. B. auf Seiten der Schüler voraus. Regeln markieren nicht mehr und nicht weniger als Routinen in den Abläufen. Über sie werden Grenzen dessen bestimmt, was als Abweichung hingenommen wird und was nicht toleriert wird. Dabei können die Regeln im Verlauf einer Unterrichtssequenz bzw. -stunde verändert werden: Während bei der Arbeit in Gruppen das Gespräch zwischen den Schülern erwünscht und der Anteil der Eigenaktivität hoch ist, gibt es in Phasen der Instruktion ein Aufmerksamkeitsgebot in Richtung Lehrkraft, das Reden untereinander ist nicht erwünscht. Als Grundvoraussetzung für Regeln im Klassenraum wird Kooperation bestimmt (Doyle 1986, 396). Kooperationen prägen sowohl den traditionellen fragend-entwickelnden als auch den modernen, auf die Individualisierung der Lernprozesse aufbauenden Unterricht. Kooperation setzt keineswegs aktive Teilnahme aller Schüler voraus, sie ist auch möglich, wenn einige Schüler nur passiv teilnehmen, der Rest der Schüler aber z. B. mit dem Lehrer kooperiert.

Regeln und Vorgehensweisen können auf unterschiedlichen Ebenen generiert werden. Zuerst interessiert das allgemeine Verhalten im Unterricht (Marzano 2003, 18ff.). Dabei geht es um Umgangsformen, vor allem die Umgangsformen der Schüler untereinander werden angesprochen. Dann sollen nach Möglichkeit Unterbrechungen vermieden werden. Unterbrechungen werden im Sinne von

Disziplinproblemen behandelt. Außerdem sollen die Übergänge zwischen verschiedenen Abschnitten des Unterrichts nicht abrupt erfolgen.

Über praktizierte Regeln sollen nach diesem Ansatz abweichendes Verhalten und Unterbrechungen im Unterricht verhindert bzw. zumindest abgemildert werden.[205] Marzano (2003) hat in mehreren Metaanalysen empirischer Untersuchungen nachgewiesen, dass Regeln und Vorgehensweisen sowie disziplinarische Interventionen einen günstigen Einfluss auf die Absenkung von den Unterricht unterbrechenden Verhaltensweisen der Schüler haben.[206] In Untersuchungen zu dieser Fragestellung konnten mehrere Regeln und Vorgehensweisen identifiziert werden, die diesem Ziel dienen. Dabei haben sich in den USA kleine Differenzen zwischen der Elementarstufe und der Sekundarstufe I nachweisen lassen, die hier nicht im Mittelpunkt stehen werden. Einige der Regeln sollen beispielhaft aufgezählt werden, weil sich auf diese Weise das Verständnis von Management in der Klasse demonstrieren lässt, welches Marzano (2003) entwickelt hat.

Abbildung 19: Regeln und Vorgehensweisen bei der Organisation und den Vorgehensweisen innerhalb des Klassenraums

1.	Wechselseitiges Respektieren der Schüler
2.	Freundlichkeit im Umgang
3.	Regeln für das Verlassen des Klassenraums und das Wiedereintreten während des Unterrichts
4.	Abläufe beim Verteilen und Einsammeln von Materialien im Unterricht

In dieser Aufzählung werden einige Eckpunkte der Annahmen zum Klassenmanagement sichtbar: Es kommt darauf an, Verlässlichkeit in Bezug auf Handlungsroutinen im Kontext von Unterricht zu sichern und die Erwartungen in Bezug auf das Handeln eindeutig umzusetzen. Formal wird eine Organisation hergestellt.[207]

---

205 Fries und Cochran-Smith (2006, 955f.) haben in einer Literaturrecherche herausgefunden, dass ein großer Teil der Publikationen zum *Classroom Management* in den USA dieser Fragestellung gewidmet ist.
206 Auch zu dieser Fragestellung findet sich bei Fries und Cochran-Smith (2006, 956ff.) eine große Anzahl von Studien.
207 Es ist von Interesse, dass Fries und Cochran-Smith (2006, 960ff.) eine Reihe von Publikationen über Interventionsprogramme identifiziert haben, in denen zwar geschildert worden ist, was zur Verbesserung der Atmosphäre in der Klasse beigetragen hat, aber keineswegs dargelegt wird, warum die einzelne Intervention für angemessen gehalten wird bzw. auf welchen theoretischen Annahmen sie basiert.

Gettinger und Kohler (2006, 80ff.) haben die Ergebnisse von Untersuchungen zum Klassen-Management zusammengestellt, bei denen ein technologisches Verständnis von Unterrichtsprozess und Ergebnissen vorgeherrscht hat: Danach ist es günstig für den Unterricht, wenn

- er erstens auf festen Regeln basiert, deren Einhaltung auch durchgesetzt wird,
- die Übergänge zwischen verschiedenen Aktivitäten im Unterricht zweitens nicht abrupt sind,
- die Lernzeit drittens effizient genutzt wird,
- die Schülerleistungen viertens beobachtet und kontrolliert werden sowie
- fünftens deutlich wird, dass die Lehrkraft die Vorgänge in der Klasse wahrnimmt.

Diese Regeln verdeutlichen, dass Klassenführung im Unterricht ein komplexes Gefüge von Anforderungen beinhaltet. Lehrkräfte müssen offensichtlich in der Lage sein, einen Rahmen zu bieten, innerhalb dessen eine strukturierte Arbeitsatmosphäre herrscht, lassen sich unterschiedliche Aspekte zusammenfassen. Auch in diesem Fall stehen organisatorische Merkmale im Vordergrund. Dabei ist von Interesse, dass die in Deutschland so lange vorherrschende Sichtweise, dass der Wahl der richtigen Unterrichtsmethode große Bedeutung zukomme, bzw. der Vermittlungsprozess sich über eine bestimmte Methode optimieren lasse, nicht mehr im Fokus steht. Vielmehr wird von einer anderen Position ausgegangen, die sich dahin kennzeichnen lässt, dass es verschiedene Aspekte gibt, die es ermöglichen, die Instruktion erfolgreicher zu gestalten. Überlegungen zur Steuerung des Unterrichts setzen ganz allgemein Annahmen dazu voraus, wie ein erfolgreicher Unterricht gestaltet sein müsste bzw. von welchen Merkmalen man erwartet, dass sie eingelöst sind.

Die vorgelegte Aufzählung lässt eine fundamentale Annahme erkennen: Es wird angestrebt, eine ruhige, sachliche und als positiv empfundene Arbeitsatmosphäre in den Klassen zu schaffen. Über die Organisation soll sichergestellt werden, dass das Lernen im Unterricht in einer positiven Lernatmosphäre stattfinden kann. Klassenmanagement dient durch eine entsprechende Organisation dazu, dass eine positive Lernatmosphäre entsteht und anschließend weiter bestehen kann. Es sollen die Voraussetzungen für erfolgreiches Unterrichten geschaffen werden. Der Organisation wird kein Selbstzweck oder keine Dominanz zugeschrieben, das Organisieren wird im Sinne des Schaffens von Voraussetzungen interpretiert.

Dazu passt, dass dem Organisieren disziplinarische Maßnahmen zugerechnet werden. Marzano (2003, 29) hat Forschungsergebnisse und Metaanalysen berichtet, nach denen Belohnung und Bestrafung im Unterricht eine positive Auswirkung auf das Schülerverhalten haben. Vor allem wendet er sich dagegen, auf Bestrafung zu verzichten. Dabei benennt er verschiedene Interventionen als Bestrafung, die vom Kontakt zu den Eltern, über das Schicken zum Direktor, den Tadel vor der Klasse bis hin zum Ausschluss von einem Klassenausflug reichen. Es versteht sich von selbst, dass es zu diesen Strafen auch positive Pendants geben kann.

Entscheidend für den Erfolg von Maßnahmen im Sinne des Schaffens einer Organisation des Unterrichts, die eine positive Lernatmosphäre ermöglicht, ist es, dass alle Maßnahmen auf der Basis von Regeln und Vorgehensweisen initiiert werden, die der jeweiligen Situation angepasst werden können. Nicht sprunghaftes Reagieren auf der einen Seite und nicht kalkulierbares Negieren auf der anderen Seite bilden den Schlüssel. Vielmehr kommt es darauf an, dass die Schüler Aktion und Reaktion im Bereich Organisation des Unterrichts antizipieren können. Bosch (2006, 28) hat allerdings darauf verwiesen, dass Ruhe und Disziplin in einer Klasse nicht unbedingt ein hinreichender Indikator für erfolgreiches Klassenmanagement und effizienten Unterricht sein müssen. Ein Indikator für diese Bewertung wird von ihr selbst gegeben, indem sie darauf verweist, dass in Unterrichtsstunden, in denen der Unterricht von Dritten bewertet wird, weil ein Examen ansteht, selten Gruppenarbeit praktiziert wird, weil es dabei geräuschvoller zugeht. Trotz dieser Beobachtung wird der Gruppenarbeit ein hoher Stellenwert eingeräumt (vgl. auch Marzano 2003, 23ff.). Damit wird eine Arbeitsform benannt, die zwar häufig in Grundschulen eingesetzt wird, die sich aber auf den Sekundarstufen I bzw. II seltener findet. Es gibt offensichtlich Kontextbedingungen, die die Wahl der Arbeitsform beeinflussen.[208]

Dass Klassenmanagement nicht immer einfach zu praktizieren ist, haben Fries und Cochran-Smith (2006, 966ff.) erläutert, indem sie geschildert haben, dass Lehrer in Konfliktsituationen geraten können, wenn sie sich einer Gruppe zuwenden und dann notwendigerweise anderen ihre Aufmerksamkeit entziehen. Als Beispiel wird eine Lehrerin geschildert, die sich einer Gruppe von Schülern, die sich nicht an die Regeln hielten, auch räumlich zuwendete und deshalb aus einer Gruppe von Schülerinnen, die sich konform verhielten, darauf hingewiesen wurde, dass es ihnen nicht gelinge, die Aufmerksamkeit der Lehrerin zu erreichen. Der Konflikt kann als typisch angesehen werden: Nichtkonformes und nicht an die Regeln gebundenes Verhalten verlangt Aufmerksamkeit sowie Aktion; darunter ‚leiden' eventuell diejenigen, die in ihrem Lernen nicht die erwartete Unterstützung erhalten. Das Beispiel wird hier erwähnt, weil es plastisch vor Augen führt, wie die Organisation beim Klassenmanagement unterschiedlichen und teilweise konfligierenden Rationalitätsannahmen unterliegt.

---

208 Nähere Hinweise zur Gruppenarbeit werden im Abschnitt über kooperative Lernformen gegeben.

Exkurs 4: Controlling im Klassenraum[209]

Klassenmanagement setzt im Unterricht Controlling voraus. Die Vorgänge in Klassenräumen lassen sich mit Hilfe von Beobachtung – systematischer oder teilnehmender –, Tonbandaufnahmen bzw. Videoaufnahmen, nachträglichen Berichten bzw. Aufzeichnungen und anderem mehr erfassen, außerdem wird auf den Einsatz ethnographischer Methoden verwiesen (Doyle 2006, 100f.). Dabei kann zwischen Selbst- und Fremdbeobachtung unterschieden werden. Selbstbeobachtung ist erforderlich, um Nachbereitung zu ermöglichen, denn die Nachbereitung basiert auf Erkenntnissen und Informationen zum Unterrichtsverlauf. Auf der Basis von Selbstbeobachtung können auch Korrekturmaßnahmen eingeleitet werden, wenn angestrebte Sollwerte nicht erreicht oder überschritten werden. Mit der Selbstbeobachtung wird überprüft, wie der Unterrichtsprozess in Relation zur Planung verläuft.[210] Damit ist eine Basis für das Controlling geschaffen.

Selbstbeobachtung ist erforderlich, weil der Lehrer sowohl die Schüler als auch ihre Fortschritte oder Probleme im Auge haben muss, als auch kontrollieren muss, wie er auf die Schüler wirkt bzw. wie seine Lernangebote von den Schülern in einer Klasse akzeptiert werden. Diese Notwendigkeit der Beobachtung resultiert auch aus der Anforderung der Individualisierung im Unterricht: Wenn der einzelne Schüler dadurch gefördert werden soll, dass ihm angemessen fordernde Lernangebote präsentiert werden sollen, dann setzt das voraus, dass die jeweiligen Lernstände im Unterricht kontinuierlich beobachtet werden.[211] Ebenso muss die Lehrer-Schüler-Relation ständig beobachtet werden. Je mehr die Eigenaktivität des Schülers gefördert werden soll und je mehr der Lehrer seine Rolle in diese Richtung definiert, desto wichtiger ist es, dass im Unterricht kontinuierlich Selbstbeobachtung stattfindet.[212] Im Sinne des Controllings müssen im Unterricht ständig Ist-Soll-Vergleiche vorgenommen werden. Dabei bezieht sich Controlling nicht nur auf die Abgleichung zwischen Ist und Soll. Vielmehr geht es im Rahmen des Controllings auch um Feinjustierungen im Unterricht. Ziele müssen eventuell geändert werden, Inhalte anders abgestimmt werden und auch die Überprüfung der jeweiligen Lernstände verlangt immer wieder Anpassungen der Modi des Überprüfens. Gerade in diesem Sektor sind die Anforderungen *an das Klassenmanagement* als besonders hoch anzusehen.[213] Dabei kommt der Prozessbeobachtung besondere Bedeutung zu.

Neben der Selbstbeobachtung ist mit ähnlichem Ziel Fremdbeobachtung möglich. Für diese lassen sich Kriterien angeben, die als Maße für die Bewertung der Unterrichtstätigkeit verwendet werden können. Einerseits kann die durchschnittliche Beteiligung aller Schüler am Unterricht während einer festgelegten Zeit interessieren.[214] Andererseits kann festgestellt werden, wie viele und welche Schüler sich in einem festgelegten Zeitraum aktiv beteiligen. Dabei können Art und Qualität ihrer Beiträge mitbewertet werden. Der zweite Indikator ist für die Bilanzierung des Klassenmanagements von zentraler Bedeutung, mit dem ersten lässt sich eher erheben, wie Instruktion und Lernen vonstatten gehen (Doyle 1986, 401). Aus der Perspektive des Klassenmanagements ist es außerdem wichtig, wie das Involve-

---

209 Zum Controlling vgl. Horváth & Partners (2003).
210 Daraus resultieren Ähnlichkeiten zum Qualitätsmanagement, hier der Prozesskontrolle, und zum Controlling.
211 Dieser Aspekt wird noch genauer expliziert werden.
212 Forderungen wie diese sind so neu nicht: Sie haben im Kern auch den Fortgang des Unterrichts bei der fragend-entwickelnden Methode bereits geprägt. Sie sind aber nicht als prinzipielle Voraussetzungen für gelingenden Unterricht angesehen worden.
213 Es zeigt sich auch, dass die Übernahme der Metapher ‚Management' nicht folgenlos für das Verständnis der Anforderungen bleibt, die an die jeweiligen Lehrer adressiert werden.
214 Das wurde klassisch mit Interaktionsanalysen geprüft (vgl. Merkens, Seiler 1978).

ment der Schüler verbessert werden kann. Das kann wiederum durch die Art der Organisation gesteigert werden. Dabei gibt es interessante Untersuchungsergebnisse, dass Schülerbeiträge oder eine Zentrierung des Unterrichts auf die Schüler und deren Beiträge nicht unbedingt die Verbesserung der Lernergebnisse bewirken. Eher scheint in vielen Fällen das Gegenteil zuzutreffen (ebd.). Vielleicht kann über Beobachtungen und deren Auswertung geklärt werden, ob einzelne Schüler von ihren Beiträgen profitieren, die Klasse aber keine entsprechenden Leistungsverbesserungen erreicht. Auch das kann als Teil des Unterrichtscontrollings betrachtet werden.

Der Anforderung des Organisierens kann leichter gefolgt werden, wenn sich Segmente unterscheiden lassen, denen in Bezug auf bzw. den Unterricht eine gewisse Allgemeinheit zugesprochen werden kann. Versuche der Segmentierung haben in unterschiedlicher Weise stattgefunden (vgl. Doyle 1986, 397ff.). Eine klassische Variante kann in der Differenzierung nach Einstimmung, Durchführung und Zusammenfassung als Regeln für die Unterrichtsdurchführung gesehen werden. Im Sinne natürlicher Segmentierungen können auch Methodenwechsel im Verlauf einer Unterrichtsstunde angesehen werden. Ebenso können ein Wechsel der benutzten Medien oder des erwarteten Antwortformats der Schüler – mündlich versus schriftlich – im Sinne der Segmentierung betrachtet werden. Nicht zu unterschätzen ist ein Wechsel bei den erlaubten Verhaltensweisen der Schüler wie z. B. ‚miteinander Reden bei der Gruppenarbeit' versus ‚Ruhe während der Stillarbeit'. Dabei ist wichtig, dass Tätigkeit als Grundeinheit der Organisation angesehen werden kann. Der Wechsel der Tätigkeit bedeutet dann, dass ein anderes Segment beginnt. Versuche eine allgemeine Klassifikation der verschiedenen auf Tätigkeiten basierenden Segmente zu erhalten, sind im Prinzip gescheitert, wie eine Übersicht bei Doyle (1986, 288) demonstriert. Im Prinzip gibt es zu viele Kriterien, auf deren Basis man Tätigkeiten klassifizieren kann. Dennoch gibt es eine Vielzahl solcher Versuche, die hier nicht wiederholt werden sollen.[215]

Welche Effekte sich beim Lernen über die Organisation des Unterrichts und das Klassenmanagement erreichen lassen, ist noch nicht geklärt, es werden aber Voraussetzungen dafür geschaffen, dass gelernt werden kann (Doyle 1986). Zusätzlich ist wichtig, wie die Instruktion getestet werden kann. Die Erläuterungen zur Organisation sind fachunspezifisch geblieben, sie betrafen den Unterricht allgemein.

---

215 Für eine Übersicht vgl. Doyle (1986, 398ff.).

4.2 Instruktion[216]

Unterricht ist traditionell so gestaltet worden und wird auch heute noch so inszeniert, dass bei verschiedenen Schülern ähnliche Prozesse des Lernens parallel ablaufen. Mit dem Begriff Instruktion, der eher in der pädagogischen Psychologie verwendet wird, wird die Frage in den Mittelpunkt gestellt werden, welche Arrangements in der Lehre sich als günstig erweisen, um Lernen bei möglichst vielen Schülern zu ermöglichen. Ursprünglich wurde mit Instruktion auch das Lehren beschrieben (vgl. Barnes 1976, 20f.), hier hat sich aber eine Bedeutungsverschiebung ergeben, wie vor allem bei dem Konzept des *Instructional Designs* sichtbar geworden ist, dessen bisherige Darstellung im Folgenden erweitert werden wird.[217] Bei der Instruktion handelt es sich abermals in der Mehrzahl der Fälle um eine technologisch orientierte Konzeption. Die Effektivität des Lernens soll gesteigert werden (Bosch 2006, 9ff.).[218]

Der Instruktion liegt ähnlich wie den anderen bisher geschilderten Modellen zum Unterricht vom Ansatz her ein einfaches Rational zugrunde, wie Abbildung 20 demonstriert. Es handelt sich um eine Abfolge von Schritten, die aufeinander aufbauen und die eine rationale Organisation des Gesamtprozesses ermöglichen sollen.

Abbildung 20: Technologisch orientiertes Rational der Instruktion von Glaser (nach Weinert 1974, 803)

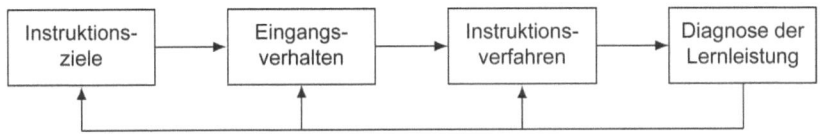

Gegenüber den bisher vorgestellten Modellen zum Unterricht, liegt die entscheidende Veränderung darin, dass am Ende der Instruktionsphase eine Diagnose der erreichten Leistungen erfolgt und anschließend eine Schleife vorgesehen ist, über die Nachbesserungen erfolgen können. Dabei kann der Gesamtprozess revidiert werden, es gibt aber auch die Möglichkeit, nur in einzelne Schritte der Abfolge

---

216 Der Begriff Instruktion wird an dieser Stelle verwendet, weil Unterricht sowohl der Oberbegriff ist als auch das Spezifische kennzeichnen kann, das hier gemeint ist.
217 Bei der Unterrichtsplanung sind bereits Konzepte vorgestellt worden, die sich diesem Ansatz zuordnen lassen.
218 Damit ist die nach Doyle (1986) andere Dimension der Unterrichtssteuerung neben dem Klassenmanagement angesprochen.

verändernd einzugreifen. Nachbesserungen können für die Klasse oder für einzelne Schüler vorgenommen werden. Dadurch wird einerseits die an sich starre Abfolge der Schritte flexibilisiert, andererseits kann es auf diese Weise zu den Anpassungsprozessen kommen, die bereits als typisch für das *Instructional Design* dargestellt worden sind. Es zeigen sich bereits in dieser frühen Phase Ansätze, die später im Zusammenhang mit dem Qualitätsdiskurs an Bedeutung gewonnen haben.[219] Hier interessiert vor allem ein Aspekt, der mit dem *Instructional Design* an Gewicht gewonnen hat, die Adaptavität des Unterrichtsprozesses wird verbessert bzw. zu verbessern versucht. Dazu wird vor allem die Diagnose des Lernerfolges anders als traditionell genutzt.

In der bisherigen Darstellung ist bereits ein Merkmal benannt worden, das als zentral angesehen wird, wenn die Effektivität des Lernens optimiert werden soll: Die Differenzierung nach gewährter, benötigter und genutzter Zeit (Carrol 1963) erfordert im Unterricht ein gutes Zeitmanagement. Es soll erreicht werden, dass die Schüler die Zeit nutzen, die sie benötigen.[220] Damit ist die Anforderung benannt, die auch im Klassenverband die Flexibilisierung und Individualisierung der Lernzeiten erforderlich macht. Beim programmierten Unterricht hat die Bearbeitung der Lernprogramme durch die einzelnen Schüler diese Möglichkeit eröffnet. Die Praxis hat allerdings gezeigt, dass daraus nicht zu unterschätzende organisatorische Probleme resultierten, weil die Varianz beim Lerntempo der Schüler einer Klasse sehr groß war. So bereitet das Einlösen dieser Forderung im Ergebnis Probleme für die Organisation, weil die Gefahr der Auflösung des Klassenverbandes besteht. Eine völlige Individualisierung der Instruktion stößt deshalb sehr schnell an Grenzen. Dennoch ist zu beachten, dass sich die traditionelle Orientierung der Lehre an der Klasse als Gesamtheit als untauglich erwiesen hat. Daher bietet es sich an, beim Design der Instruktion zu variieren. Eine der Konsequenzen kann darin bestehen, eine angemessene Sequenzierung von Lern- und Übungszeiten im Unterricht vorzunehmen. Während der Übungsphasen könnten Gruppen aus Schülern mit kürzerer benötigter Lernzeit sowie größeren Lernfortschritten und anderen mit längerer benötigter Lernzeit sowie geringeren Lernforschritten gebildet werden. Die Schüler mit größeren erzielten Lernfortschritten könnten als Tutoren für die mit geringeren Lernfortschritten eingesetzt werden. Neben einer gewissen Angleichung der Lernstände entsteht aus solchen Gruppenbildungen eine Win-Win-Situation, weil die Tutoren im Prinzip eine Lehrtätigkeit übernehmen. Schüler, die als Tutoren arbeiten, erreichen einen zusätzlichen Lerngewinn, weil sie eine lehrende Tätigkeit ausüben. Die anderen

---

219 Dieser Aspekt wird hier nicht weiter verfolgt.
220 In dieser Formulierung wird bereits ein Umdenken gegenüber der traditionellen Figur des Unterrichts deutlich, in der die Formel geheißen hätte, dass die Schüler die Zeit nutzen, die ihnen gewährt wird.

Schüler erzielen durch die Übungen einen Lerngewinn. Zusätzlich wird die Sozialkompetenz der Schüler gefordert und gefördert.

Die Instruktion bedarf offensichtlich der Planung.[221] Dabei ist der Planungsaufwand hoch. Vor allem die Sequenzierung des Unterrichts nach Lern- und Übungsphasen wird im Einzelfall immer wieder Probleme bereiten. Außerdem müssen bei der Unterrichtsdurchführung häufig Neujustierungen vorgenommen werden.

Wenn Schüler die Zeit nutzen sollen, die sie benötigen, setzt das voraus, dass sie eine inhaltliche Struktur erkennen, die Anforderungen für sie klar sind und sie motiviert sind. Letzteres ist traditionell über extrinsische Motivation zu erreichen versucht worden, muss nun aber bei den Schülern um intrinsische Motivation ergänzt werden, weil sich eine parallele Kontrolle aller individuellen Lernzeiten im Unterricht kaum realisieren lässt. D. h., die intrinsische Motivation der Schüler für den Unterrichtsinhalt muss geweckt, aufgebaut bzw. erhalten werden. Das setzt Anreizsysteme voraus, die dem dienen können; es muss also eine anregende Lernumwelt geschaffen werden. Damit sind die Themen gestellt, die berücksichtigt werden müssen, wenn die Unterrichtssteuerung im Fokus steht oder optimiert werden soll. Zu dieser Aufgabe sind von verschiedenen Autoren Vorstellungen entwickelt worden. Ein Mehrebenenmodell hat Helmke (2007, 42) entwickelt (s. Abb. 21).

Mit diesem Modell lassen sich Kriterien bestimmen, deren Beachtung bzw. Einlösung den Erfolg der Instruktion positiv beeinflussen können. Zuerst ist auf der linken Seite der Darstellung der Hinweis auf die erforderliche Expertise der Lehrkräfte wichtig. Wie sich in einer Studie bei Lehrkräften an Gymnasien und Realschulen in Mathematik ergeben hat, ist ein entscheidender Prädiktor für den Lernerfolg die fachwissenschaftliche Expertise der Lehrkräfte (vgl. Baumert, Kunter 2006).[222] Darauf aufbauend spielt die fachdidaktische Expertise eine Rolle. Diese allein reicht aber nicht aus.

Zusätzlich konnten Fries und Cochran-Smith (2006, 963ff.) eine Reihe von Studien identifizieren, in denen nachgewiesen wurde, dass die Stärkung des Bezugs zur Alltagswelt der Schüler einen positiven Effekt auf deren Leistungen im Unterricht hatte.

---

221 In dieser Hinsicht ändert sich nichts gegenüber dem traditionellen Unterrichtsmodell, das bisher vorgestellt worden ist. Die Notwendigkeit der Planung ist einfach der Tatsache geschuldet, dass organisiert wird, wenn unterrichtet wird.
222 Bei PISA konnte ebenfalls gezeigt werden, dass bestimmte Lehrertypen bei ihren Schülern bessere Lernerfolge erzielen. Diese wurden dort als aktiv bzw. disziplinorientiert gekennzeichnet (Prenzel 2006, 28).

Abbildung 21: Mehrebenenmodell des Unterrichts
(nach Helmke 2007, 42)

Lehrerpersönlichkeit:	Unterricht Qualität:	Schüler:
Expertise in	Passung, Adaptivität, Klarheit	Motivation
- Fachwissenschaft	Methodenvariation	Lernaktivität
- Fachdidaktik	Individualisierung	
- Klassenführung	Motivierung	
- Diagnostik	**Effizienz der Klassenführung:**	
	Unterrichtszeit	
	Lerngelegenheiten	
	Lehrmaterial	

Erzielte Wirkungen: Fachliche und überfachliche Effekte

Zur Wirksamkeit der Klassenführung rechnen Gettinger und Kohler (2006, 82ff.):

- erstens den Lehrstil,
- zweitens kooperative Formen des Lernens,
- drittens Humor und Enthusiasmus der Lehrkraft sowie
- viertens den Einsatz von Motivationsstrategien, die den Unterrichtserfolg fördern.

Diese Punkte werden im Folgenden mit Ausnahme des Dritten, ergänzt um die Frage der Effektivität der Instruktion, getrennt bearbeitet. Mit ‚Humor und Enthusiasmus der Lehrkraft' wird in die Überlegungen einbezogen, dass der Erfolg im Unterricht wesentlich vom Engagement der Lehrkraft mit abhängt. Dieses ist eine Variable mit Aufforderungscharakter, die sich schlecht trainieren lässt, den Unterrichtserfolg aber beeinflusst.

4.2.1 Lehrstil

Beim Lehrstil lassen sich sehr unterschiedliche Ausprägungen unterscheiden, wie eine Übersicht bei Hasselhorn und Gold (2006, 217) erkennen lässt:

„– Lehren als Strategie oder Methode (als Mittel), um ein Lernziel zu erreichen,
- Lehren als »Lernenmachen« im Sinne einer individualisierten Unterrichtsoptimierung,
- Lehren als »Bereitstellen von Lerngelegenheiten«, um Lernen zu ermöglichen,
- Lernen durch Lehren".

Bei dieser Einteilung zeigt sich abermals eine für die Instruktionspsychologie typische Form der Reduktion:[223] Ziele und Inhalte werden für den Erfolg als nicht so entscheidend angesehen. Wichtig sind die Form der Vermittlung bzw. der Aneignung der Lerngegenstände durch die Schüler.[224] Insbesondere für die Wissensvermittlung hat sich die erste hier benannte Form der Instruktion bewährt (Reinmann, Mandl 2006). D.h., die traditionelle Form des Unterrichts mit dem Lehrer als Vermittler von Wissen und Kenntnissen muss als erfolgreich angesehen werden.[225] Auch unter den neuen Zielsetzungen spielt demnach die klassische Lehre durch den Lehrer noch immer eine wichtige Rolle. Sie muss aber analog zur Berliner Didaktik konsequent von den Schülern her konzipiert werden. Es muss strategisch die Aufgabe gelöst werden, die Lehre so zu gestalten, dass möglichst viele Schüler lernen. Das setzt voraus, dass auch Ziele unter dem Aspekt der Erreichbarkeit formuliert werden[226] oder angegeben wird, wie die Ziele erreicht werden können. Bei dieser Form der Lehre sind noch immer die Klasse oder zumindest eine größere Gruppe von Schülern der Adressat.

Strategische Überlegungen treten bei der zweiten Variante, dem „Lernenmachen", in den Vordergrund. Jeder Schüler ist der Adressat. Dabei gibt es noch immer ein einfaches Grundrational: Ausgehend vom Leistungs- und Entwicklungsstand des Schülers soll der Prozess so gestaltet werden, dass der einzelne Schüler die gesetzten Ziele auf der Basis des Stoffs und der Methoden erreicht. Damit ist im Kern ein rationales Modell des Handelns vorgegeben, das wiederum bestimmte Voraussetzungen hat, die erfüllt sein müssen. Zuerst müssen die Unterrichtsziele festgelegt und der Leistungsstand jedes einzelnen Schülers diagnostiziert werden. Darauf aufbauend kann entschieden werden, wie der Stoff

---

223 Damit wiederholt sich eine Tendenz, die schon die Diskussion über Unterrichtsmethoden geprägt hat.
224 In der Schulpädagogik lassen sich ähnliche Tendenzen beobachten.
225 Das gilt vor allem für schwächere Schüler.
226 In dieser Tradition sind Lehrpläne bzw. Rahmen-Curricula für die verschiedenen Schulformen der Sekundarstufe I unterschiedlich erlassen worden.

den einzelnen Schülern präsentiert werden muss bzw. welche Anreize gegeben werden, dass er ihn sich aneignet, und zum Schluss muss kontrolliert werden, ob die Ziele in dem erwünschten Maße erreicht worden sind. Dieses Rational wird schon lange praktiziert, es ist aber in aller Regel nicht elaboriert. Die allgemeine Organisation für Instruktion würde in dieser Variante individualisiert. Es kann nicht überraschen, dass dieses Vorgehen in der Praxis selten realisiert wird:[227] Der Aufwand ist sehr groß. Deshalb wird sich in der Praxis eher auf die Förderung der intrinsischen Motivation beschränkt.

Der Aspekt des Lehrens durch das Bereitstellen von Lerngelegenheiten wird später noch genauer beleuchtet werden. Lernen durch Lehren ist wiederum eine Variante, die in unterschiedlichsten Formen realisiert werden kann. Das Modell des Tutors ist bereits erwähnt worden. Es gibt aber auch die Möglichkeit, im Gruppenunterricht, die Gruppe so aufzuteilen, dass in Gruppen auf einer zweiten Hierarchieebene arbeitsteilig bestimmte Gegenstände erarbeitet werden und die Schüler danach in ihren Erstgruppen das dort Erarbeitete vermitteln. Lernen durch Lehren ist eine bisher wenig praktizierte Form der Instruktion.

Die Mehrzahl der bisher präsentierten Varianten beim Lehrstil, hat die Förderung der Eigenaktivität zum Ziel, der Lehrstil sollte eher unterstützend sein. Marzano (2003, 43) hat ein etwas anderes Bild gezeichnet: Er sieht die optimale Lehrer-Schüler-Beziehung als eine Mischung aus Kooperation und Lehrerdominanz an. Diese Mischung kann dadurch erreicht werden, dass am Beginn der Stunde klare Lernziele formuliert werden und es während der Stunde ein Feedback über den Stand der einzelnen Schüler in Bezug auf diese Ziele gibt. Außerdem kann es erforderlich sein, die Lernziele in Teilen zu revidieren. Prinzipiell lassen sich in diesem Kontext zwei verschiedene Ansätze unterscheiden. Bei dem einen Modell wird beim Schüler angesetzt, bei dem anderen werden vor allem Anforderungen an eine Gestaltung des Unterrichts formuliert. Zunächst geht es im ersten Modell darum, das Bewusstsein dafür zu schärfen, dass bei der Instruktion weitere Rahmenbedingungen zu beachten sind, wenn sie erfolgreich sein soll. Es muss vermittelt werden, welche Rolle dem Schüler im jeweiligen Instruktionsverhalten zugebilligt wird. Der Lehrstil entspricht diesem Instruktionsverhalten. Beim Lehrstil lassen sich wiederum verschiedene Varianten unterscheiden. Hinweise dafür finden sich bei Bosch (2006, 56f.).

---

227 Bei der Montessori-Pädagogik ist die Überlegung etwas anders: das Kind wählt die Lernangebote aus, für die es sich interessiert. Das findet sich in ähnlicher Weise beim Stationenunterricht. In beiden Fällen resultiert daraus, dass die Steuerung über das Wahlverhalten der Schüler erfolgt.

Abbildung 22: Differenzen zwischen Lehrstilen
(nach Bosch 2006, 56f.)

- Geben-und-Nehmen-Strategie: Hier gibt der Lehrer bestimmte Impulse und fragt dann die Schüler, wie sie die Aufgaben bewältigen wollen, um anschließend eine Zeit dafür vorzugeben. Dann wird noch geklärt, wie die Aufgabenlösungen eingesammelt und bewertet werden.
- Es werden thematisch integrierte Aufgabenstellungen gegeben. Dabei kann es sich um aktuelle Ereignisse handeln, deren Hintergründe aufgearbeitet werden sollen. Es kann sich aber auch um ein Kinderbuch handeln.
- Herstellen von Bezügen zur Alltagswelt der Schüler. Simulationen, in denen Vorgänge des Alltagslebens gespiegelt werden, sind ebenfalls erwünscht.
- Papiere bzw. Arbeiten, die eingesammelt worden sind, sollten möglichst schnell mit einer Bewertung zurückgegeben werden.
- Generell werden partizipative Vorgehensweisen für erfolgversprechender gehalten. Es sollten aber auch Fragemöglichkeiten eingeräumt und die wichtigen Aspekte in der Stunde hervorgehoben werden. Das sind Anregungen, die zur Klarheit der Instruktion durch Lehrkräfte beitragen können.

Diese verschiedenen Lehrstile lassen sich nicht alle auf einer Dimension anordnen. Gemeinsam ist ihnen, dass sie Hinweise enthalten, wie Schüler aktiviert werden können. Neben individualisierenden Anregungen finden sich auch Empfehlungen für die Art der Aufgabenstellung. Die partizipative Vorgehensweise erfasst andere Aspekte als beispielsweise der Appell, Bezüge zur Alltagswelt der Schüler herzustellen. In der Literatur zum Unterricht, sind oft die partizipativen Modelle gegenüber den instruktional orientierten als überlegen angesehen worden.[228] Von diesen allgemeinen Vorgaben, die eher lehrerbezogen sind, lassen sich auch schülerbezogene Strategien unterscheiden. Am wichtigsten ist es dabei, Informationen für verschiedene Bereiche zu erhalten (vgl. Bosch 2006, 57ff.):

- erstens über das Vorwissen,
- zweitens über die Ziele und
- drittens die Motivation.[229]

Damit werden Anforderungen an die Schülerdiagnostik benannt. Der zweite Spiegelstrich verdeutlicht, dass es auch darum geht, die Ziele der Schüler mit einzubeziehen. Darüber läst sich eine andere Anschlussfähigkeit des Unterrichts

---

228 Diese Tendenz ließ sich auch schon bei Gage und Berliner (1977) entdecken. In dieser allgemeinen Form sind Positionen dieser Art allerdings nicht haltbar. Es hat sich vielmehr als wichtiger erwiesen, zu differenzieren, also zu fragen, wo und wann eine bestimmte Vorgehensweise angemessen ist.
229 Diese Aspekte sind im Modell von Taba (1962) noch nicht zentral gewesen.

an die Lebenswelt der Schüler realisieren, als das in dem klassischen Modell der Fall gewesen ist.

Um die Anstrengungsbereitschaft und das Engagement der Schüler zu verbessern, eignen sich Lernverträge in besondere Weise. Wichtig ist, dass der jeweilige Vertrag zwischen Lehrer und Schüler ausgehandelt und von beiden unterzeichnet wird (Bosch 2006, 59). Lernverträge sind ein Instrument, um das Commitment bei Schülern zu stärken und darüber die intrinsische Motivation der einzelnen Schüler zu verbessern. Der Schüler wird mehr als Partner gesehen. Deshalb ist es wichtig, dass der Vertrag ausgehandelt und nicht diktiert wird. Der Grad der Verbindlichkeit für Mitarbeit soll erhöht werden.

Bei dem anderen Modell, der Gestaltung des Unterrichts, werden allgemeine Annahmen über das angemessene Vorgehen im Unterricht formuliert. Gettinger und Kohler (2006, 84) stellen drei Merkmale als besonders wichtige Erfolgsfaktoren dar, die auch durch Forschungsergebnisse belegt seien.[230]

Abbildung 23: Erfolgsfaktoren für die Unterrichtsführung
(nach Gettinger und Kohler 2006, 84)

- *Klarheit der Instruktion*: Damit ist gemeint, wie die Inhalte organisiert werden – dies gelingt, wenn schrittweise vorgegangen wird –, zur Klarheit wird auch gerechnet, dass Veranschaulichungen gesucht sowie Anwendungen einbezogen werden, die Fragestrategien der Lehrkräfte, die Kommunikation der Erwartungen an die Schüler. Wichtig ist die Anschlussfähigkeit des Neuen an das, was die Schüler bereits beherrschen (vgl. auch Bosch 2003, 56). Hierzu lassen sich weitere Regeln formulieren: Die Übergänge sollen nicht abrupt, sondern gleitend erfolgen. Ebenso müssen die Lernzeit und die Geschwindigkeit des Vorgehens an die Voraussetzungen der Schüler angepasst werden. Vor allem ist ein Monitoring seitens der jeweiligen Lehrkraft erforderlich: Die Fortschritte und Defizite der Schüler müssen kontinuierlich beobachtet und dann im Unterricht mit entsprechenden Reaktionen aufgegriffen werden.

- *Akademischer Fokus*: Das Lehren soll so organisiert werden, dass Opportunitäten der Schüler für Lernen maximiert werden und alle Aktivitäten an den Lernzielen orientiert sind. Das Ziel ist, die benötigte und die genutzte Zeit in Übereinstimmung zu bringen. Dabei sollen die Schüler jeweils aktiv einbezogen und nicht nur auf Reaktionen oder Stillarbeit etc. beschränkt werden. Dazu bedarf es eines effektiven Monitorings durch die jeweilige Lehrkraft.

- *Messung der Leistungen*: Dadurch wird die Adaptivität des Unterrichts an den Leistungsstand der Schüler möglich. Das setzt wiederum eine aktive Teilnahme der Schüler voraus und bedeutet für die Lehrkräfte, dass sie die wichtigen Punkte einbeziehen.

---

[230] Hierauf verweisen eine Reihe von Publikationen u.a. von Good und Brophy (2000) und Rosenshine (1986).

Versuche, eine Sequenzierung der Unterrichtsschritte auf der Basis allgemeiner Regeln zu formulieren, gibt es schon lange. Herbart (1874, 60) hatte in seiner Allgemeinen Pädagogik aus dem Jahre 1806 bereits einen Vorschlag formuliert, wie die Vielseitigkeit des Interesses durch eine Abfolge von Schritten unterstützt werden könne, die er mit Klarheit, Assoziation, System und Methode bezeichnet hatte. Dadurch sollte sichergestellt werden, dass Neues an schon Bekanntes angeschlossen und das Bekannte durch das Neue erweitert werden konnte. Ziller (1876, 212ff.) hat daraus im Rahmen seiner allgemeinen Unterrichtsmethodik die sogenannten Formalstufen entwickelt: Klarheit (Analyse, Synthese), Assoziation, System und Methode. Damit war ein allgemeines Schema gewonnen, welches bei der Steuerung des Unterrichts zu beachten war und das im Unterricht der Volksschulen lange als Vorlage gedient hat. Über das Schema wurde eine Abfolge des Vorgehens im Unterricht geschaffen. Die Formalstufen wurden als allgemeine Regeln formuliert, die beim Unterricht zu beachten seien. Damit ist eine Tradition eröffnet worden, die lange Zeit die Vorschläge zur Unterrichtssteuerung dominiert hat: Es galt allgemeine Regeln für die Anordnung der Ziele bzw. Inhalte einzuhalten, damit der Unterrichtserfolg gesichert werden konnte. In die gleiche Richtung gehen die Vorschläge zum *Instructional Design*.

Mit der Zeit hat sich erwiesen, dass relativ einfache Methoden der Steuerung nicht hinreichen. Vielmehr setzt die Steuerung des Unterrichts die Integration verschiedener rationaler Konzepte voraus: So gibt es einerseits z.B. Überlegungen, dass Abfolgen aus den Inhalten resultieren, die unterrichtet werden sollen.[231] Andererseits ist gefordert worden, andere Aspekte mit einzubeziehen. So hat es Bemühungen gegeben, das Unterrichtsklima, das Schulklima und auch die sogenannte Lernkultur in Untersuchungen zum Unterrichtserfolg mit einzubeziehen (vgl. Helmke 2007). Allerdings sind die Erfolge, die sich in Untersuchungen diesen Variablen zuordnen lasen, wenn man die aufgeklärte Varianz als Maßstab nimmt, eher bescheiden geblieben. Solche Erfolge sind in einem traditionellen Untersuchungskontext auch kaum zu erwarten. Nimmt man nämlich die Überlegung ernst, dass Schülerbeiträge bei anderen Schülern Wirkungen haben, dann ist die Annahme, dass das bei allen Schülern in ähnlicher Weise der Fall sein werde, eher unwahrscheinlich (vgl. Barnes 1976). Vielmehr wird man unterschiedliche Auswirkungen vermuten müssen. Das vollzieht sich in einem System mit unterschiedlichen Beiträgern. Man wird also überhaupt erst entsprechende Designs entwickeln müssen, um der Frage mit Aussicht auf Erfolg nachgehen zu können, welche Effektivität partizipativen Vorgehensweisen zugeschrieben werden kann. Der Versuch, Schüleraktivität zu fördern, hat vielfache Implikationen für die Steuerung des Unterrichts.

---

231 Diese Überlegung findet sich bereits bei Schleiermacher (1983).

Die Überlegungen zum Lehrstil im Rahmen der Instruktion lassen sich folgendermaßen zusammenfassen: Die Schüler müssen am Beginn des Lernprozesses nicht über identische Vorkenntnisse verfügen. Vielmehr müssen die individuellen Differenzen zwischen den Schülern bei der Planung und der Durchführung der Instruktion berücksichtigt werden. Außerdem ist es wichtig, persönliches Interesse an den Schülern zu nehmen. Die eigentliche Herausforderung für den Lehrstil ist darin zu sehen, die unterschiedlichen Bedürfnisse der Schüler zur Kenntnis zu nehmen und sie zu berücksichtigen (Marzano 2003, 55ff.).

4.2.2 Effektive Vorgehensweisen beim Unterrichten

Effektivität zählt zu den Begriffen, die in der Ökonomie verwendet werden. Wie das Pendant ‚Effizienz' leitet er sich von lateinisch *efficientia* ab, das heißt auf Deutsch ‚Wirksamkeit'. „Im Rahmen der Wirtschaftswissenschaften werden den beiden Begriffen [...] unterschiedliche Bedeutungen zugewiesen: Die Frage, ob die Dinge richtig bzw. wirtschaftlich [...] getan werden, ist eine Frage der Effizienz. Demgegenüber ist die Frage, ob die richtigen Dinge getan werden, eine Frage nach der Effektivität. Die Effizienz betont also die ökonomische Seite des Mitteleinsatzes, die Effektivität die operative Seite" (Günter 2004, 92). In der Erziehungswissenschaft ist die Verwendung der Begriffe eher unscharf, wie das auch im alltäglichen Sprachgebrauch der Fall ist. Allerdings stellt für den Unterricht die ökonomische Bilanzierung von Erfolg bzw. Misserfolg nicht die Normalität dar. Da die Frage, ob jeweils die richtigen Dinge getan werden, auch für die Bilanzierung[232] von Unterricht zentral ist, wird der Begriff ‚Effektivität' im Folgenden verwendet.

Am Beginn der Erörterungen zur Unterrichtseffektivität ist ein Blick auf den Forschungsstand zu diesem Thema hilfreich. Cortina (2006) hat eine Übersicht zu Produktivitätsfaktoren[233] aus den USA mitgeteilt, die aufschlussreich ist. Mit Produktivitätsfaktoren werden in diesem Kontext diejenigen Variablen erfasst, die einen Einfluss auf die Leistungserbringung der Schule bzw. des Unterrichts ausüben.

---

232 Gegen den Begriff ‚Bilanz' lassen sich die gleichen Einwendungen vorbringen, Er zählt ebenfalls nicht zum erziehungswissenschaftlichen Diskurs, hat sich aber inzwischen in der Disziplin eingebürgert.
233 Es ist schon von Interesse mit welcher Geschwindigkeit gegenwärtig Begriffe aus der Ökonomie übernommen werden. Das ist aber hier kein Gegenstand der Betrachtung. Mit ‚Produktivität' wird der Grad der Effizienz der Produktion erfasst.

Abbildung 24: Produktivitätsfaktoren der Schulleistung
(nach Cortina 2006, 491)

	Beispielvariablen	Mittleres r mit Schulleistung
Schülerkompetenz:		
1. Kognitive Fähigkeiten/ Vorwissen	IQ/Leistungstest	0,44
2. Entwicklungsstand	Alter/Reifung	0,10
3. Motivation	Interesse/Lernausdauer	0.29
Unterrichtsvariablen:		
4. Quantität des Unterrichts	Unterrichtszeit	0,38
5. Qualität des Unterrichts	Lehrstrategien	0,48
Psychologisches Umfeld:		
6. Häusliche Umwelt	Elterliche Hausaufgabenkontrolle	0,31
7. Klassen- und Schulklima	Klassenkohäsion	0,20
8. Außerschulische Peerbeziehungen	Bildungsaspiration des Freundeskreises	0,19
9. Massenmediennutzung	Fernsehzeiten	-0,06

Diese Produktivitätsfaktoren vermitteln ein eindeutiges Bild: Neben der personalen Ressource IQ/Leistungstest – die Motivation übt ebenfalls einen Einfluss aus – sind es vor allem die Quantität und die Qualität des Unterrichts, die die Leistungen der Schüler und damit die Produktivität des Unterrichts beeinflussen. Insofern kommt der Frage nach der Effektivität des Unterrichts Bedeutung zu. Neben den Vor- und Rahmenbedingungen, die sich wenig beeinflussen lassen – das sind die personalen Ressourcen und die elterliche Unterstützung bei den Hausaufgaben – gibt es auch Variablen, die mit dem unterrichtlichen Handeln im Zusammenhang stehen und den Erfolg im Unterricht mit bewirken. An dieser Stelle wird ersichtlich, dass sich die Frage nach den Merkmalen lohnt, die den Unterrichtserfolg positiv beeinflussen können. Die traditionelle Erwartung, dass im Unterricht etwas Positives geleistet wird, muss hinsichtlich der verursachenden Faktoren aufgeklärt werden.

Einige Variablen lassen in gewisser Weise aufhorchen. Es ist für den allgemeinen Anspruch, durch Unterricht zur Bildungsgerechtigkeit beizutragen, ein erschwerendes Faktum, wenn der häuslichen Umwelt und den personalen Ressourcen große Bedeutung zukommt, wie das in der von Cortina übernommenen Übersicht angezeigt wird.[234] Danach hängt der Unterrichtserfolg von Rahmenbedingungen ab, die außerhalb der Möglichkeiten der Einflussnahme liegen, könnte eine erste Folgerung sein. Betrachtet man aber die Korrelation der Schulleistungen mit der elterlichen Hilfe bei den Hausaufgaben, dann wird ein Ansatzpunkt

---

234 Die Ergebnisse von PISA weisen in die gleiche Richtung (vgl. OECD 2001, 228; Baumert, Schümer 2002).

sichtbar, der unter der Fragestellung Effektivität wichtig ist: Man wird intelligentere Unterstützungssysteme für diejenigen schaffen müssen, denen bei den Hausaufgaben nicht geholfen wird. Das ist die optimistische Variante in diese Richtung. Über die elterliche Unterstützung bei den Hausaufgaben wird indirekt auch die Quantität der Lernzeit mit erfasst (verbunden mit der qualitativen Komponente Unterstützung durch die Eltern). Das könnte auch auf der Schul- oder Unterrichtsebene geregelt werden, wenn Übungen und Hausaufgaben systematisch in die Gesamtunterrichtszeit integriert würden und diese entsprechend erweitert würde. Ein anderer möglicher Zusammenhang, der schwerer verändert werden kann, ist, dass die elterliche Hausaufgabenhilfe eine Variable sein kann, die vom sozioökonomischen Status des Elternhauses abhängt. Dieser ist wiederum von der Schule und vom Unterricht viel schwieriger zu kompensieren.

Eine weitere interessante Variable ist die Dauer der Unterrichtszeit, also ein quantitatives Maß.[235] Wenn die Effektivität hierüber zu verbessern ist, wäre eine Verlängerung der Schulzeit – Ganztagsschulen – ein geeignetes Instrument. Man kann hierunter aber auch ein sensibleres Maß fassen, die Zeit, die für die Unterrichtsgegenstände zur Verfügung gestellt wird. Das ist ein internes Steuerungsinstrument, welches bereits geschildert worden ist.[236] Festzuhalten bleibt, dass sich Quantitäten sicherlich einfacher verändern lassen als Qualitäten. Der Verlängerung der Unterrichtszeit sind allerdings Grenzen gesetzt, weil Schüler nicht beliebig lange belastbar sind.[237] Von daher stellt sich neben der Dauer auch die Frage nach der möglichen Optimierbarkeit der Unterrichtszeit. Das ist unter dem Aspekt der Effektivität eine der wichtigsten Fragen.

Die Annahme der Machbarkeit, die sich traditionell eher undifferenziert auf den Unterricht bezogen hat, wird auch bei der Instruktion beibehalten und es wird versucht, Bedingungen zu präzisieren, unter denen das Gelingen wahrscheinlicher wird. Dazu werden Anlehnungen an die Technik vorgenommen, aber auch ökonomische Begriffe übertragen. Das signalisiert eine grundlegende Veränderung bei den Rationalitätsannahmen zum Unterricht. Der Wissensstand zu diesen Fragen ist allerdings noch nicht als groß anzusehen, wie die Bezeichnung der Variablen erkennen lässt. Die Annahme vom Technologiedefizit (Luhmann, Schorr 1979, 228ff.), die lange Zeit die Diskussion zumindest in Deutschland beherrscht hat, ist jedoch wahrscheinlich nicht so zutreffend, wie die Vertreter dieser These angenommen haben, die daraus auf die Unmöglichkeit einer technologieorientierten Betrachtung geschlossen hatten. Allerdings wird sich

---

235 Damit werden Annahmen bestätigt, die oben im Anschluss an Carroll formuliert worden sind.
236 Vgl. die Hinweise auf Carroll (1963) und das *Mastery Learning*.
237 In Ländern wie Japan und Korea versuchen Eltern die Bildungschancen ihrer Kinder systematisch durch die Finanzierung von additivem Privatunterricht zum öffentlichen Schulunterricht zu verbessern.

noch zeigen, dass es sich beim Unterricht nicht um eine einfache Maschine handelt, vielmehr liegt die eigentliche Leistung darin, mit Differenz intelligent umzugehen. Das kann man als Hinweis darauf nehmen, dass das einfache Maschinenmodell nicht hinreicht, sondern an Differenz adaptierbare Technologien entwickelt werden müssen. Teilweise ist das mit der bereits erwähnten ‚Programmierten Unterweisung' versucht worden.

Eine Vorgehensweise kann im Unterricht dann als effektiv bezeichnet werden, wenn die überwiegende Zahl der Schüler in angemessener Zeit die Lernziele erreicht. Diese Beschreibung bereitet Probleme, sobald es um die Konkretisierung geht. So können Lernziele, wie in den bisherigen Überlegungen schon dargelegt worden ist, einfach oder komplex gesetzt werden, um nur ein Beispiel zu nennen. Dennoch enthält diese erste Bestimmung einen wichtigen Kern: Die Effektivität des Unterrichts lässt sich nur über das Lernen der Schüler und die von diesen erreichten Ergebnisse erfassen, das Outcome auf der Schülerseite wird zum Kriterium.[238] Klassisch ist die Frage nach der Effektivität in den Zusammenhang mit der Unterrichtsmethode gestellt worden (vgl. Terhart 2005, 70ff.). Aus dieser Perspektive wird dann beklagt, dass mit der Frage nach der Effektivität eine Auflösung der Unterrichtsgestalt in einzelne Merkmale verbunden sei und die Gesamtfigur des Unterrichts nicht erhalten bleibe.[239] Dabei wird übersehen, dass der Methodendiskurs sich an einem bestimmten Rational orientiert hat: Es ging vor allem darum, eine Gruppe von Schülern, die Klasse, zum gemeinsamen Lernen zu veranlassen. Diese Position wird im Folgenden nicht geteilt, weil bei ihr die Heterogenität der Schüler, die gemeinsam eine Klasse besuchen, nicht ins Zentrum der Überlegungen gerückt wird. Wenn Effektivität angestrebt wird, geht es darum, möglichst vielen Schülern eine für sie jeweils optimale Lernumgebung zu gestalten. Um Effektivität zu bestimmen, bedarf es offensichtlich Kriterien, weil gewusst werden muss, welche Merkmale einen positiven Effekt ausüben können, wenn sie stark – z.B. Belohnungen – oder schwach – z.B. Bestrafungen – ausgeprägt sind. Solche Variablen werden in vielen Fällen unter dem Thema Unterrichtsqualität erörtert (Helmke 2003).

Exkurs 5: Zum Verständnis von Qualität

Der Qualitätsbegriff, der inzwischen in der Literatur zu Schule und Unterricht gern verwendet wird, ist keineswegs so eindeutig, wie das der Begriff suggeriert.[240] Qualität stammt von lateinisch ‚qualitas' und bezeichnet ursprünglich die Beschaffenheit oder Eigenart einer Sache. In der Industrie, in der das Qualitätsmanagement eine große Rolle spielt, wird dar-

---

238 Damit ist ein prinzipielles Umdenken im Bildungssystem und bei der Bewertung seiner Leistungen verbunden: Die klassische Input- wird durch eine Outputorientierung ersetzt, lässt sich als Quintessenz formulieren (Leschinsky, Cortina 2008).
239 Das ist ein naheliegendes Argument, dem hier aber nicht gefolgt werden soll.
240 So hat Helmke (2003) Unterrichtsqualität als Thema eines Buches verwendet.

unter verstanden, dass die Leistungserbringung sowohl in Bezug auf den Prozess als auch das Endprodukt bestimmten, vorher festgelegten Kriterien genügen müsse.[241] Diese Variante ist von der Schulpädagogik bzw. der empirischen Bildungsforschung übernommen worden. Dabei wird häufig übersehen, dass es im Normalfall mehr darum geht, das Erreichen oder Nichterreichen einer bestimmten Qualität zu dokumentieren und nicht unbedingt intendiert ist, eine vorher allgemein definierte Qualität zu erreichen. Insofern gibt es einen Zusammenhang zwischen Qualitätsmanagement und Effektivität in der Art, dass mit der Effektivität Kriterien für die Art des Erreichens einer angestrebten Qualität vorgegeben werden oder vice versa.

Bei der Betrachtung von Unterricht vollzieht sich somit ein Perspektivenwandel: Die Fokussierung auf allgemeinere Merkmale wie die Unterrichtsmethode wird durch eine Orientierung an einzelnen Variablen ersetzt. Das bestätigt sich bei der Schilderung der Modellannahmen zum effektiven Unterrichten: Zum Beispiel wird für die Bestimmung der Qualität des Unterrichts oft das QuAIT-Modell von Slavin (1997) herangezogen (z. B. Helmke 2003). Mit QuAIT werden die Dimensionen Qualität (Qu), Appropriateness (A), Incentives (I) und Time (T) abgebildet:

Abbildung 25: Das QuAIT-Modell
(nach Slavin 1997)

- *Qualität der Instruktion:* Der Grad, mit dem Informationen oder Fertigkeiten so präsentiert werden, dass die Schüler sie einfach lernen können.
- *Angemessene Ebene der Instruktion:* Der Grad, bis zu dem die Lehrkraft sicherstellt, dass die Schüler bereit sind, eine neue Lektion zu lernen.
- *Anreize:* Der Grad, mit dem die Lehrkraft sicherstellt, dass die Schüler motiviert sind, neue Aufgaben anzugehen und das Material, welches präsentiert wird, zu lernen.
- *Zeit:* Der Grad, zu dem die Lehrkraft genügend Zeit gibt, die neuen Gegenstände zu lernen.

Diese Dimensionen lassen sich auch auf den traditionellen Unterricht übertragen. Mit der Qualität wird dabei bezeichnet, wie sehr oder wie wenig Schüler sich anstrengen müssen, um dem Unterricht zu folgen. Die zweite Voraussetzung ist schon schwieriger zu erfüllen; es geht um die Bereitschaft der Schüler, im Unterricht etwas Neues zu lernen. Mit der dritten Dimension wird die Motivation der Schüler, mit der vierten die schon mehrfach erwähnte Zeitdimension einbezogen. Die Hinweise sind allerdings so allgemein formuliert, dass sie noch der inhaltlichen Präzisierung bedürfen, wenn auf ihrer Basis die Effektivität der Instruktion ermittelt werden soll. Deshalb sollen nunmehr detailliertere Vorstellungen dazu

---

241 Vgl. z. B. Kamiske und Brauer 2006.

wiedergegeben werden, wie sich die Effektivität des Unterrichts in der Praxis überprüfen lässt. Dazu sind unterschiedliche Vorschläge unterbreitet worden.

In Deutschland wird häufig eine Übersicht zitiert, die Ditton (2000) auf der Basis von Slavin weiterentwickelt hat und in der zusätzliche Variablen enthalten sind (Helmke 2003, 126).

Abbildung 26: Bedeutsame Unterrichtsfaktoren
(Version Helmke 2003, 126)

Qualität:
- Struktur und Strukturiertheit des Unterrichts
- Klarheit, Verständlichkeit, Prägnanz
- Variabilität der Unterrichtsformen
- Angemessenheit des Tempos
- Angemessenheit des Medieneinsatzes
- Übungsintensität
- Behandelter Stoffumfang
- Leistungserwartungen und Anspruchsniveau

Motivierung:
- Bedeutungsvolle Lerninhalte und Lernziele
- Bekannte Erwartungen und Ziele
- Vermeidung von Leistungsangst
- Interesse und Neugier wecken
- Bekräftigung und Verstärkung
- Positives Sozialklima in der Klasse

Angemessenheit:
- Angemessenheit des Schwierigkeitsgrades
- Adaptivität
- Diagnostische Sensibilität, Problemsensibilität
- Differenzierung und Individualisierung
- Förderungsorientierung

Unterrichtszeit:
- Verfügbare Zeit
- Lerngelegenheiten
- Genutzte Lernzeit
- Inhaltsorientierung, Lehrstoffbezogenheit
- Klassenmanagement, Klassenführung

Es ist beeindruckend, in wie viele Variablen sich die vier Dimensionen von Slavin ausdifferenzieren lassen, die alle einen positiven Einfluss in Bezug auf den Unterrichtserfolg ausüben sollen. Die Zusammenstellung wirkt aber an einzelnen Stellen nicht schlüssig. So ist nicht ersichtlich, warum die Kategorie „Inhaltsorientierung, Lehrstoffbezogenheit" nicht unter Qualität fällt. Ebenso könnte „Klassenmanagement, Klassenführung" auch bei Angemessenheit zugeordnet werden. „Angemessenheit des Tempos" ist wiederum eine Kategorie, die sich bei der

Unterrichtszeit zuordnen ließe. Hierbei handelt es sich nicht um prinzipielle Einwände. Es ist aber sicherlich nachvollziehbar, dass die Klassifikation theoretisch nicht eindeutig fundiert ist.

Folgt man der Übersicht zum Forschungsstand von Wang, Haertel und Wahlberg (1993, 277), dann gibt es einige Variablen, die entscheidend für die Effektivität des Unterrichts sind und im Kern Hinweise für eine effektive Unterrichtsorganisation geben.

Abbildung 27: Kriterien für die Effektivität des Unterrichts
(nach Wang, Haertel und Wahlberg 1993, 277)

- Effiziente Handhabung von Routineaufgaben
- Ein Minimieren von Unterbrechungen
- Vorhalten des benötigten Materials
- Umgang mit Verhaltensproblemen in der Art, dass mögliche Unterbrechungen des Unterrichts minimalisiert werden
- Interaktion
- Häufigkeit der Lehrerfragen
- Kognitiver Anspruch der Fragen
- Die Variationsweite bei der Schwierigkeit der Fragen
- Der Typ der erwarteten Antwort – ausführlich versus Ein-Wort-Antworten
- Die Zeit, die nach dem stellen der Frage gewartet wird
- Die Art der Reaktion auf Schülerbeiträge

Dimensionierungen dieses Typs sind über Metaanalysen von Untersuchungen zum Unterrichtserfolg gewonnen worden. Sie zeichnen sich durch eine gewisse Sparsamkeit aus, wenn man sie mit den Vorangehenden vergleicht. Sie basieren weniger auf theoretischen Annahmen, weisen aber den Vorteil einer empirischen Basis auf.

Die Beispiele ließen sich fortsetzen.[242] In ihnen wird in den verschiedenen Varianten immer wieder ein entscheidendes Merkmal deutlich: Der Lehrkraft wird eine starke steuernde Funktion zugebilligt. Man könnte diesen Typ von Unterricht als lehrerzentriert bezeichnen. Das greift aber zu kurz, weil nicht berücksichtigt wird, dass solche Verhaltensweisen auch in Phasen der Einzelarbeit möglich sind, sobald die Lehrkraft die Aufgabe hat, einzelne Schüler zu beraten und zu unterstützen. Offensichtlich wird von den Lehrkräften ein differenziertes Verhalten erwartet. Darüber kann im Ergebnis erreicht werden, dass die einzel-

---

242 Bei Helmke (2003) finden sich, um nur ein Beispiel zu nennen, unterschiedliche Varianten solcher Aufzählungen zum Thema Unterrichtsqualität, die sich ohne Probleme auf Effektivität übertragen lassen.

nen Schüler eine für sie optimale Förderung erfahren. Bezogen auf die Fragestellung dieses Abschnitts, lässt sich allerdings nur ein unbefriedigendes Fazit geben: Effektivität wird gefordert, aber es gibt kaum allgemeine Kriterien nach denen sie sich bemessen lässt, wenn man den Prozess des Unterrichtens ins Blickfeld rückt. Das demonstriert eine Übersicht zum Forschungsstand bei Wahlberg (1986) sehr deutlich. Dort werden auch die Selektivität der Fragestellungen bei den verschiedenen Metaanalysen und die daraus resultierende Differenz bei den Ergebnissen thematisiert. Jenseits solcher Unterschiede ist immer wieder versucht worden, in Form einer Quintessenz bestimmte Merkmale zu identifizieren, die als wesentlich für den Erfolg des unterrichtlichen Bemühens angesehen werden.

Die wichtigste Aussage zu Erfolgsbedingungen des Unterrichts ist, dass die Schüler den Eindruck haben müssen und das auch zutreffend ist, dass sie durch die Lehrkraft unterstützt werden (Bosch 2006, 61).[243] Das gelingt am einfachsten über entsprechende Reaktionen sowie das Feedback durch die Lehrkraft. Das Feedback kann schriftlich oder mündlich erfolgen, entscheidend ist, dass es zeitnah zur Leistungserbringung gegeben wird.[244] In dieser Kombination ist ein Hinweis auf eine theoretische Fundierung des Klassenmanagements bzw. des Teils enthalten, bei dem das Lernen des Schülers im Fokus steht. Landrum und Kauffman (2006) unterscheiden fünf Formen bei der Lenkung des Lernens der Schüler:

Abbildung 28: Formen der Lenkung des Schülerverhaltens
(nach Landrum und Kauffman 2006)

- Positive Verstärkung
- Negative Verstärkung
- Extinktion
- Bestrafung der Antwortkosten (Das kann bei Schülern eingesetzt werden, die eine Aufgabe nicht in der erwarteten Zeit bearbeiten, weil sie sich nicht anstrengen; ihnen wird die Antwortzeit entsprechend gekürzt)
- Bestrafung durch Abschreckung

Es ist das Rational des Verstärkungslernens, das diesem verhaltensorientierten Modell zugrunde liegt. Die wesentlichen Bausteine sind Belohnen und Betrafen. Von Interesse ist, dass auch Extinktion erwähnt wird. Das ist eine Vorgehensweise, die sich durch Nichtbeachtung auszeichnet, weil nicht sicher ist, dass

---

243 Hierin liegt zumindest auf der Aufforderungsebene an die Lehrkräfte ein erheblicher Unterschied zu den traditionellen Formen des Unterrichts.
244 Feedback bzw. Rückmeldungen werden noch gesondert erläutert.

Bestrafung keine Erinnerungen auslöst, die dann nur anzeigen, welches Verhalten oder Ergebnis nicht erwünscht ist, aber keineswegs sicherstellen, dass etwas vergessen wird. Das ist nur bei der Extinktion der Fall.

Im Wesentlichen werden von Lehrkräften klassische Verhaltensweisen gefordert. Das Neue kann darin gesehen werden, dass der systematische Einsatz dieser Verhaltensweisen ein direktes Feedback erfordert. Andere Lernformen wie das Beobachtungslernen oder allgemein das Imitationslernen werden nicht erwähnt, obwohl ihnen eine große Bedeutung zukommt. So kann die Lehrkraft auch über ihr Verhalten steuernd wirken. Das ist ein Aspekt, der insbesondere beim sozialen Lernen nicht unterschätzt werden sollte. Insgesamt wird eine starke steuernde Funktion der Lehrkraft betont.

Die Überlegungen in diesem Abschnitt lassen sich so zusammenfassen: Ein wichtiges Kriterium für die Effektivität des Unterrichts ist, dass die Lernumgebungen der Schüler einer Gruppe, Klasse oder Schule so gestaltet werden, dass alle eine Gelegenheit zum Lernen wahrnehmen. Nicht die Präsentation durch die Lehrkraft, sondern die aktive Wahrnehmung der Möglichkeiten zu lernen durch die Schüler steht bei dieser Bilanzierung im Fokus der Betrachtung. Daraus folgen keine Erkenntnisse für eine Optimierung der Instruktion. Letzten Endes muss nur sichergestellt werden, dass alle Schüler einer Gruppe/Klasse sich nicht scheuen, die ihnen angebotenen Möglichkeiten der Unterstützung für ihr Lernen aktiv zu nutzen. Von der Institution Schule wird im Unterricht eine Unterstützung der Prozesse erwartet, die aus der neu aufkommenden Offenheit resultieren. Der Unterricht wird aus der Perspektive der Effektivität in einer anderen als der traditionell üblichen Weise betrachtet.

4.2.3 Kooperative Formen des Lernens

Die Lernform kooperatives Lernen gewinnt gegenwärtig an Bedeutung. Sie ist sowohl bei Tutorenmodellen im Unterricht als auch beim Gruppenunterricht wichtig. Formen des kooperativen Lernens, bei denen Schüler andere Schüler unterweisen oder unterstützen – Tutorenmodelle im weitesten Sinne –, gelten als erfolgreich für alle Beteiligten (Cangelosi 2008, 258). Kooperatives Lernen ist nach Reinmann, Mandl (2006, 649) auf vier Vorbedingungen angewiesen, die erfüllt sein sollten, wenn es erfolgreich sein soll (s. Abb. 29).

Es wird deutlich, dass beim kooperativen Lernen bei der Vorbereitung und der Durchführung ein anderes Grundkonzept vorliegt, als das des bisher implizit immer verhandelten traditionellen Unterrichts, der nicht auf der Arbeit von Gruppen aufbaut.

Abbildung 29: Vorbedingungen für kooperatives Lernen
(nach Reinmann und Mandl 2006)

- Man muss in der Lage sein, sich mit anderen Gruppenmitgliedern auszutauschen und Probleme gemeinsam zu lösen.
- Die Lernaufgabe sollte so gestellt sein, dass sie mit kooperativer Arbeitsteilung gelöst werden kann.
- Die Anreizstruktur muss so gestaltet werden, dass eine Kombination von individueller Verantwortung und Gruppenbelohnung gefördert wird.
- Man benötigt einen entsprechenden organisatorischen Rahmen.

Von den Schülern wird erwartet, dass sie kooperieren können. Es bedarf entsprechender Aufgabenstellungen und die Lehrkraft muss in der Lage sein, Gruppenarbeit zu fördern. Außerdem müssen die Klassenräume die Arbeitsform ermöglichen, d. h., die Schülerarbeitsplätze müssen flexibel veränderbar sein, um nur ein Beispiel zu nennen. Hinzu kommt, dass Gruppen nach unterschiedlichen Prinzipien gebildet werden können. Cangelosi (2008, 258) nennt z. B. vier verschiedene Formen.

Abbildung 30: Prinzipien für die Gruppierung von Schülern in der Klasse
(nach Cangelosi 2008, 258)

a) *Peer-Instruktionsgruppen*: ein Schüler lehrt andere in der Form einer kurzen Präsentation, als Tutor oder durch Unterstützung bei einer Übung
b) *Praxisgruppen*, in denen sich Schüler wechselseitig Rückmeldungen geben
c) *Interessen- oder Leistungsgruppen*, die um gemeinsame Interessen oder Leistungsebenen organisiert werden
d) *Problemlösungsgruppen*

Kooperatives Lernen findet in Gruppen statt. Nach Terhart (2005, 149f.) ist das bereits das Prinzip der Jahrgangsklassen, die in Gruppen unterrichtet werden, weil keine Einzelunterweisung stattfinde, sondern der Lehrer jeweils einer Gruppe gegenüberstehe. Allerdings müsse in der jeweiligen Klasse der Gruppenbildungsprozess erst stattfinden. Insoweit hat die Gruppenarbeit eine lange Tradition. Hiervon zu unterscheiden sind die Annahmen darüber, dass in Klassen nochmals Gruppen gebildet werden können, in denen von verschiedenen Schülern gemeinsam bestimmte Fragestellungen untersucht werden können. Es gibt bestimmte Vorgehensweisen bzw. methodische Ausrichtungen im Unterricht, die eine Unterteilung in Gruppen fast schon zwingend erforderlich machen. Eine dieser Formen ist der Projektunterricht.

Der Begriff Projektunterricht ist ähnlich wie die Gruppenarbeit mehrdeutig. Mergendoller et al. (2006, 586) haben bei dem Versuch, eine Definition zu finden, 14 verschiedene Projekttypen in der Literatur identifiziert, die mit Projektunterricht verbunden werden. In der Praxis haben sich sehr verschiedene Formen entwickelt, für die die Bezeichnung Projektunterricht als Oberbegriff formuliert werden kann. Diese reichen von Gemeindestudien (Bürger werden gefragt) über das Explorieren der Umwelt und allgemeine Feldstudien bis hin zu problembasiertem Lernen. Die Bezeichnung ‚Projekt' ist offensichtlich relativ unspezifisch. Dennoch lassen sich einige allgemeine Kriterien benennen, die für Projektunterricht triftig sind. Es handelt sich im Allgemeinen um eine Aufgabe, die mehreren gestellt ist und von diesen gemeinsam gelöst werden soll. Die Aufgabe kann die Form eines Arbeitsauftrages haben, Explorieren der Umwelt z. B., sie kann aber auch die Lösung eines Problems zum Thema haben. Weiterhin ist wesentlich, dass sich die Schüler bei der Arbeit im Projekt in der Regel als Gruppe selbst organisieren, dass erwartet wird, dass alle einen Beitrag zum Erfolg erbringen. Dabei gibt es am Beginn oft keine eindeutig bestimmte beste Lösung, es wird also nicht mit Scheinfragen operiert, wie das für den Unterricht so oft typisch ist. Mit Projekten wird in der Regel eine explorative Arbeitsaufgabe verbunden. Davon wird erwartet, dass die Schüler ein hohes Interesse an der Lösung entwickeln. Die Projekte müssen geplant, organisiert und gemanagt werden. Mergendoller et al. (2006, 590) haben ein Schema mit vier Stufen vorgestellt, die nacheinander abgearbeitet werden müssen (s. Abb. 31).

Ein solches Rational könnte auch anders aussehen, die genannten Elemente bzw. Stufen sind aber in der einen oder anderen Form unverzichtbar. Festzuhalten bleibt: Projekte bedürfen der Planung. Diese wird für den Unterricht aufwändig, weil entweder mehrere Kleingruppen parallel Projekte mit einer ähnlichen Fragestellung bearbeiten sollen oder verschiedenen Gruppen Teilprojekte eines größeren Projektes übertragen werden. Probleme im Alltag der Schule resultieren daraus, dass die verschiedenen Projektgruppen sich bezüglich des Interesses am Projektthema, der Bearbeitungszeit, der kognitiven Leistungsfähigkeit bzw. der erforderlichen Fertigkeiten, wenn es um die Entdeckung und Bearbeitung von Lösungen geht, erheblich voneinander unterscheiden können. Innerhalb der Projektgruppen können sich diese Probleme wiederholen. Klassenmeetings mit dem Ziel des Abgleichs der verschiedenen Lösungen sowie entsprechende Diskussionen in den einzelnen Kleingruppen können eine gewisse Abhilfe schaffen.

Abbildung 31: Stufen bei der Planung und Durchführung von Projekten
(nach Mergendoller et al. 2006, 590)

Stufe I: Zuerst müssen die Projektidee und der Bereich, in dem das Projekt angesiedelt werden soll, bestimmt werden. Hierzu gehört noch die Vorbereitung des Projektes einschließlich der Beschaffung der erforderlichen Ressourcen. Stufe II: Einführung des Projekts, also der Projektidee und des Konzepts in die Klasse. In dieser Phase müssen das Interesse und der Enthusiasmus der Schüler geweckt und gewonnen werden. Es sollten auch hohe Erwartungen geweckt werden. Stufe III: Durchführung der Projektarbeit. Die Schüler müssen Aufgaben definieren sowie die Fortschritte bei ihrer Arbeit beurteilen. Dazu mussten sie zuvor einen Plan erstellen und arbeiten. Stufe IV: Der Erfolg des Projektes muss bewertet werden.

Projektarbeit stellt an alle Beteiligten, die Schüler wie die Lehrer, hohe Anforderungen, lässt sich als Resümee ziehen. Projekte können auch über einen längeren Zeitraum geplant werden.[245]

Lernende benötigen Unterstützung, um den Gruppenunterricht als Kooperationsmöglichkeit wahrzunehmen. Dazu sind verschiedene Techniken entwickelt worden. Bei der Jigshaw-Methode (vgl. Aronson 1990) werden z.B. Lernende zunächst in Gruppen eingeteilt, in denen jedes Mitglied jeweils ein Teilgebiet in Einzelarbeit erarbeitet. In dieser Phase wird einzeln gelernt. Danach werden die Gruppen neu eingeteilt, so dass alle Experten der verschiedenen Gruppen in jeweils neuen Gruppen zusammengefasst werden, die das Erarbeitete miteinander vergleichen und auf diese Weise einen gemeinsamen Stand erreichen. Die Experten kehren anschließend wieder in ihre Ursprungsgruppen zurück und tragen ihre Ergebnisse dort vor. Auf dieser Basis kann Gruppenlernen organisiert werden. Der Jigshaw-Methode können wesentliche Merkmale der Gruppenarbeit entnommen werden. Diese kann auf Einzelarbeit aufbauend anschließend arbeitsgleich, das ist in diesem Fall der zweite Teil, als auch arbeitsteilig organisiert sein, das gilt bei dem ersten und dritten Teil. Man kann es auch als eine Abfolge von Einzelarbeit, Gruppenarbeit und Tutoring ansehen. Daneben lassen sich ande-

---

245 Eine interessante Variante bietet die Wieland-Schule in Weimar, in der nach dem Jena-Plan unterrichtet wird. Hier werden einerseits Gruppen aus vier Jahrgangsstufen gebildet, die dann gemeinsam ein Projekt bearbeiten. Der Fachunterricht erfolgt quer dazu nach Jahrgangsstufen. Für beide Varianten steht jeweils etwa die Hälfte der Unterrichtszeit an den Schultagen zur Verfügung.

re Organisationsformen unterscheiden wie z.B. der Lernzirkel. Hänze und Berger (2007) konnten einerseits zeigen, dass die Jigshaw-Methode dem Frontalunterricht im Fach Physik überlegen ist, andererseits haben sie aber auch gezeigt, dass Schülerinnen und Schüler von den drei Methoden in unterschiedlicher Weise profitieren; das galt auch für Differenzen in Bezug auf die beiden verschiedenen Methoden zum Gruppenunterricht.

Für den Gruppenunterricht hat Terhart (2005, 151) die folgenden Zielstellungen aufgelistet, die in der Literatur benannt werden.

Abbildung 32: Ziele des Gruppenunterrichts
(nach Terhart 2005, 151)

- „Durch eine Zurücknahme der Lenkungstätigkeit des Lehrers ein höheres Maß an Beteiligung der Schüler am Unterrichtsprozess zu erreichen,
- durch die Freigabe der Lösungswege die Selbstständigkeit des Denkens und Arbeitens zu fördern, womit zugleich ein intensiveres Sach-Lernen verbunden ist,
- durch gemeinsam zu absolvierende Arbeitsaufgaben die Fähigkeit zu sozialer Kooperation zu entwickeln (Kommunikationsfähigkeit, Sensibilität, Koordination, soziales Lernen),
- und hierdurch schließlich insgesamt ein Stück identitätsfördernde, an Mündigkeit orientierte demokratische Umgangsformen und Persönlichkeitseigenschaften vorzubereiten."

Diese Aufzählung verdeutlicht, dass es nicht nur darum geht, Wissen zu erwerben, sondern auch soziale Kompetenzen durch den Gruppenunterricht gefördert werden sollen. Im Sinne des Modells von Taba (1962) werden in diesem Fall über die Unterrichtsmethode Ziele angesteuert, die den inhaltlichen Zielen des Unterrichts nicht korrespondieren, sondern hinzukommen.

Meyer (1987, 380ff.) listet für den Gruppenunterricht aus empirischen Untersuchungen eine Reihe positiver Effekte auf. Demnach soll Kleingruppenarbeit in Differenz zu einem Unterricht, in dem keine Kleingruppenarbeit stattfindet:

- Die Reproduktion von Wissen und die Beherrschung von Arbeitstechniken,
- die sozialen Verhaltensweisen bei den Schülern und
- verschiedene Persönlichkeitseigenschaften bei den Schülern wie Sensivität, Initiative und Rollenflexibilität fördern.

Nach Terhart (2005, 153) gibt es ähnlich eindrucksvolle Belege für die Wirksamkeit der direkten Methode. Es scheint, als produzierten die Anhänger der verschiedenen Unterrichtsmethoden jeweils Ergebnisse, die für die von ihnen favorisierte Variante günstig ausfallen. Der Forschungsbedarf ist also auf den ersten Blick als hoch anzusehen. Dabei müsste die Frage im Zentrum stehen, welche Unterrichtsmethode sich unter bestimmten Rahmenbedingungen als überlegen erweist; d.h., in welchem Kontext des Unterrichts eine bestimmte Methode überlegen ist. In diesem Zusammenhang empfiehlt sich nochmals der Rückgriff auf die verschiedenen Wissenstypen: Als Hypothese kann formuliert werden, dass der Erwerb deklarativen Wissens in vielen Fällen mit der direkten Instruktion erfolgreich bewältigt werden kann. Projektarbeit und Arbeit in Kleingruppen fördern demgegenüber auch prozedurales Wissen.

Unabhängig davon ist mit Gruppenarbeit und Projektunterricht eine Änderung der Lehrerrolle verbunden. Die Tätigkeit umfasst mehr Beratung der Gruppen bei der Arbeit, demgegenüber geht der Anteil des Lehrens zurück. Es handelt sich also um eine Änderung des Habitus. Darauf sind viele Lehrer in ihrer Ausbildung nicht vorbereitet. Es gibt Schulen, in denen beim Unterricht auf eine solche Umorientierung Wert gelegt wird. Das sind vor allem Schulen, in denen ein reformpädagogischer Ansatz zum Leitbild der Schule gehört. In Jenaplan-Schulen ist das beispielsweise oft der Fall. In diesen Schulen findet oft auch eine entsprechende Weiterbildung der Lehrer statt.

Wenn Klassen heterogen zusammengesetzt sind, bietet der Gruppenunterricht verschiedene Möglichkeiten, darauf zu reagieren. Einerseits können Schüler mit ähnlichem Leistungsprofil in Gruppen zusammengefasst werden: Das ist der Versuch, die Jahrgangsklasse jeweils im Kleinen zu wiederholen. Andererseits können, wie das bei der Jigshaw-Methode der Fall ist, andere Prinzipien bei der Gruppenbildung herangezogen werden. Das kann als Versuch gesehen werden, Heterogenität als Potenzial zu nutzen. Diese Vorgehensweise soll es außerdem erleichtern, Vorurteile abzubauen und soziales Lernen zu realisieren.

Gruppenunterricht erfordert, wenn er erfolgreich gestaltet werden soll, eine hohe Führungskompetenz der Lehrkräfte. Der Vorbereitungsaufwand ist hoch und die Teilnahme an ihm muss sowohl von den Lehrkräften als auch den Schülern erlernt werden.

4.2.4 Motivation im Unterricht[246]

Menschen und insbesondere Kinder verfügen über eine natürliche Neugierde, die aber mit der Dauer der Schulzeit bei vielen Schülern nachlässt. Deren Interesse an den Lerngegenständen, die ihnen im Unterricht präsentiert werden, an denen sie sich abarbeiten sollen bzw. die im Lehrplan vorgeschrieben sind, nimmt während der Schulzeit oft ab (Fend 1997). Die ursprüngliche Neugier, die bei vielen

---

246 Die Motivation ist bereits mehrfach als Voraussetzung für einen effektiven Unterricht erwähnt worden.

Schülern ein ‚natürliches' Anreizsystem ist, geht zurück und als Folge ist eine zunehmende Distanz zu den Zielen und Inhalten des Unterrichts zu beobachten. Das ist nicht nur ein Phänomen der Adoleszenz, sondern lässt sich bereits in der Grundschule im Verlauf der Klassen eins bis vier unschwer bei einer großen Anzahl von Schülern beobachten (vgl. Merkens et al. o.J./2006). Für die Erscheinung sind verschiedene Erklärungsmodelle entwickelt worden (vgl. Wild, Hofer, Pekruhn 2006, 234ff.), die nicht wiederholt werden sollen. Das Wissen um solche Tendenzen kann bei Lehrkräften leicht dazu führen, dass sie sich weniger Mühe geben, die Motivation der Schüler zu erhalten, wieder zu verstärken etc., weil sie davon ausgehen, dass es sich um eine ‚Naturgesetzlichkeit' handele, gegen die man machtlos sei. Das wäre allerdings eine Reaktion, die keineswegs förderlich ist.

Einer der Gründe für die schwindende Neugierde und das Nachlassen des Interesses kann darin gesehen werden, dass nach Schleiermacher (1983) im Unterricht der Grundkonflikt besteht, dass man gegenwärtige Ziele zugunsten zukünftiger Ziele zurückstellen müsse. Motivation steht also für die Bereitschaft, zumindest einen Teil der Zeit in der Gegenwart für die Zukunft zu opfern. Schüler sollen sich für etwas interessieren, das erst in der Zukunft für sie wichtig wird. Ähnlich hat Rheinberg (2004, 15) Motivation als „die aktivierende Ausrichtung des gegenwärtigen Lebensvollzugs auf einen positiv bewerteten Zielzustand" bezeichnet. Eine der möglichen Ursachen für fehlende Motivation liegt also darin, dass man Bedürfnisse der Gegenwart zu Gunsten derer von Zukunft zurückstellen soll. Das leuchtet den Schülern nicht immer ein.[247] Den Konflikt zwischen gegenwärtigen Präferenzen und der Vorbereitung auf zukünftiges Handeln kann man insgesamt als eine Grundannahme ansehen, die mit Unterricht zusammenhängt. In Begriffen wie dem des Bildungsmoratoriums, das für die Jugend formuliert worden ist, wird dieser Aspekt deutlich. (Zinnecker 1991): Jugend ist auf Zeit freigestellt, um sich auf das Erwachsenenalter vorzubereiten. Dabei spielt die Schule eine wichtige Rolle, ist das Rational bei diesem Konzept: Die Gegenwartsinteressen von Kindern und Jugendlichen müssen zurückgestellt werden. Das ist eine Herausforderung, die vermittelt werden muss.

Im Unterricht tritt also häufig der Fall ein, dass Schüler sich nicht für die Ziele des Unterrichts bzw. die Inhalte interessieren, die dort vermittelt werden, obwohl sie, um erfolgreich teilnehmen zu können, des Antriebs bedürfen, sich für diese zu interessieren. Hier ist die besondere Aufmerksamkeit der Lehrkräfte gefordert. Die Problemlage wird noch dadurch verschärft, dass in Schule und Unterricht eher auf Homogenität und weniger auf Heterogenität gesetzt wird.

---

247 Es gelingt den Lehrern, die sich auf die Vermittlung stofflicher Inhalte bzw. das Vorgeben von Lernzielen konzentrieren, nicht immer, den Schülern diese Forderung plausibel zu vermitteln.

Wenn aber die Motivation bzw. das Interesse der Schüler für einen Gegenstand geweckt werden soll, dann setzt das voraus, dass es in der jeweiligen Klasse ähnliche oder zumindest vereinbare Interessen der Schüler geben muss, die sich auch noch in eine ähnliche Richtung lenken lassen. In der Praxis herrschen im Unterschied zu dieser Annahme Differenz und unterschiedliche Interessen in einer Klasse vor. Es hat immer wieder Versuche gegeben, diese auf Zeit anzugleichen, der bereits erwähnte Projektunterricht kann hier eingeordnet werden. Ebenso kann man davon ausgehen, dass in den ersten Jahren der Grundschule eine gemeinsame Basis zu legen versucht wird.

Der einfache Mechanismus, des Verweisens auf die Wichtigkeit in der Zukunft reicht häufig allein schon deshalb nicht aus, weil die Zukunftsinteressen zwischen Schülern stark divergieren können und divergieren. Die Schüler interessieren sich für bestimmte Dinge, Tatsachen, Vorgänge etc. aus ihrem jeweiligen Umfeld. Viele von ihnen beschäftigen sich gern damit. Dabei kann aber nicht davon ausgegangen werden, dass alle Schüler einer Klasse gleiche oder wenigstens ähnliche Interessen verfolgen. Sie stammen aus unterschiedlichen Lebensverhältnissen und in ihren Familien haben sich auch verschiedene Lebensstile ausgebildet. Daher kann nicht damit gerechnet werden, dass z.B. das in der Schule vermittelte Wissen für alle in gleicher Weise anschlussfähig ist. Unterricht sollte daher am Beginn der Schule an die Lebenswelt der jeweiligen Schüler anschließen. Durch das Lernen von neuem, das von daher angepasst wird, erweitert sich die Basis für solche Anschlüsse.

Es gibt ein Bedingungsgefüge, welches dieses erschwert. Von der Schule wird im Unterricht nämlich im Regelfall ein bestimmtes Interesse vorgegeben oder zu erzwingen versucht: Schüler sollen sich für das interessieren, was sie lernen sollen, lässt sich das umschreiben.[248] Bei Schülern können aber mögliche andere Zielrichtungen damit in Konflikt stehen. Insbesondere soziale Ziele dürfen in ihrer Wirkung nicht unterschätzt werden. Allein schon der Verdacht, ein Streber zu sein, kann dazu führen, dass Schüler sich in Deutschland nicht mehr für Unterrichtsziele motivieren, obwohl sie ihrem primären Interesse entsprechen (vgl. Pelkner, Günther, Boehnke 2002). Schüler befinden sich im Unterricht in einem Zielkonflikt, weil von ihnen erwartet wird, dass sie sich für Unterrichtsziele und -inhalte interessieren, sie aber individuell andere Interessen haben können; dieser Konflikt wird zugunsten der zweiten Sorte von Zielen von ihnen dadurch aufgelöst, dass sie unaufmerksam im Unterricht sind, weil sie sich mit anderen Dingen beschäftigen. Als Lösung zugunsten der ersten Ziele kann nur angeführt werden, dass die Schüler gezwungen werden, sich doch für diese Ziele

---

248 Das ist vom Ansatz her eine interessante Reaktion auf die Tatsache, dass viele Schüler genau das nicht tun.

und Inhalte zu interessieren oder dass diese Ziele und Inhalte so aufbereitet werden, dass die Schüler freiwillig ihre Aufmerksamkeit auf sie richten. Diese beiden Fragestellungen werden unter dem Begriff der Motivation verhandelt. Es liegt nahe, beide Varianten begrifflich getrennt zu behandeln.

Ziel der Motivation ist in der Schule, einen Anreiz für die Beschäftigung mit dem Unterrichtsstoff zu schaffen (Helmke 2003, 74). Die Schüler sollen ihre Neugier aufbauen, erhalten oder wiedergewinnen. In der bei Helmke (2003) im Anschluss an Ditton (2000) aufgeführten Auflistung finden sich verschiedene Aspekte, die zur Motivierung gerechnet werden: Sie reichen vom Wecken der Neugier über Kenntnis der Erwartungen und den Bedeutungsgehalt der Lerninhalte sowie Lernziele bis hin zu einer Lehreraktion – Bekräftigung. Motivation ist fast zu einem Allerweltsbegriff geworden, wenn man Operationalisierungen dieses Typs liest. Dennoch bleibt es für die Konzeption des Unterrichts unerlässlich, ein Verständnis von Motivation herbeizuführen.

Rheinberg (2004, 15) hat Motivation „als die aktivierende Ausrichtung des momentanen Lebensvollzugs auf einen positiv bewerteten Zielzustand" bezeichnet. Auf den ersten Blick in Differenz zu dieser Bestimmung haben Wang, Haertel und Wahlberg (1993, 263) die Interessen, Präferenzen und Einstellungen zur Schule und den Unterrichtsgegenständen der Schüler auf der Basis einer Metaanalyse von empirischen Untersuchungen zur Instruktion als wesentliche Komponenten der personalen Ressourcen bezeichnet, über die ihr Schulerfolg beeinflusst wird. Dabei lassen sich nochmals verschiedene Komponenten der Motivation unterscheiden (Heckhausen, Rheinberg 1980; Helmke 2003, 75): Das bereits erwähnte Neugiermotiv, Leistungsmotiv, Wettbewerbsmotiv, Anschlussmotiv sowie Motiv nach Selbstwerterhaltung. Diese Aufzählung lässt wiederum vermuten, dass interindividuelle Differenzen bei Schülern oft anzutreffen sind.

Im Kontext der Schule ist die Leistungsmotivation von besonderer Bedeutung. Mit Leistungsmotivation wird „die Selbstbewertung eigener Tüchtigkeit in Auseinandersetzung mit einem akzeptierten Gütemaßstab, Anspruchsniveau, präferierte Ursachenzuschreibungen und Affekte, die mit Handlungsergebnissen verbunden sind", bezeichnet (Wild, Hofer, Pekruhn 2006, 213). Im Unterricht spielt die Leistungsmotivation naturgemäß eine zentrale Rolle. Allerdings darf nicht übersehen werden, dass der Begriff der Leistung nicht so eindeutig ist, wie das wünschenswert wäre.[249] Wichtig ist an dieser Stelle allein der Hinweis, dass

---

249 So wird von der heutigen Gesellschaft gern als Leistungsgesellschaft gesprochen. Dabei bleibt unklar, was mit Leistung gemeint ist, weil die einfache Zuschreibung, dass Leistung Arbeit pro Zeit sei, wie das in der Physik bestimmt wird, nicht auf sozialwissenschaftliche Fragestellungen übertragbar ist. Vielmehr hat sich in diesen Disziplinen ein anderer Leistungsbegriff entwickelt, der insbesondere in der Schule und im Unterricht mehr darauf abzielt zu erfassen, welche Kompetenzen bzw. Leistungen in einem Unterrichtsfach erreicht worden sind. Auf die nä-

Schülerleistungen positiv davon beeinflusst werden, wenn die Zielorientierung im Unterricht klar ist.[250]

Für die Betrachtung der Motivation ist es hilfreich, zwischen extrinsischer und intrinsischer Motivation zu unterscheiden.[251] „Bei der intrinsisch motivierten Lernhandlung rührt die Lernbereitschaft von der positiven Erlebnisqualität her, die unmittelbar mit dem Handlungsvollzug assoziiert wird. Instrumentelle Handlungen demgegenüber sind extrinsisch, weil die Person sie nicht wegen der unmittelbaren Anreize der Handlung als solcher, sondern wegen der antizipierten Folgen anstrebt und ausführt" (Wild, Hofer, Pekruhn 2006, 217). Im traditionellen Unterricht ist fast ausschließlich auf die zweite Form gesetzt worden, bei den neueren Konzeptionen von Unterricht wird demgegenüber vermehrt versucht, die erste Variante mit einzubeziehen. Damit wird ein anderes Grundverständnis von Unterricht befördert. Nicht mehr das Lehren, sondern das Wecken des Interesses für Lerngegenstände rückt in den Mittelpunkt der unterrichtlichen Bemühungen. Je besser eine Unterrichtseinheit in Bezug auf Struktur und Klarheit komponiert ist, desto einfacher können Schüler die Erwartungen und den Rahmen der Situation erkennen sowie ihr Handeln entsprechend ausrichten. Wild (2002) konnte bestätigen, dass die intrinsische Motivation von Schülern zunimmt, je mehr sie das Lehrerhandeln als strukturierend und den Unterricht als stimulierend empfinden.[252]

Im allgemeinsten Verständnis ist die intrinsische durch einen von ‚innen' gesteuerten Lernantrieb und die extrinsische durch äußerliche ‚externe' Anreizfaktoren gekennzeichnet (Krapp 1999, 388). Unter intrinsischer Motivation wird dabei verstanden, „eine Form der Motivation, die auf der inhärenten Befriedigung des Handlungsvollzugs beruht. Eine intrinsisch motivierte Person handelt aus Freude über die Tätigkeit oder einem ‚intrinsischen Interesse' an der Sache" (Krapp, Ryan 2002, 58f.). Man kann das Neugierverhalten als ein Beispiel für intrinsische Motivation ansehen (Krapp 1999, 388). Die empirische Schulpädagogik und die pädagogische Psychologie haben der Erforschung der intrinsischen Motivation große Aufmerksamkeit zugewendet. Eine der Subtheorien, die im Rahmen des selbstregulierten Lernens von besonderem Interesse ist, ist die *Cognitive Evaluation Theory* (Deci, Ryan 1985). Danach wird intrinsische Moti-

---

here Explikation dieses Leistungsbegriffs soll hier verzichtet werden. Es reicht der Hinweis, dass die Schülerleistungen oft vor diesem Hintergrund gemessen werden.
250 Eine Lernzielorientierung der Schüler scheint einen positiven Effekt auf deren Leistungen zu haben. Das hat sich in verschiedenen Studien ergeben (Wild, Hofer, Pekruhn 2006, 215).
251 Das ist bereits mehrfach erwähnt worden.
252 Allgemein gilt für die Lernmotivation, dass sie mit der Dauer des Schulbesuchs abnimmt. Ob hier durch eine andere Gestaltung des Unterrichts und vermehrtes selbstgesteuertes Lernen eine Änderung herbeigeführt werden kann, müsste erst noch untersucht werden.

vation durch Erleben von Kompetenz sowie das Gefühl der Autonomie bei der handelnden Person, also der Absenz eines Gefühls der Kontrolle durch außen gefördert. Für die Organisation von Lernprozessen ist wichtig, dass die intrinsische Motivation gesteigert wird, wenn informationshaltige Lern-Bedingungen zur Verfügung gestellt werden (Krapp, Ryan 2002, 59). „Bei der intrinsisch motivierten Lernhandlung rührt die Lernbereitschaft von der positiven Erlebnisqualität her, die unmittelbar mit dem Handlungsvollzug assoziiert wird. Intrinsische Motivation korreliert positiv mit Schulleistungen. Das lässt sich durchaus im Sinne einer kausalen Beziehung bestätigen" (Schiefele, Schreyer 1994). Insofern kommt der Förderung der intrinsischen Motivation im Unterricht eine große Bedeutung zu. Ihre Stärke hängt vom Lehrerhandeln ab.

Instrumentelle Handlungen motivieren demgegenüber extrinsisch, weil die Person sie nicht wegen der unmittelbaren Reize der Handlung als solcher, sondern wegen der antizipierten Folgen anstrebt und ausführt (Wild, Hofer, Pekruhn 2006, 217). Mit extrinsischer Motivation wird eine Motivation bezeichnet, bei der die Handlungen wegen mit ihnen erzielbaren Folgen begangen werden, die außerhalb des eigentlichen Handlungsvollzuges liegen (Krapp, Ryan 2002, 61). Auf dieser Stufe der externalen Regulation sehen Personen ihr Handeln ausschließlich durch externe Folgen wie Belohnungen oder Bestrafungen veranlasst. Es lassen sich dann noch drei weitere Stufen der extrinsischen Motivation unterscheiden, die mit Introjektion (man will vor sich selbst gut dastehen), Identifikation (Erfahrung und Autonomie sind hier bereits wichtig) und Integration (man identifiziert sich nicht nur persönlich mit dem Aufgabengebiet, sondern bezieht auch die damit verbundenen Ziele in das Gesamtsystem persönlicher Wertbezüge ein (Krapp, Ryan 2002, 62f.). Probleme der extrinsischen Motivation resultieren daraus, dass mit dem Entfallen von Belohnungen oder Bestrafungen der Anlass des Handelns entfällt. Deshalb muss auf Dauer extrinsische in intrinsische Motivation übergeführt werden, wenn eine Handlung nicht nur zeitweilig oder auf Zeit von Interesse ist. Bei der extrinsischen Motivation kommt es darauf an, dass die Lehrkräfte im Endeffekt den Schülern, die positiv erscheinen, Belohnungen anbieten (Reeve 2006, 655). Strafe allein reicht nicht aus. Die Beziehungen sind komplex, welche hier entstehen bzw. entstehen können (s. Abb. 33).

Die erste Variante, die hier dargestellt wird, ist einfach und entspricht einem traditionellen Verständnis der Lehrerrolle: Lehrer agieren und rufen darüber Reaktionen der Schüler hervor; das führt im Ergebnis bei den Schülern u. a. auch zu einer Veränderung der Motivation. Das war eine der Grundannahmen im lehrerzentrierten traditionellen Unterricht: Bei den Schülern wird durch die Beschäftigung mit den Unterrichtsinhalten auf die Dauer der Zeit ein Interesse an den Unterrichtsgegenständen ausgelöst. Man kann das als die Annahme bezeichnen, dass Bildung allein dadurch bewirkt werde, dass man veranlasst wird, sich lange und intensiv genug mit bestimmten Gegenständen zu beschäftigen.

Abbildung 33: Zwei Arten, Schüler zu motivieren
(nach Reeve 2006, 655)

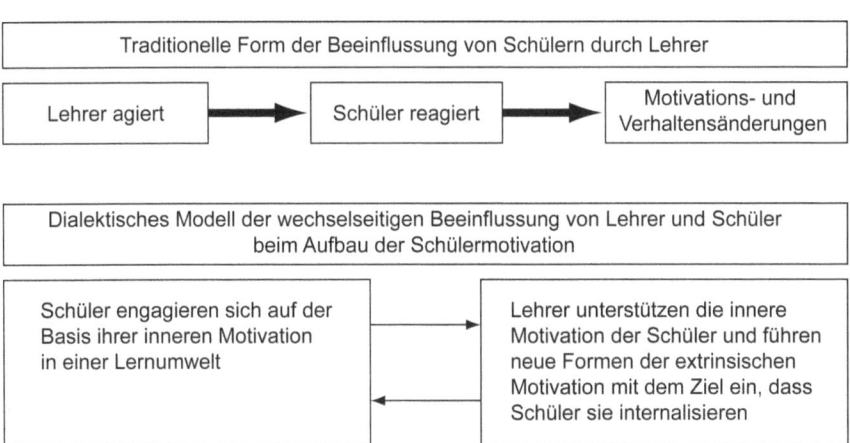

Die zweite Annahme ist komplexer angelegt. Hier wird von einem Interdependenzverhältnis ausgegangen: Es gibt ein Interesse des Schülers am Ziel bzw. Gegenstand des Unterrichts und die Lehrer müssen dieses Interesse unterstützen. Es geht nur darum, dieses Interesse durch geeignete Formen der Unterstützung zu erweitern und darüber auch eine Erweiterung des Interesses zu bewirken. Das ist eine im Kern pädagogische Sichtweise der Problematik. Der Schüler und sein Interesse bzw. seine Bedürfnisse bilden nunmehr den Ausgangspunkt der Bemühungen um seine Bildung.[253] Bei Reeve finden sich Hinweise darauf, was Lehrer tun können, um die Motivation ihrer Schüler für den Lerngegenstand zu fördern. Sowohl eine Umwelt, die sehr stark strukturiert, als auch eine Umwelt, die so gut wie keine Vorgaben macht, fördern die Motivation der Schüler nicht. Vielmehr ist eine Umwelt günstig, in der die Autonomie gefördert und gleichzeitig auch eine Struktur vorgegeben wird (Reeve 2006, 657).

Für das Verhältnis von intrinsischer zu extrinsischer Motivation gilt allgemein, dass es wünschenswert ist, wenn extrinsische Motivation in intrinsische übergeführt wird, wie das in der Stufenabfolge der extrinsischen Motivation ange-

---

253 Reeve (2006, 656) verweist u. a. auch noch auf mögliche positive Effekte der Umwelt. Das soll hier nicht näher expliziert werden.

legt ist. Jedoch ist zu bemerken, dass neuere Untersuchungen belegt haben, dass extrinsische Bekräftigungen eine bereits vorhandene intrinsische Motivation beeinträchtigen (Ryan, Deci 2000).

Beim fremdbestimmten Lernen herrscht oft extrinsische Motivation vor: Es werden Vorgaben über das Zulernende gemacht, und von den Schülern wird erwartet, dass sie diese Vorgaben erfüllen. Das kann dann Kontrollen in der Form der schriftlichen oder mündlichen Leistungsüberprüfung geschehen. Es interessiert weniger, ob die Schüler beim Lernen einem eigenen Antrieb folgen oder ob sie, um bei den Kontrollen gute Ergebnisse zu erreichen, ‚freiwillig' lernen. Der fremdbestimmte Unterricht lebt von der Kontrolle, und über diese Kontrolle wird Lernen zu sichern versucht. Schüler wiederum versuchen sich oft der Kontrolle zu entziehen. Reeve (2006, 649) hat heimliche Nebeneffekte extrinsischer Belohnungen zusammengestellt, wie sie hier unter dem Begriff Kontrolle zusammengefasst worden sind. Danach kann extrinsische Motivation intrinsische Motivation schwächen, sie addiert sich generell nicht zur intrinsischen und es muss keine Supermotivation geben, die sich aus beiden Typen zusammensetzt. Ziel aller Bemühungen im Unterricht sollte sein, die intrinsische Motivation zu stärken.

Im Unterschied zum fremdbestimmten ist man beim selbstbestimmten Unterricht darauf angewiesen, dass sich die Schüler aus eigenem Antrieb anstrengen, weil sie die Ziele, der Stoff oder andere Aspekte interessieren. Es wird vorausgesetzt, dass die Schüler sich als Individuen interessieren. Damit kommt dem Interesse eine zentrale Funktion zu. Herbart (1874) hatte für die Erziehung bereits die Vielseitigkeit des Interesses angemahnt. Mit Vielseitigkeit wurde dabei der Aspekt bezeichnet, dass das Neue an schon Bekanntes anschlussfähig sein solle. Mit Interesse wird allgemein eine besondere Beziehung einer Person zu einem Gegenstand bezeichnet (Prenzel, Krapp, Schiefele 1986). Krapp (1998, 213) hat das noch näher spezifiziert, indem er während der Interessenhandlung ein subjektives Erleben voraussetzt, bei dem positive emotionale Zustände mit einer hohen positiven Wertschätzung des Interessengegenstandes verbunden werden.

In der neueren Diskussion zur Motivation hat der Begriff der ‚Volition' an Bedeutung gewonnen. Motivation erfordert zwei Komponenten: Zielbildung und Umsetzung in Handlungen. Das Sprichwort „Der Weg zur Hölle ist gepflastert mit guten Absichten" zeigt an, dass gute Absichten allein noch nicht dazu führen, dass auch entsprechend gehandelt wird. Die Prozesse, mit denen die Umsetzung der Absichten erfasst wird, werden als Volition (Wille) bezeichnet. Mit Volition werden die Vorgänge beschrieben, die dazu führen, dass sich beim Individuum konkurrierende Handlungsabsichten und auch Ablenkungen nicht durchsetzen. Wild, Hofer, Pekruhn (2006, 220) haben aus der Literatur fünf Mechanismen zusammengestellt, „um die Handlungsdurchführung zu erleichtern.

(1) Fokussierung der Aufmerksamkeit auf handlungsbegünstigende Informationen
(2) Weitgehende Ausblendung von Informationen, die lediglich mit Blick auf alternative Handlungen relevant (gewesen) wären
(3) Anregung positiver und Unterdrückung leistungsbehindernder Emotionen [...]
(4) Bewusstmachung positiver Konsequenzen des Lernens
(5) Gezielte Kontrolle nachteiliger Umweltfaktoren (z.B. Beseitigung von ‚Lockreizen', die von der Lernarbeit abhalten könnten)."

Aus dieser Aufzählung lässt sich entnehmen, dass es sowohl einer Eigenleistung der Schüler bedarf, als auch Unterstützung erforderlich ist, um erfolgreich lernen zu können. Die Vorgehensweise muss daher im Unterricht so angelegt sein, dass bei den Schülern Volitionen gefördert werden, die den Zielen des Unterrichts korrespondieren.[254] Mit Volition kommt die affektive Komponente wieder ins Spiel, die bei den Lernzieltaxonomien eingeführt worden ist. Emotionen sind im Zusammenhang mit Motivation und Volition von großer Bedeutung. Das ist schon immer bekannt gewesen, und ist betont worden, wenn die Begeisterung der Schüler für einen Lerngegenstand gefordert bzw. bilanziert wurde.

Emotionen werden in der Regel vor allem im Kontext von Lernhindernissen erwähnt. Schüler weisen beispielsweise darauf hin, dass Lehrer sie nicht mögen oder sie Lehrer nicht mögen, wenn sie schwache Leistungen in der Schule zeigen. Das wird gern als Ausrede angesehen, aber die wechselseitige oder einseitige Ablehnung, die aus solchen Begründungen sichtbar wird, verdeutlicht, dass etwas im Verhältnis Lehrer-Schüler auf der Ebene der Emotionen nicht stimmt, oder Emotionen als Entschuldigung angeführt werden. Auf der anderen Seite wird auch darauf verwiesen: Lernen müsse Spaß machen. Das kann man als den Hinweis auf die positive Seite der Emotion betrachten. An dieser Stelle soll der Begriff der Emotion nicht näher definiert werden.[255] Es ist nur der Hinweis wichtig, dass die emotionale Seite des Unterrichts bisher wenig untersucht worden ist.

Obwohl es in der Psychologie Reserven dagegen gibt, Anstrengung, Strebsamkeit oder Fleiß als allgemeine Dispositionen einer Person zu beschreiben, die eng mit Motivation zusammenhängen und in der Psychologie eher begrifflich scharf zwischen diesen Begriffen und dem Begriff der Leistungsmotivation[256]

---

254 Volitionale Steuerung ist erforderlich, wenn konkrete Ziele verfolgt werden, affektive Steuerung dient der Befriedigung psychischer und biologischer Bedürfnisse.
255 Eine Definition findet sich beispielsweise bei Hasselhorn und Gold (2006, 115).
256 Hasselhorn und Gold (2006, 106) haben den Begriff der Leistungsmotivation für die Selbstbewertung einer Leistung in Auseinandersetzung mit einem Gütemaßstab, den es zu erreichen gilt, reserviert.

getrennt wird (Hasselhorn, Gold 2006, 106), spricht aus der Sichtweise des Unterrichts einiges dafür, eine solche Trennung nicht vorzunehmen, weil es sich bei Anstrengung z.B. um eine Verhaltenseigenschaft handelt, die beobachtbar ist und Lehrern einen Indikator dafür liefern kann, wie die Leistungen eines Schülers in Bezug auf seine Dispositionen zu beurteilen sind. Die Motivation ist geeignet, die etwas kognitionsbelastete bisherige Darstellung des Lernens zu korrigieren. Sie spielt im Kontext der Leistungserbringung eine wichtige Rolle.

4.3 Evaluation

Für die Evaluation wird nachgetragen, welche spezifischen Anforderungen aus den Merkmalen ‚Individualisierung des Unterrichts' und ‚Flexibilisierung der Organisation' resultieren. Soll der einzelne Schüler angeregt bzw. als Person einbezogen und an Entscheidungen über seine Lernwege beteiligt werden, so erfordert das von den Lehrkräften eine entsprechende Fokussierung der Aufmerksamkeit. Bosch (2006, 59ff.) zählt verschiedene Aspekte auf, die in der Regel beachtet werden sollten, damit die für den Fortgang des Unterrichts wichtigen Informationen auch zusammengetragen werden.

Abbildung 34: Diagnostische Informationen über den Unterrichtsprozess
(nach Bosch 2006, 59ff.)

- Beobachtung und Körpersprache der Schüler.
- Kontrolle des Lerninteresses und des Involvements der Schüler (wenige erhobene Hände bei Lehrerfragen sind ein Warnsignal).
- Über die Frage, welche Schüler einer Frage zustimmen, kann man auch Beteiligung erfassen.
- Man sollte nicht einzelne Schüler eine gewünschte Antwort auf eine Frage an der Tafel notieren lassen, sondern alle Schüler dazu auffordern, dies an ihrem Platz zu tun.

Mit den ersten drei Spiegelstrichen wird das Interesse der Schüler am Unterricht abgebildet. Im Sinne des Controlling-Konzeptes werden Indikatoren benannt, über die die Erfassung des jeweiligen Ist-Zustandes annähernd gewährleistet werden kann. Es entsteht der Eindruck, dass es einen Bezug zum Grundrational des fragend-entwickelnden Unterrichts gibt. Das zeigen die Spiegelstriche zwei und drei an. Allerdings wird deutlich, dass Ergänzungen erforderlich sind, wenn der Unterricht flexibilisiert und individualisiert werden soll. Wichtig ist der Hinweis, der beim selbstgesteuerten Lernen nochmals vertieft werden wird, dass die Schüler lernen müssen, sich selbst gegenüber ein Controlling zu installieren und zu realisieren.[257] Die Umsetzung kann bei den Schülern nur gelingen, wenn Klarheit über die Ziele besteht und ein stillschweigendes oder explizites Einverständnis darüber existiert, wie das im Unterricht angemessen realisiert werden kann.

Der an dieser Stelle wichtigere Teil, der unter Evaluation behandelt wird, betrifft den Umgang zwischen Lehrern und Schülern. Oft sagen Schüler, der Lehrer habe ihnen eine Note gegeben, seltener berichten sie, dass sie die Note erhalten hätten, die sie sich verdient haben (Bosch 2006, 67). Damit wird bereits eine wichtige Variante der Lehrer-Schüler-Beziehung deutlich: Schüler fühlen sich von Lehrern bewertet, sie nehmen das eher als Urteil hin und weniger als eine angemessene Beschreibung der eigenen Leistung bzw. ihres Lernstandes. Unter dem Thema Evaluation wird nunmehr ein Aspekt hinzugefügt, dem in der relevanten Literatur über Unterricht verhältnismäßig wenig Beachtung geschenkt wird: Es ist die Diagnostik. Bezogen auf die Evaluation kann sowohl bei der formativen als auch der summativen Evaluation vom Erfordernis der Diagnostik ausgegangen werden. Dabei stehen jeweils Lernstände und deren Erfassung im Fokus.

4.3.1 Überlegungen zu einer pädagogischen Diagnostik

Um einen Unterricht zu gestalten, der für die einzelnen Schüler jeweils anregend ist, bedarf es einer pädagogisch-fachlichen Diagnostik. Diese ist bisher nicht einmal in Ansätzen entwickelt. Lehrkräfte sind kaum in der Lage, Lernstände und Lernpotentiale individuell bei den einzelnen Schülern zu diagnostizieren, um sie auf dieser Basis anregend in ihrem Lernprozess fördern zu können. Das ist erstaunlich, weil Beurteilen und Bewerten, das setzt Diagnose voraus, traditionell zu den Aufgaben von Lehrkräften zählen. Lehrkräfte müssen im Unterricht aus unterschiedlichen Gründen über diagnostische Fähigkeiten verfügen. Dabei lassen sich verschiedene Traditionen unterscheiden.

Es gehört zu den Aufgaben der Lehrkräfte, Leistungsstände zu diagnostizieren. Das ist eine Voraussetzung, wenn es darum geht, mündliche bzw. schriftliche Leistungen zu bewerten.[258] Aus mündlichen bzw. schriftlichen Reaktionen der jeweils dazu aufgeforderten Schüler wird auf deren Leistungsstand zurückgeschlossen und daraus eine Zensur gewonnen. Das kann man als die klassische

---

257 Das wird noch näher spezifiziert werden.
258 Für den Mathematikunterricht haben Kunter et al. dargestellt (2006, 177), welche Aufgabentypen bei Diagnosen des Leistungsstandes eingesetzt worden sind. Dabei hat sich gezeigt, dass die Formate eher technisch und weniger in Richtung Problemlösen orientiert waren.

Variante der pädagogischen Diagnose ansehen.[259] Wichtig für das Verständnis des Vorgehens ist, dass neben einer Diagnose auch eine Prognose enthalten ist. Das gilt insbesondere für die Zeugniszensuren. Mit der Versetzung ist die Mitteilung verbunden, dass erwartet wird, dass die nächste Klassenstufe im jeweiligen Fach, aber auch in der Klasse erfolgreich absolviert werden wird. Wenn die Prognose negativ ist, wird nicht versetzt. Die prognostische Funktion spielt ebenso eine Rolle, wenn Schülern Empfehlungen gegeben werden, wie sie ihre Leistungen verbessern könnten, d. h., Lehrer sie individuell beraten. Bezogen auf die Evaluation hat das Bewerten im Unterricht oft eine prognostische Funktion.

Unter den bisher diskutierten Veränderungen des Unterrichts wandelt sich die Anforderung an die Diagnostik. Es sollen Lernstände der Schüler erschlossen werden, um auf dieser Basis Forderungen an sie zu adressieren, über die sie gefördert werden sollen.[260] Die prognostische Funktion wird verstärkt. Damit wird das erforderliche Handeln im Kontext der Diagnostik neu akzentuiert: Es geht darum, Fortschritte in Relation zum Ausgangspunkt zu ermitteln, das Tempo abzuschätzen, mit dem diese Fortschritte erreicht werden und mögliche Unterstützungsmaßnahmen zu antizipieren, aber auch neue Forderungen zu formulieren, damit die Schüler in ihren Fortschritten weiter gefördert werden. Es fehlt bisher nur eine entsprechende Forschung (vgl. Helmke, Hosenfeld, Schrader 2004).

In der klassischen Variante hatte sich die Diagnose im Ergebnis darauf beschränkt, die relative Position des einzelnen Schülers in der Klasse oder einer imaginären Kohorte zu ermitteln. Das geschah, wenn eine Zensur gegeben wurde, die oft in der Form der sozialen Norm formuliert war.[261] Über die Bezugsnorm erfolgt eine Relativierung des Ergebnisses, das erzielt worden ist: Eine bestimmte Punktzahl in einer Arbeit hängt in ihrer Bedeutsamkeit davon ab, wie viele Punkte die anderen Schüler erreicht haben, um ein praktisches Beispiel zu benennen. Soziale Bezugsnormen werden auch heute noch häufig angewendet.[262] Die soziale Norm, also die relative Positionsangabe, wird ergänzt und in der Anforderung durch zwei andere Erfordernisse überlagert.

---

259 Dabei haben sich formative und summative Evaluation vermischt. Einzelne Klassenarbeiten haben eher eine Funktion der formativen Evaluation, Zensuren auf Zeugnissen werden demgegenüber summativ vergeben.
260 Diese Anforderung ist auch für das Erschließen des kognitiven Potentials des Unterrichts erforderlich. Das bezeichnen Kunter et al. (2006, 176) als eine der schwierigsten Aufgaben.
261 Klassisch ist das bei der Rückgabe der Klassenarbeiten erfolgt, wenn diese gestaffelt nach den Noten erfolgte.
262 Sie spielen auch bei den Eltern eine große Rolle. Diese fragen ihre Kinder, wie bestimmte andere Kinder in der Klassenarbeit abgeschnitten haben, mit deren Ergebnis sie dann eine Relation zum Abschneiden des eigenen Kindes herstellen.

Erstens geht es immer darum, kriterial zu diagnostizieren, d.h. festzustellen, bis zu welchem Grad hat der Schüler ein Lernziel erreicht (vgl. Klauer 1987).[263] Soll entsprechend vorgegangen werden, dann muss zuerst das Ziel des Lernens genau fixiert werden. Anschließend kann geprüft werden, ob bzw. wieweit es erreicht worden ist.

Ebenso wichtig ist es, ipsativ zu diagnostizieren, d.h. zu ermitteln, wie das Erreichte im Verhältnis zum Ausgangspunkt steht. Bei dieser Art des Messens steht die individuelle Lernentwicklung des einzelnen Schülers im Fokus des Interesses. Dabei können sowohl Klassenarbeiten und die Fort- bzw. Rückschritte, die zwischen ihnen bestehen, sobald man eine zeitliche Reihenfolge bildet, als Messpunkte gewählt werden, als auch mündliche Leistungen oder die jeweilige Arbeitshaltung als Vergleich herangezogen werden. Das müsste im Kern laufend für alle Schüler im Unterricht parallel zum Unterrichten geschehen, wenn die Informationen hinreichend für die weitere Steuerung des Unterrichts sein sollen. Wichtig ist, dass es weder um die relative Positionierung in Bezug auf andere noch um die kriteriale Bestimmung des Abstandes zu einem Ziel geht, sondern individuelle Lernfortschritte als Maß genommen werden.[264]

Mit diesem Hinweis auf die verschiedenen Bezugsnormen und den mit ihnen verbundenen Anforderungen wird deutlich, dass es eine perfekte Diagnostik im Unterricht nicht geben kann.[265] Ihre Erfüllung würde implizieren, dass nur noch diagnostiziert würde. Dennoch spielen die Anforderungen, wie sie hier einleitend geschildert worden sind, eine wesentliche Rolle bei dem, was von der Diagnostik erwartet wird.

Exkurs 6: Diagnose

Beim Diagnostizieren handelt es sich vom Ansatz her um einen alltäglichen Prozess. Wir werden im Alltag ständig von anderen diagnostiziert und diagnostizieren andere ebenso. Für diese Diagnosen gibt es keine methodischen Regeln oder Formvorschriften. Sie ereignen sich, ohne dass wir uns irgendwelche Rechenschaft über das Vorgehen geben. „Jeder Mensch wird ständig durch seine Mitmenschen diagnostiziert und diagnostiziert diese, indem er versucht, je nach Interesse an ihnen über sie etwas zu erfahren, sie kennenzulernen [...] Dieses alltägliche Diagnostizieren vollzieht sich vornehmlich im Rahmen mehr oder weniger zufälliger Beobachtung und Registrierung von Erscheinungen, Äußerungen, Handlungen etc. im direkten Umgang" mit anderen (Nestmann 1990, 205). Später stellt sich häufig heraus, dass wir uns geirrt haben; das hindert in der Regel daran, den Vorgang bei nächster Gelegenheit zu wiederholen. Insofern bilden diese Diagnosen eher die Grundlage für Vorurteile als für Urteile. Will man Urteile erreichen, die auch einer kritischen Prü-

---

263 Mit den Bildungsstandards ist vom Ansatz her eine Hinwendung zu kriteriumsorientierten Normen verbunden (BMBF 2003, 85).
264 Weitere Hinweise zu den verschiedenen Bezugsnormen finden sich im Exkurs zur Testtheorie.
265 Dieser Anforderungskatalog kann allenfalls für einzelne Schüler oder kleine Teilmengen von Schülern erfüllt werden.

fung in Bezug auf ihre Grundlagen standhalten, wird man andere Vorgehensweisen wählen müssen.

Der Begriff Diagnose stammt aus dem Griechischen. Diagnosis bedeutet soviel wie Unterscheidung, Auseinanderhalten. Mit der Diagnose ist demnach eine Tätigkeit verbunden, bei der sich einerseits darauf konzentriert wird, bestimmte Merkmale genau zu fixieren und diese unterschieden von anderen zu erheben. Tyson und Jackson (1992) haben das so beschrieben: „The task of diagnosis is to establish facts and to identify problems, and perhaps even to make comparisons and evaluations".[266] Klauer (1982, 5) hat die pädagogische Diagnostik als das „Insgesamt von Erkenntnisbemühungen im Dienste aktueller pädagogischer Entscheidungen" bestimmt. Dabei sollen alle für die Entscheidung relevanten Variablen einbezogen werden. Wegen der damit verknüpften Vieldimensionalität handelt es sich beim Diagnostizieren im weiteren Verständnis um eine Kunst. Eine Kunst zeichnet sich dadurch aus, dass sich eine Technik des alltäglichen Prozessierens in einem Feld herausgebildet hat, in dem es unmöglich ist, alle Drehungen und Wendungen des praktischen Umgangs vorherzusagen (Gage 1979, 3ff.). In diesem Sinne hat Elstein (1976, 696) „die Gesamtheit der kunstvollen, informellen, qualitativen oder nicht ausdrücklich quantifizierten, vom Kliniker allgemein angewandten Strategien" als klinische Diagnose bezeichnet. Das Ziel dieser Kunst der diagnostischen Praxis „ist die Erleichterung, Absicherung, Kontrolle oder lediglich auch Legitimation nachfolgender Entscheidungen" (Nestmann, 1990, 206).

Der Bezugspunkt der klassischen Diagnostik ist das Individuum. Die Kunst des Diagnostizierens bedarf einer wissenschaftlichen Basis, und sie muss methodisch abgesichert werden: Über das angemessene methodische Vorgehen wird das erforderliche Maß an Intersubjektivität hergestellt, das in diesem Fall darauf hinaus läuft, dass Dritte die Prozesse, welche beim Evaluieren in einem bestimmten Feld durchlaufen worden sind, nachvollziehen können. Insofern handelt es sich um eine Kunst, die auf einer wissenschaftlichen Vorgehensweise beruht. Die Wissenschaftlichkeit wird über die Methode gesichert.[267]

Wenn es sich bei der Diagnose um eine Kunst handelt, bedarf es zur Ausübung einer bestimmten Fertigkeit. Es ist eine erfahrungsbasierte Vorgehensweise, die auf einem wissenschaftlichen Fundament aufbaut bzw. aufbauen sollte. Ein solches wissenschaftliches Fundament liegt für die Diagnose in den jeweiligen Wissenschaftsbereichen vor, welche von der Beurteilung der Persönlichkeit, über die Erhebung von Schulleistungen bis hin zur Diagnose von Organisationen reichen. Die verschiedenen hier aufgeführten Anwendungsbereiche lassen vermuten, dass sich Diagnosen nicht nach einem einheitlichen Muster bzw. mit Hilfe einer einheitlichen Vorgehensweise erstellen lassen, sondern einer Anpassung, auch im methodischen Bereich, an den Kontext bedürfen, für den sie erstellt werden.

Mit Diagnosen wird die Beschreibung eines Ist-Zustandes angestrebt. Es gibt einige Disziplinen in der Wissenschaft, in denen professionell diagnostiziert wird. Arnold (1971, 362) hat die Diagnose als „psychologisches Feststellungs- und Erkundungsverfahren für körperliche, seelische und geistige Eigenschaften, Abnormitäten und Geschehnisse bei Einzelpersonen sowie Personengruppen" bezeichnet, d.h., für die Psychologie hat er mit Diagnose einen weiten Bereich von Tätigkeiten verbunden.

Neben der Psychologie ist die Medizin als ein Gebiet zu nennen, in dem häufig Diagnosen erbracht werden müssen. Die Schwierigkeit des Diagnostizierens ist in dieser Disziplin offensichtlich: Es soll im Allgemeinen eine Ursache für Beschwerden gefunden werden, die entweder nur geschildert oder auch mittels bestimmter Verfahren festgestellt werden können. Fieber kann beispielsweise mit Hilfe eines Thermometers festgestellt werden. Bei

---

266 Es gibt auch Definitionen, die Diagnose anders bestimmen: „Diagnosing – being able to understand and interpret the situation you are attempting to influence" (Hersey, Blanchard 1993, 488).
267 Diese Strategie findet sich häufig in den Sozialwissenschaften.

der Suche nach der Ursache spielen Erfahrung und Kontextwissen eine große Rolle. So kann im Falle des Fiebers die Tatsache, dass gerade eine Grippewelle herrscht, die Diagnose nahe legen, dass der verursachende Faktor ein Grippevirus sei. Das setzt eine Suche nach weiteren Symptomen in diese Richtung in Gang.

Es bleibt festzuhalten, dass in der Medizin und der Psychologie dem Diagnostizieren große Aufmerksamkeit geschenkt worden ist und auch weiterhin geschenkt wird. Kaminski (1977, 186) hat bereits vor 25 Jahren erläutert: „Als psychologische Diagnose bezeichnet man den Prozeß oder das Ergebnis eines Prozesses, in dem Urteile über Besonderheiten menschlicher Individuen (seltener auch einzelner Gruppen) gebildet werden. Von vorwissenschaftlichen Urteilen unterscheiden sich die psychologischen dadurch, dass sie nach Inhalten und Zustandekommen einschränkenden, aus dem Anspruch der Wissenschaftlichkeit herzuleitenden Bedingungen genügen muß." Er hat weiterhin beschrieben, dass relativ leicht zugängliche Daten als Ausgangspunkt dienen, aus denen Annahmen über weniger leicht zugängliche Daten – Fähigkeiten, Gründe für Verhaltensweisen z. B. – hergeleitet werden. Das trifft sich mit dem Beispiel aus der Medizin. Später hat sich dann eine Tradition herausgebildet, die nicht mehr die Diagnose allgemein betraf, sondern sie auf einen bestimmten Zweck, die Leistung oder die Lernziele bezogen. Ursprünglich ist es aber in der Psychodiagnostik darum gegangen, Merkmale der Persönlichkeit, des Charakters oder allgemeiner von Verhaltenstendenzen zu bestimmen (Krapp 1981, 77). D. h., mit der Diagnose wird mehr als nur die Beschreibung bestimmter Tatsachen angezielt, die dem Augenschein nach gegeben sind.

Mit einer Diagnose soll – auch im Unterricht – mehr geleistet werden als nur die Beschreibung des Offensichtlichen. So geht es im Fall der Unterrichtsstörung nicht nur darum, diese zu konstatieren, sondern es soll auf Gründe für sie zurückgeschlossen werden. Erst auf dieser Basis sind andere Reaktionen als nur die möglich, die Störung durch Erhöhung des Drucks zu beheben. In anderen Kontexten geht es im Unterricht darum, die Leistung als solche zu erheben, sondern auch Ursachen für Defizite, erwartete oder besser als erwartet ausfallende Leistungen mit zu erschließen. Aus Symptomen soll auf mögliche Ursachen geschlossen werden. Dabei ist es wichtig, sich über die individuellen Lernvoraussetzungen der Schüler zu informieren. Diese liegen im sprachlichen, kognitiven und motivationalen Bereich (vgl. z. B. Bellin 2009).[268]

Im Unterricht wird von einer Diagnose erwartet, dass sie einen Bezug zu den Zielen, den Inhalten und dem Bemühen des einzelnen Schülers aufweist. In Diagnosen werden demnach Relationen von fachlichen Inhalten und personalen Ressourcen wirksam. Für die Lehrkräfte folgt daraus als Anforderung, dass sie die fachlichen Aspekte sequenziert haben und parallel dazu auch das Bemühen der Schüler um ihr Lernen in eine entsprechende Sequenz gebracht haben. Nunmehr lässt sich präziser erfassen, was von Diagnosen im Unterricht erwartet wird: Desinteresse der Schüler, das ist sichtbar, kann z. B. daraus entstehen, dass Inhalte nicht verstanden oder für uninteressant gehalten werden. Es kann ebenso

---

268 An dieser Stelle soll keine Übersicht zu entsprechenden Instrumenten oder Vorgehensweisen gegeben werden. Hierzu sind Arbeiten wie die von Wild, Krapp (2006) gut geeignet.

an der Anschlussfähigkeit zum bereits Bekannten mangeln. Dabei sind Differenzen zwischen Schülern einer Klasse wahrscheinlich. Diese Art von Diagnosen ist erforderlich, um den Unterricht angemessen steuern zu können.

Hiervon lässt sich ein zweiter Typ der Diagnose unterscheiden, der als Individualdiagnose bezeichnet wird und den einzelnen Schüler im Fokus hat. Damit wird ein anderes Spektrum der pädagogischen Diagnostik eröffnet, welchem in der Praxis große Bedeutung zukommen muss und das mögliche begründete Entscheidungen in Bezug auf einzelne Schüler zum Gegenstand hat: „Die pädagogisch-psychologische Diagnostik ist ein Arbeitsfeld, das sich mit der Beschaffung und Bewertung von Informationen befasst, die zu einer möglichst akkuraten Einschätzung der aktuellen Ausprägung von Personenmerkmalen [...] oder Merkmalen der Lern- und Entwicklungsumwelt [...] beitragen" (Wild, Krapp 2006, 528). Wiederum wird der umfassende Anspruch sichtbar, der mit Diagnostik verknüpft ist. Dabei interessiert an dieser Stelle vor allem der pädagogische Aspekt, weil die Diagnostik auf den Unterricht und die Prozesse eingeschränkt behandelt wird, die in ihm stattfinden. In diesem Kontext ist eine Einteilung wichtig, die sich ebenfalls bei Wild, Krapp (2006, 531) findet: Danach kann bei den diagnostischen Aufgaben zwischen Treatment vorbereitenden, Treatment begleitenden und Treatment abschließenden Prozessen unterschieden werden (vgl. auch Krapp 1993, 570f.). Dadurch wird eine enge Verknüpfung der pädagogischen Diagnostik mit dem Handeln im Unterricht möglich. Die Unterscheidung kann im Sinne eines Phasenmodells interpretiert werden: Es gibt Anlässe, die zur Auslösung der Diagnostik führen, es wird darauf zu reagieren versucht, und die Reaktion wird ebenfalls diagnostiziert und anschließend bewertet.[269]

Zum besseren Verständnis von Diagnose und der Verwendung des Begriffs sind noch folgende Hinweise wichtig: Wenn Personen diagnostiziert werden, wie das bei der Erhebung von Schulleistungen der Fall ist, kann über entsprechende statistische Methoden anschließend eine Aggregatbildung erfolgen, die es auch gestattet herauszufinden, welche Anteile an der gemessenen Leistung dem Individuum, der Klasse und der Schule zugerechnet werden können, d. h., es sind auf der Basis gemessener individueller Leistungen Diagnosen von Organisationen bzw. von Subeinheiten der Organisationen möglich.

Exkurs 7: Testtheorie

In der klassischen Testtheorie sind Gütemerkmale für Tests formuliert worden. Dabei sind drei Begriffe von besonderer Bedeutung: Objektivität, Reliabilität und Validität. Mit Objektivität wird die Forderung bezeichnet, dass unterschiedliche Bewerter in Bezug auf eine Mes-

---

[269] Die dominierende handlungstheoretische Perspektive der pädagogischen Psychologie wird auch an dieser Stelle sichtbar.

sung zum gleichen Ergebnis kommen. Dieses Ziel kann leichter erreicht werden, wenn standardisierte Vorgaben für die Antworten vorgegeben werden. Mit Reliabilität wird Zuverlässigkeit angemahnt, das meint, dass unterschiedliche Erhebungen der Daten mit dem gleichen Instrument bei den gleichen Objekten zu weitgehend identischen Ergebnissen führen. Mit der Validität wird verknüpft, dass das gemessen wird, was vorgeblich gemessen werden soll.[270]

In der pädagogischen Diagnostik werden diese drei Forderungen bzw. deren Einlösung als Mindestkriterien für die Qualität der jeweiligen Messungen angesehen werden. Um sie zu erreichen, bedarf es wissenschaftlicher Methoden. Das zentrale Problem liegt dabei darin, dass wahre, nicht direkt beobachtbare Werte möglichst fehlerfrei genau beziffert werden sollen (Gigerenzer 1981).[271] Ein Kernproblem bei dieser Bestimmung der Gütemerkmale liegt darin, dass es in der pädagogischen Diagnostik in erster Linie nicht um die Erfassung stabiler Merkmale gehen soll, wie das die Bestimmung der Reliabilität voraussetzt, sondern die Abbildung von Prozessen angestrebt wird. Heute werden auch adaptive Testverfahren eingesetzt, bei denen die Schüler nach Möglichkeit keine Aufgaben bearbeiten sollen, deren Schwierigkeitsgrad viel zu hoch oder viel zu niedrig für sie ist. Verfahren diesen Typs werden bei den internationalen vergleichenden Schulleistungsstudien verwendet. Sie dürften für eine systematische Anwendung im Unterricht zu aufwändig sein. Hier reicht der Hinweis aus, dass auch beim Testen ein Trend zur Individualisierung und Anpassung an die subjektiven Voraussetzungen der Schüler beobachtbar ist.

Tests können unter Anwendung verschiedener Bezugsnormen konstruiert werden. Generell kann nach drei verschiedenen Bezugssystemen differenziert werden: sozial, kriterial oder ipsativ. Bisher sind soziale Bezugssysteme am weitesten verbreitet. Sie enthalten Informationen über die relative Position einer einzelnen Einheit zu anderen Einheiten, einer Person zu anderen Personen etc. Die bekannteste soziale Bezugsnorm ist die Normalverteilung. Alle Rangreihen stellen ebenfalls soziale Bezugsnormen dar. Soziale Bezugsnormen vermitteln keine absoluten Informationen über Kenntnisse, Wissen oder Fertigkeiten. Sie werden in aller Regel empirisch ermittelt und bleiben relational. Als Basis wird bei der Konstruktion die klassische Testtheorie angewendet.

Kriteriale Bezugsnormen gibt es beispielsweise bei der Einteilung in Kompetenzstufen, wie sie für DESI entwickelt worden sind. Sie enthalten Informationen dazu, welches Kriterium erreicht worden ist oder verfehlt wurde. Die Kriterien bzw. Kompetenzen können definiert werden, indem man ihnen inhaltliche Merkmale zuordnet. Gegenwärtig ist zu beobachten, dass vermehrt Kompetenzen zu bestimmen versucht werden. Damit ist eine Höherbewertung prozeduralen Wissens im Verhältnis zum deklarativen Wissen verbunden. Das kann man als eine Umorientierung innerhalb des Bildungssystems begreifen, in dem traditionell eher deklaratives Wissen als wichtig angesehen worden ist. Als Basis werden bei der Konstruktion probabilistische Testtheorien angewendet (vgl. BMBF 2003, 81ff.).

Erfahrungen mit ipsativen Bezugssystemen liegen bisher sowohl auf der Ebene der Organisation als auch der der Individuen kaum vor. Im Prinzip bedarf es dabei jeweils einer Vorher-Nachher-Messung und einer Bestimmung der Veränderung zwischen den beiden Messzeitpunkten.[272] Im Kontext von Schul- und Unterrichtsentwicklung wird ipsativen Bezugssystemen eine erhöhte Bedeutung zukommen. Jeder Versuch einer Verbesserung, der entsprechende Nachweise mit einschließt, muss im Endeffekt ipsative Bezugssysteme

---

270 Mündliche und schriftliche Zensuren genügen solchen Ansprüchen bei der Bewertung der Schülerleistungen nicht.
271 Mit Messen sind in der Psychologie und der Erziehungswissenschaft immer eine Reihe von Vorannahmen verknüpft, die selten expliziert werden. Gigerenzer (1981) hat diese anschaulich dargestellt sowie die daraus resultierenden Probleme beschrieben.
272 Zu Problemen der Veränderungsmessung vgl. Ittel und Merkens (2006).

> verwenden. Wenn man die hier interessierende Fragestellung – Individualisierung der Instruktion – als Fokus hat, dann wird insbesondere ipsativen Bezugssystemen eine vermehrte Aufmerksamkeit geschenkt werden müssen. Das verlangt gegenüber traditionellen Vorgehensweisen insofern einen Wandel als ermittelt werden muss, wieweit sich Veränderungen auf der Aggregatebene Unterricht bzw. bei Teilmengen erfolgreicher und weniger erfolgreicher Schülerinnen und Schüler nachweisen lassen, d.h. an die Stelle der vorherrschenden variablenorientierten muss eine personenorientierte Bilanzierung treten (vgl. Von Eye 2006).

Mit Hilfe der Diagnostik sollen Entscheidungen vorbereitet werden (Krapp 1981). Deshalb müssen die Tatsachen, auf denen die Diagnose beruht, eine solche Entscheidung ermöglichen. In der Medizin ist der Zusammenhang eindeutig: Es werden Symptome registriert, daraus wird eine Diagnose erstellt, auf deren Basis entsprechende Maßnahmen mit dem Ziel eingeleitet werden können, dass die Symptome, welche den Ausgangspunkt bildeten, entweder abgemildert (chronische Erkrankungen) oder im günstigsten Fall zum Verschwinden gebracht werden können. Im Unterricht müssen, damit die Symptome umfassend einbezogen werden können, neben personal verortbaren Ressourcen und Merkmalen auch Umweltmerkmale in die Diagnose einbezogen werden. So sind z.B. Informationen über die Familie, vor allem über deren sozioökonomischen Status von Interesse, wenn es um die Diagnose von Schülerleistungen geht.[273]

Diagnosen dienen, obwohl sie als distinkte Verhaltensweisen erfasst und beschrieben werden können, einem bestimmten Zweck, der außerhalb von ihnen liegt, der Behandlung bzw. allgemeiner Maßnahmen, die dazu führen sollen, dass die Diagnose korrigiert werden muss, weil die Symptome, auf denen sie basierte, nicht mehr auftreten oder abgeschwächt werden. D.h., in der Medizin zumindest werden Diagnosen in vielen Fällen mit dem Ziel erstellt, nach einiger Zeit die Merkmale, auf denen sie aufgebaut worden sind, nicht mehr anzutreffen. Diagnosen dienen also in der Praxis weniger dazu, bestimmte Merkmale zu erfassen, die unabhängig von räumlichen und zeitlichen Grenzen immer gültig sind, sondern mit ihnen werden kontextspezifisch bestimmte Merkmale zu erfassen versucht, die eine Beurteilung des jeweiligen untersuchten Gegenstandes – Person oder Institution – ermöglichen und es gestatten, anschließend Maßnahmen zu ergreifen. Deshalb kommt den Diagnosen im Unterricht zentrale Bedeutung zu.

---

273 Zur genaueren Darstellung dieses Aspektes wird die Lektüre bei Wild, Krapp (2006, 557ff.) empfohlen.

4.3.2 Zum Zweck der Diagnostik im Unterricht

Mit Diagnosen werden bestimmte Ziele verfolgt bzw. verknüpft. Sie erfolgen nicht aus einem Selbstzweck heraus, wenn sie im Unterricht stattfinden. Auf ihrer Basis soll eine Verbesserung der Unterrichtssteuerung sowie der Platzierung individueller Forderungen an die einzelnen Schüler erreicht werden. Es werden nicht nur individuelle Merkmale erhoben und vielleicht auf Klassenebene aggregiert, sondern es werden aus ihnen auch Rückschlüsse auf den Unterricht gezogen und begründet. Das ist eine mögliche Lesart. Eine andere resultiert daraus, dass man nach den Zwecken fragt, die mit pädagogischer Diagnostik verbunden werden.

Mit pädagogischer Diagnostik können mindestens zwei verschiedene Ziele verknüpft werden. Traditionell ist sie vor allem mit dem Ziel der Selektion eingesetzt worden. Das war bei Entscheidungen über die Versetzung in der Schule sowie bei Entscheidungen zu Übergängen in der Schule jeweils ein zentraler Anlass. Davon lässt sich ein anderer Zweck unterscheiden: Es kann auch mit dem Ziel diagnostiziert werden, mögliche Modifikationen von Handlungen zu begründen bzw. einzuleiten (Wild, Krapp 2006, 533). Deshalb sind Diagnosen eine wesentliche Voraussetzung für ein Unterrichtscontrolling.

4.3.3 Rückmeldungen im Unterricht

Rückmeldungen und deren Interpretation durch Lehrkräfte kommt heute in Schulen und im Unterricht eine steigende Bedeutung zu. Sie haben auch in vielen anderen Kontexten eine wichtige Funktion. Zuerst sind Lerntheorien mit ihren verschiedenen Traditionen zu nennen. Von Thorndikes (1913) *Law of effect* bis hin zu Skinners (1968) operantem Konditionieren gibt es zahlreiche Varianten, die auf Rückmeldungen aufbauen. Rückmeldesysteme spielen ebenso von Beginn an in der Kybernetik eine große Rolle (Wiener 1952), im Bereich des Managements können Zielvereinbarungen als eine Variante von Rückmeldesystemen angesehen werden. Weiterhin basiert Banduras (1969, 1977) sozial kognitive Theorie auf Rückmeldungen, wenn die Rückmeldungen über eigene Leistungen mit den eigenen Leistungsstandards verglichen werden. Kluger und DeNisi (1996) haben aus vorhandenen Theorien bestimmte Aspekte identifiziert, die in Theorien über Rückmeldung einbezogen werden müssten, und von denen hier drei genannt werden sollen:

1. Das Verhalten wird über Vergleiche der Rückmeldung mit Standards gesteuert. Dabei gibt es verschiedene Möglichkeiten des Umgangs: Man kann die Angemessenheit der Rückmeldung bezweifeln. Man kann die Standards

verändern oder ablehnen oder man kann versuchen, das eigene Verhalten in Richtung Standards zu verändern.
2. Die Aufmerksamkeit wird auf einige Aspekte der Rückmeldung fokussiert. Andere Informationen werden nicht oder wenig beachtet. Die Reaktionen sind daher selektiv.
3. Rückmelde-Interventionen können den Fokus der Aufmerksamkeit verändern.

Aus diesen Aspekten wird deutlich, dass über Rückmeldungen eine Fokussierung der Aufmerksamkeit auf bestimmte Merkmale erfolgt und andere vernachlässigt werden. So kann die Praxis der Rückmeldungen im Anschluss an PISA und IGLU auch die Wirkung haben, dass Schule und Unterricht einseitig aus der Perspektive der Ergebnisse betrachtet werden. Wirkungen von Feedback auf Lerner sind verhältnismäßig gut untersucht. Dabei hat sich ergeben, dass Rückmeldungen, die nur falsch/richtig enthalten, weniger effizient sind als Rückmeldungen, die entweder die richtige Antwort oder eine Erklärung enthielten (Coe 2002, 11). In Organisationen konnte ebenfalls eine positive Wirkung von Feedback in Kombination mit formulierten Zielen der Organisation nachgewiesen werden (ebd.) Nicht zuletzt konnte bei Lehrern und Schulen ein positiver Effekt von Rückmeldungen dokumentiert werden (ebd. 13ff.).

Allerdings ist in diesem Zusammenhang auf Tymms (1995) mit einer skeptischen Position zu verweisen, wenn er bezweifelt, dass Lehrkräfte auf der Basis von Feedback-Systemen zu relevanten Veränderungen ihres Verhaltens kommen. In vielen Fällen ist das nach seiner Meinung nicht der Fall. Es gibt bisher wenig Forschung zu diesem Thema (ebd., 127; Gärtner 2006). Von Interesse wäre es beispielsweise herauszufinden, welche Rolle Inertia, die auf der Ebene der Organisation der Schule basiert ist, in einem solchen Prozess spielt (Levinthal 1996). Fragen dieser Art sind Heck und Marcoulides (1996) nachgegangen, wenn sie den Zusammenhang zwischen Schulkultur und Leistung untersuchten und dabei herausfanden, dass die Schulleistung vom Wissen über die Umwelt der Schulkultur beeinflusst wird. Das würde wiederum darauf schließen lassen, dass sich die Schulkultur selbst als träge gegenüber erwünschten Veränderungen erweist. Eine Folge wäre, dass methodische Varianten des Unterrichts nur eine nebengeordnete Rolle spielen würden und allenfalls einen geringen Einfluss auf mögliche Leistungen der Schuljugendlichen hätten, die Umwelt der Schule demgegenüber ein wichtiger Prädiktor für die schulischen Leistungen wäre (vgl. Merkens 2005). In gewisser Weise werden solche Vermutungen durch die Ergebnisse von PISA bestätigt (Deutsches PISA-Konsortium 2001).

Die Qualität eines Feedback-Systems hängt wesentlich von den Indikatoren ab, die ausgewählt worden sind. Fitz-Gibbon (2002, 30) geht davon aus, dass es kaum eine Einigung auf der Basis einzelner Indikatoren darüber geben kann, welche unbedingt innerhalb eines Rückmeldesystems berücksichtigt werden müssen. Sie hat vielmehr zwei Dimensionen unterschieden. Die eine betrifft die Ziele, die Gruppen und die politischen Ziele, die anderen den Input, den Prozess, die kurzfristigen und die langfristigen Ergebnisse. Während die zweite Dimension das methodische Vorgehen innerhalb des pädagogischen Settings und die Differenz Input zu Output betrifft, bezieht sich die andere auf die Rahmenbedingungen, unter denen der pädagogische Prozess stattfindet. Ditton (2000) hat für die Qualität des Unterrichts als Merkmale ‚Klarheit' sowie ‚Strukturiertheit' vorgeschlagen und für dessen Angemessenheit ‚Tempo', ‚Schwierigkeit' sowie ‚Leistungserwartungen'. Diese Merkmale verdeutlichen, dass Rückmeldesysteme komplexe Informationen enthalten, deren Verarbeitung von den jeweiligen Adressaten eine hohe Kompetenz erwarten lässt. Aber auch die angemessene Operationalisierung eines Merkmals wie ‚Klarheit' dürfte nicht einfach sein, wenn es den Unterricht als Gesamtfigur betrifft.

Rückmeldungen sind ein wesentlicher Bestandteil aller Evaluationen. Gerade auf diesem Gebiet hat es in den letzten Jahren eine dynamische Entwicklung gegeben. Folgt man Klieme (2002), dann liegt der Vorteil von Rückmeldesystemen der neuen Art – das sind testbasierte Rückmeldungen über die Ergebnisse von Vergleichsarbeiten – darin, dass Schulen oder Lehrkräfte Informationen über Schulmerkmale und Ergebnisprofile durch Mitteilung von Leistungen, übergreifende Kompetenzen, Motivation, Einstellungen erhalten, die bei Schülern erhoben worden sind. Hierin ist eine wichtige Differenz zu den traditionellen alltäglichen Formen der Rückmeldung zu sehen: Einerseits werden die Urteilsgrundlagen deutlicher erfasst. Zusätzlich werden Informationen über Ressourcen vermittelt, die einen Einfluss auf die Leistungen ausüben. Außerdem handelt es sich um Tests, mit denen der Anspruch erhoben wird, objektiv über Leistungsstände zu berichten. Andererseits werden Informationen oft auf die Schule als Ganzes und nicht auf den Unterricht in einer Klasse oder bezogen auf einzelne Schüler geliefert. Außerdem erfolgt die Rückmeldung mit großer Zeitverzögerung, so dass es schwer fallen dürfte, aus ihr direkte Konsequenzen für einzelne Klassen oder Schülerinnen bzw. Schüler herzuleiten. Wenn heute über Rückmeldesysteme berichtet wird, so werden in der Regel nur dieser zweite Typ oder ihm analoge Formen in den Blick genommen (vgl. z.B. Schwippert 2005).[274] Entscheidend für die Information, die Rückmeldungen entnommen werden können, ist das Bezugssystem, auf dem sie basieren.

Gegenwärtig wird die Diskussion in der Bundesrepublik von der Bestimmung von Bildungsstandards beherrscht: „Bildungsstandards orientieren sich an

---

274 Es handelt sich also genau genommen nicht über Rückmeldungen im Unterricht, sondern Rückmeldungen zum Unterricht.

Bildungszielen, denen schulisches Lernen folgen soll, und setzen diese in konkrete Anforderungen um" (BMBF 2003, 20). „Sie legen fest, über welche Kompetenzen ein Schüler, eine Schülerin verfügen muss, wenn wichtige Ziele der Schule als erreicht gelten sollen" (BMBF 2003, 21). Damit ist ein hoher Anspruch gestellt. Um das notwendige Maß an Objektivität zu sichern, sollen die Bildungsstandards mit Hilfe von Tests überprüft werden.

Die Informationen, welche Rückmeldesysteme liefern, sollen möglichst eindeutig sein. Sie sollen nicht noch einer umfangreichen Interpretation bedürfen, um ihren Sinn zu erschließen. Das trifft sowohl für das Systemmonitoring als auch für Rückmeldungen innerhalb des Unterrichts zu. Deshalb wird der Konzeption der Bildungsstandards so große Bedeutung beigemessen (BMBF 2003). Der Forderung kann nur genügt werden, wenn geklärt ist, worauf sich die jeweiligen Rückmeldungen beziehen. Für Rückmeldesysteme, welche auf der Basis externer Evaluationen für Schulen oder den Unterricht in einzelnen Klassen erstellt worden sind, weist Coe (2002, 5ff.) darauf hin, dass Rückmeldung (Feedback) nicht nur die Kenntnis von Ergebnissen oder das Wissen von Leistungen bedeutet. Das ist vielleicht zu sehr der Ansatz gewesen, wenn bisher Ergebnisse an Schulen zurückgemeldet worden sind. Vielmehr lautet die Anforderung, dass bei einem Feedback-System mit der Rückmeldung immer eine Intervention verbunden ist, die ausgestaltet werden kann (vgl. Kluger, DeNisi 1996, 255). Welche Anforderungen daraus konkret für Rückmeldesysteme hergeleitet werden können, haben Black, Wiliam (1998) beschrieben. Danach schließt ein komplettes Rückmeldesystem vier verschiedene Ebenen ein, über die auch getrennt Auskunft gegeben werden muss:

- Daten, die über aktuell gemessene Ergebnisse berichten.
- Daten, über die Referenzebene, zu denen diese Daten in Beziehung gesetzt werden.
- Eine Anleitung, wie die beiden Ebenen verglichen werden und wie die Information über den Graben zwischen beiden Ebenen generiert wird.
- Eine Anleitung, wie die Information genutzt werden kann, um den Graben zu verändern (vgl. auch Ramaprasad 1983, 4).

Die Anforderung der ersten Ebene ist relativ einfach zu erfüllen. In der Praxis gibt es bereits auf dieser Ebene einige Probleme, weil häufig nicht die Rohwerte, sondern die um geschätzte Fehler bereinigten Rohwerte in der Form von Standardwerten zurückgemeldet werden. Hier wird auch über das Bezugssystem entschieden. Die zweite Ebene enthält Informationen über erwartete Ergebnisse. Diese können empirisch ermittelt werden, sie können aber auch in der Form von Standards vorgegeben werden. Demnach ist der Unterschied zwischen einer Leistung und einem Standard wichtig für ein Feedback-System (Coe 2002, 6). Die dritte Ebene ist der Bestimmung möglicher Differenzen gewidmet. Bei empirisch ermittelten Erwartungswerten werden z.B. für Schulen Optimalklassen identifiziert, das sind solche Klassen, in denen Erwartungswerte übertroffen werden. Hier erhofft man sich dann auch Informationen dazu zu erhalten, wie mögliche Diskrepanzen, Ebene 4, überwunden werden können. Bildungsstandards werden inzwischen in vielen Bereichen zu bestimmen versucht.

Ditton (2002) hat dieser Aufzählung noch weitere Aspekte hinzugefügt, die für Rückmeldesysteme bedeutsam sind und von denen ‚Relevanz', ‚Akzeptanz', ‚Verständlichkeit' und ‚Rechtzeitigkeit' besonders wichtig sind, wenn man überhaupt durch die Rückmeldung Effekte erzielen will. Insbesondere dem Aspekt der ‚Rechtzeitigkeit' kommt Bedeutung zu, weil häufig Rückmeldungen erst zu einem Zeitpunkt erfolgen, zu dem eine angemessene Reaktion gar nicht mehr möglich ist. Weiterhin leiden viele Rückmeldungen darunter, dass sie für die Adressaten nicht verständlich sind. Dann kann aber Akzeptanz nicht mehr gesichert werden. Relevanz hat etwas mit der Gültigkeit zu tun. Sie dürfte in der Regel nur schwer bestimmbar sein, weil die Rückmeldungen selbst in einem anderen Kontext erfolgen als dem, aus dem die ursprünglichen Informationen entnommen waren. Immerhin kann man hier durch die Dimensionierung der Rückmeldungen eine größere Sicherheit zu erreichen versuchen. Dazu bedarf es einerseits bestimmter Indikatoren zu den Leistungen der Schüler, andererseits weiterer Indikatoren zu Unterricht und Schule.

Zusammenfassend ergibt sich, dass der Wert von Rückmeldesystemen nur schwer bestimmbar ist. Jedenfalls ist die Tatsache der Rückmeldung allein noch kein Garant dafür, dass in dem System, an das zurückgemeldet wird, relevante Änderungen eintreten, die mit den Rückmeldungen systematisch zusammenhängen. Wird das angestrebt, dann müssen bestimmte Forderungen erfüllt sein:

1. Man muss relevante Indikatoren identifizieren.
2. Man benötigt akzeptable Vergleichsnormen, zu denen die Rückmeldungen in Beziehung gesetzt werden können.
3. Kriteriale Normen sind besser geeignet als soziale Normen.
4. Es mangelt bisher noch an Erfahrungen mit ipsativen Messmodellen. Diese dürften auf Dauer aber erst in der Lage sein, eine Beziehung zu Prozessdaten zu ermöglichen.
5. Das Problem bei ipsativen Normen liegt darin, dass sie, wenn über längere Zeiträume verglichen werden soll, nicht einfach im Sinne des mehr oder weniger verglichen werden kann, sondern dass Maße, die unterschiedlich definiert sind, in eine sinnvolle Beziehung gesetzt werden müssen. Das erfordert z.B. bei Messinstrumenten zur Messung der Schülerleistungen zumindest curriculare Validität.
6. Es muss Vertraulichkeit gewährleistet sein.

4.4 Zusammenfassung

Mit der Evaluation ist demnach in der neuen Variante eine anspruchsvolle Gewinnung von Informationen, Aufbereitung der Daten und Berichterstattung an Adressaten verbunden. Damit ist eine Basis für eine Weiterentwicklung der Unterrichtssteuerung unter stärkerer Berücksichtigung der individuellen Differenzen der Schüler in einer Klasse gewonnen, die im folgenden Kapitel vorgestellt werden wird.

Fragen bzw. Aufgaben zum Kapitel 4

1. Wie lauten die Ansätze zum Klassenmanagement bei Ophardt und Thiel?
2. Welche Aspekte unterscheidet Doyle beim Klassenmanagement?
3. Wie hängen Organisation des Unterrichts und Klassenmanagement zusammen?
4. Welche Bedeutung kommt dem Controlling zu?
5. Schildern Sie verschiedene Lehrstile.
6. Was sind effektive Vorgehensweisen im Unterricht?
7. Welche kooperativen Formen des Unterrichtens lassen sich unterscheiden?
8. Wo sehen Sie Ansatzpunkte für eine pädagogische Diagnostik?
9. Welche Formate lassen sich bei Rückmeldungen im Unterricht unterscheiden?

5 Von der Lehrwegs- zur Lernwegsorientierung

> Im fünften Kapitel werden die Herausforderungen behandelt, die von Lehrern in Settings bewältigt werden müssen, in denen vom Lernen der Schüler und den Möglichkeiten, es zu unterstützen, ausgegangen wird. Dabei wird es weniger darum gehen, entsprechende Theorien vorzustellen, obwohl das auch geschieht. Vielmehr steht im Zentrum die Überlegung, wie selbstgesteuertes Lernen der Schüler unterstützt und gefördert werden kann.

Die bisher geschilderten Vorstellungen zur Steuerung lassen sich der Lehrwegsorientierung zuordnen. In den letzten Jahren ist ein Konkurrenzmodell hierzu entwickelt worden, das mit Lernwegsorientierung bezeichnet wird. Aus dieser Sicht geht es nicht mehr um die optimale Steuerung des Unterrichts durch Lehrkräfte, vielmehr tritt die Frage ins Zentrum, welchen Beitrag die Schülerkommunikation und damit die kommunikative Situation im Unterricht für den Erfolg bei einzelnen wie bei allen Schülern einer Klasse hat. An die Stelle der Steuerung durch den Lehrer tritt die Suche nach dem Einfluss der Selbststeuerung durch das Gemeinsame von Lehrkräften und Schülern. Zum Lehrstil zählt auch die Form der Kommunikation; diese sollte bei der Lernwegsorientierung prinzipiell kooperativ sein und Schülern die Kooperation erleichtern (Marzano 2003, 52ff.). Wuttke (2005, 17) hat beispielsweise „Unterricht als kommunikationsgeprägte Situation" bestimmt und daraus die Frage hergeleitet, ob Kommunikation im Unterricht ein Lernziel sei oder ob durch Kommunikation im Unterricht das Lernziel Wissenserwerb gefördert werde. Daraus folgt die weitere Frage, welche Wirkung die Äußerungen der Schüler auf den Unterrichtserfolg bei ihren Mitschülern haben.

Die traditionelle Fokussierung auf das Lehren, dessen Ziele, Inhalte und Methoden wird durch eine stärkere Beachtung des Lernens ersetzt. Steht das Lernen im Zentrum des Interesses, dann erhalten Fragen, wie die Schüler zum Lernen motiviert sind bzw. deren Motivation unterstützt werden kann und wie das Lernen selbst stattfindet, mehr Gewicht. Lehren erfordert in der neuen Orientierung das Bereitstellen von Lerngelegenheiten (Hasselhorn, Gold 2006, 220ff.). Allerdings ist diese Perspektive nicht so neu, wie sie oft dargestellt wird. Traditionell kann auf die Reformpädagogik mit vielfältigen Ansätzen verwiesen werden, Vorläufer finden sich ebenso beim Pragmatismus, hier vor allem Dewey (1966), der ähnlich wie Kerschensteiner (1926) bereits auf die Selbsttätigkeit als Movens des Lernens verwiesen hatte. Ohne auf Vollzähligkeit abstellen zu wollen, müssen auch Copei (1966) und Wagenschein (1962) in diesem Kontext benannt werden. Charakteristisch für diesen Typ von Unterricht ist, dass er sich nicht auf die Art planen lässt, wie sich das im Rahmen der Ansätze zum *Instructional Design* herauskristallisiert hatte. Das Lernen der Schüler wird nicht mehr ausschließlich durch die Lehre zu steuern versucht. Sobald der Lernende selbst als Fixpunkt gewählt wird, kann man eine Hinwendung vom Lerngegenstand, der gelehrt wird, zum Problem konstatieren, das gelöst werden soll (Hasselhorn, Gold 2006). Unterricht wird nicht mehr als Veranstaltung begriffen, die dazu dient, den Schülern einen Stoff zu vermitteln, vielmehr wird nun von einer an die Schüler adressierten Herausforderung ausgegangen, die diesen beim Erwerb von Wissen Eigenaktivität abverlangen.[275]

Es wird angenommen, dass beim Lernen im Unterricht Wissen erworben wird.[276] Der Erwerb von Wissen erfordert Informationsverarbeitung. Dazu muss die jeweils neue Information verstanden werden; sie muss an vorhandenes Wissen anschlussfähig sein. Für die Darstellung der Vorgänge beim Prozess des Wissenserwerbs haben Hasselhorn und Gold (2006, 50) ein Modell entwickelt.

Abbildung 35: Modell der menschlichen Informationsverarbeitung
(nach Hasselhorn und Gold 2006, 50)

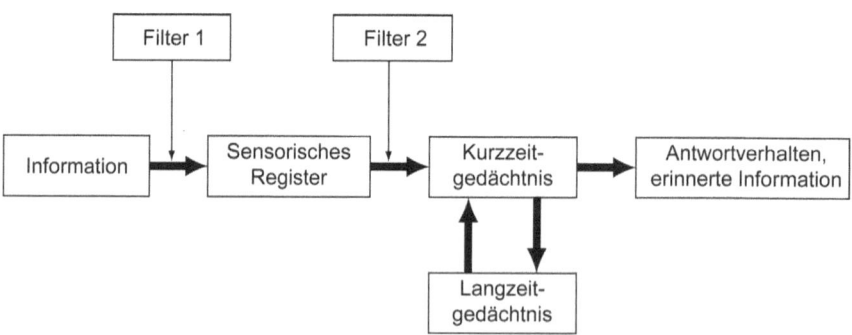

Wissenserwerb setzt voraus, dass Umweltreize über Sinnesorgane rezipiert werden, als Empfindungen weiter bearbeitet werden können. Das ist ein erster Filter. Dieser Filter kann durch Kontexteffekte beeinflusst werden. In Klassen kann beispielsweise der Geräuschpegel verursachen, dass Schüler bestimmte Informa-

---

275 Diese Sichtweise von Unterricht findet sich bereits bei Copei (1962) mit dem fruchtbaren Moment im Bildungsprozess und Wagenschein (1962) im Rahmen der exemplarischen Vorgehensweise.
276 Das ist zumindest im Unterricht immer eine Intention.

tionen nicht erhalten. Auf der personellen Ebene der Schüler kann sein, dass sie abgelenkt sind und für sich andere Informationen auswählen als diejenigen, die im Unterricht vermittelt werden sollen. Deshalb kommt bei Schülern der Aufmerksamkeit eine große Bedeutung zu. Die Aufmerksamkeit kann über die Motivation, vor allem die Volition, beeinflusst werden.

Empfindungen stehen in sensorischen Registern zur Verfügung. Bei der Transformation in Wahrnehmungen werden ihnen bestimmte Merkmale (Informationen) entnommen. Das ist ein zweiter Filter, der wiederum von der Aufmerksamkeit beeinflusst werden kann. Außerdem spielen hier vergangene Erfahrungen und damit das Langzeitgedächtnis eine Rolle (vgl. Merkens 1972). Die beachtete Information gelangt ins Kurzzeitgedächtnis. Das Kurzzeitgedächtnis hat die Funktion des Arbeitsgedächtnisses. Hier finden die entscheidenden Prozesse statt. Die Information kann nur verstanden werden, wenn es im Langzeitgedächtnis Anschlussmöglichkeiten gibt. Die Verarbeitung im Kurzzeitgedächtnis erfolgt deshalb über Interaktion mit dem Langzeitgedächtnis. Unter Umständen bedarf es in diesem Prozess der Unterstützung durch den Lehrer. Aus der Verarbeitung resultiert das Reaktions- bzw. Antwortverhalten. Bei der Verarbeitung handelt es sich um eine Eigenaktivität, die in einem Antwortverhalten oder in einer erinnerten Information endet, indem das Ergebnis dem Langzeitgedächtnis hinzugefügt wird. Das kann man als erfolgreiches Lernen bezeichnen.

Hier setzt die konstruktivistische Sichtweise des Lernens im Unterricht an. Lernen wird als konstruktive Eigenaktivität begriffen. Diese kann nur durch Lernumgebungen beeinflusst werden, die zugleich offen und situiert sind. Wissen ist in dieser Sichtweise keine Kopie der Wirklichkeit, es handelt sich vielmehr um eine Konstruktion von Menschen (Reinmann, Mandl 2006, 626). In diesem Prozess wird von den Lehrenden erwartet, die Konstruktion des Wissens bei den Schülern zu unterstützen (vgl. Kunter et al. 2006, 166).[277] Der Lernende übernimmt den aktiven Part, von den Lehrenden werden Problemsituationen geschaffen und Werkzeuge zur Verfügung gestellt, die zur Bearbeitung des Wissens benutzt werden können (Reinmann, Mandl 2006, 628).[278] Der Lehrende unterstützt und berät in diesem Prozess, bei dem der Lernende aktiv seinen Wissensaufbau als individuelle Konstruktion betreibt (Hasselhorn, Gold 2006, 222).

In diesem Ablauf kommt der Evaluation eine andere Gewichtung als im traditionellen Unterricht zu: Soll der Lernende unterstützt werden, dann muss der Prozess seines Lernens begleitend evaluiert werden. Im Prozess des Lernens mit

---

277 Für den Mathematikunterricht berichten Kunter et al. (2006, 172), dass in ihm nach Selbstangaben der Lehrkräfte nur selten solche Lernformen praktiziert werden. Das trifft nach diesen Autoren in gleicher Weise auf die Sozialformen im Unterricht zu.

278 Das ist zwar nicht so radikal wie bei „Emil" von Rousseau, aber der Hinweis belegt wiederum, dass sich auch hierzu Beispiele in der erziehungswissenschaftlichen Tradition finden lassen.

einem höheren Eigenanteil beim Lernenden wird ihm bei der Evaluation und Kontrolle ebenfalls eine Rolle zugeschrieben, wie am Beispiel des selbstgesteuerten Lernens noch dargelegt werden wird. Der Konstruktivismus setzt voraus, dass nicht nur eine Fremdbeobachtung des Prozesses stattfindet, sondern dass der Lernende einen Beitrag zur Kontrolle seiner Konstruktionen liefern soll, er soll nicht Informationen verarbeiten, sondern (subjektiv) interpretieren und sich dabei kontrollieren (ebd., 221).

Abbildung 36: Vorschläge für die Gestaltung des lernwegorientierten Unterrichts
(nach Reinmann und Mandl 2006, 628)

- Präsentierte Materialien sollten per Video vorgestellt werden, damit die Lerner ein ansprechendes mentales Modell aufbauen können (vgl. Düker, Tausch 1957).
- Das Problem soll in einen für den Lerner bedeutungsvollen Kontext eingebettet sein; das erleichtert das Aktivieren von Vorwissen.
- Die Schilderung der Problemsituation ermöglicht dem Lerner zu spezifizieren und zu differenzieren.
- Der Problemsituation korrespondiert eine reale Situation. Das erleichtert entsprechende Transferleistungen.
- Es gibt auch Hinweise zum methodischen Vorgehen:
  Modelling: Dies ist nach dem Prinzip des Lernens am Modell organisiert (Bandura)
  Coaching: Der Lernende wird vom Lehrenden unterstützt
  Scaffolding: Durch Hinweise des Lehrenden wird dem Lernenden das Lösen schwieriger oder zu schwer erscheinender Aufgaben ermöglicht

---

Neben allgemeinen Hinweisen zur Gestaltung des Unterrichts, die dahin zielen, die Aufmerksamkeit zu fokussieren, damit das Lernen wahrscheinlicher wird, gibt es auch gezielte, die man als methodisch bezeichnen kann. Dabei steht die Individualisierung als ein Grundprinzip im Zentrum, die als Ziel angesehen wird. Kunter et al. (2006, 189) benennen für den Mathematikunterricht zwei Merkmale, die nach ihrer Ansicht wichtig sind, wenn er erfolgreich sein soll: Er muss effizient strukturiert und kognitive anregend gestaltet werden.

Die Beispiele und die Abbildung 37 verdeutlichen, dass sowohl in Bezug auf die Gestaltung der Lernsituation als auch der Bewältigung durch den Lernenden vom Lehrenden Beiträge erwartet werden. Allerdings zeichnet sich eine Besonderheit des neuen im Vergleich zum alten Vorgehen ab: Der Adressat aller Bemühungen des Lehrers ist nicht mehr nur die Klasse, vielmehr rückt der einzelne Schüler in den Mittelpunkt des Interesses.

Abbildung 37: Die konstruktivistische Perspektive auf den Unterricht
(nach Reinmann und Mandl 2006, 637)

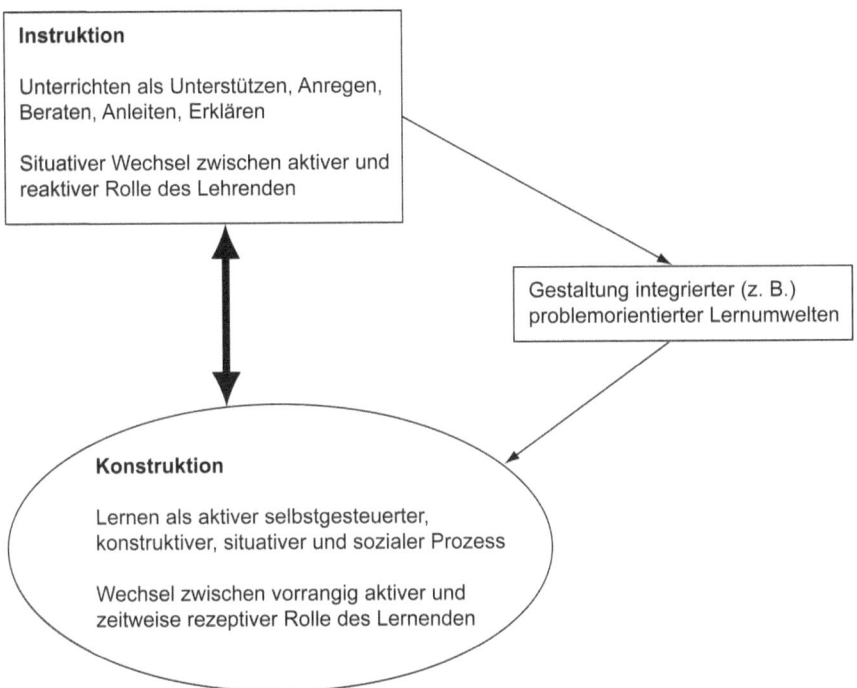

Speziell für den Mathematikunterricht haben Kunter et al. (2006, 184f.) auf die Bedeutung des kognitiven Potentials (wie herausfordernd sind die zu lösenden Aufgaben gestellt worden) und das Merkmal Klassenführung verwiesen. Demgegenüber kommt der konstruktiven Unterstützung ein etwas geringerer Einfluss zu.[279]

Nunmehr wird erwartet, dass das Lernen der Lernenden sichergestellt wird. Dazu müssen lernerbasierte Anforderungen gestellt werden. Das ist im traditionellen Unterricht prinzipiell nicht anders gewesen, nur war die Gruppe der jeweiligen Lerner der Adressat, nunmehr ist es der einzelne Lerner. Die Bezugsgruppe kann dann in der Regel nicht mehr die Klasse sein, es müssen vielmehr innerhalb

---

279 Eine Zusammenfassung der Ergebnisse in einem Modell findet sich bei Kunter et al. (2006, 186).

von Klassen Untergruppen gebildet werden. Auf der Basis begründeter diagnostischer Entscheidungen kann festgestellt werden, welche Forderungen zur Förderung der Individuen bzw. Mitglieder einer Kleingruppe formuliert werden müssen: Das Ausmaß der Binnendifferenzierung im Unterricht nimmt erheblich zu.

5.1 Die Umorientierung bei der Unterrichtsgestaltung

In der neuen Sichtweise wird die Lehrerorientierung durch eine Schülerorientierung ersetzt. Im Folgenden wird erläutert, was daraus für die Praxis des Unterrichtens resultiert. Radikal gewendet kann man die Schülerorientierung so auslegen, dass die Fremdreferenz des Lernens – gesteuert durch den Lehrer – durch Selbstreferenz ersetzt wird – gesteuert durch den jeweiligen Schüler. Diese Figur wird sich in dieser Radikalität nicht beibehalten lassen, wie eine Darstellung des selbstgesteuerten Lernens ausweist.

5.1.1 *Selbstgesteuertes Lernen*[280]

Historische Vorbilder für Selbststeuerung beim Lernen

Hinweise darauf, dass die Eigenaktivität des Schülers auch früher als wünschenswert angesehen worden ist, sind bereits gegeben worden. Klassisch finden sich Beispiele für die Art des Lernens, welche heute als selbstgesteuert bezeichnet wird, bei Wagenschein (1962). Ein anderer Autor hat darauf aufmerksam gemacht, dass Bildung nicht nur nach dem Rational Planung, Umsetzung, Überprüfung geschehe, die Aufmerksamkeit also ausschließlich auf die Optimierung der Lehre gelegt werden müsse, sondern dass die Bildung des Individuums sich entscheidend in so bezeichneten fruchtbaren Momenten vollziehe (Copei 1962). Begonnen hat das Bestimmen des Eigenanteils am Lernen, wie Benner (2001, 95ff.) dargelegt hat, bei Fichte und seinen Schülern, indem das Aufeinanderverwiesensein von Bildsamkeit und Selbsttätigkeit in den Mittelpunkt gestellt worden ist. Das Konzept der Selbsttätigkeit lässt sich noch weiter zurückverfolgen. Es findet sich bei Rousseau (1978) in der Form der negativen Erziehung (Benner 1978, 34ff; 2001 34ff.). Dabei hat sich die Bedeutung dessen, was mit Selbsttätigkeit zu erreichen versucht wird, über die Zeit gewandelt. Bei Rousseau war

---

[280] Selbstgesteuertes Lernen wird auch als selbstreguliertes bzw. selbstorganisiertes Lernen bezeichnet. Diese Unterschiede werden im Folgenden nicht gemacht. Es gibt keine einheitliche theoretische Konzeption für diese Form des Lernens (McCaslin et al. 2006). Das erschwert die Darstellung des Themas.

noch die Zielsetzung, dass sich die Kräfte des Kindes, welches selbsttätig agiert, entfalten sollten, ohne dass Erzieher bereits eingriffen. Später ist mit Selbsttätigkeit eher die Vorstellung verbunden worden, dass Menschen in ihren Bildungsprozessen selbst tätig werden sollten. Gemeinsam ist bei diesen unterschiedlichen Auffassungen aber, dass erwartet wird, dass Selbsttätigkeit sich eigenständig vollzieht. Die Rolle des Erziehers kann als Aufforderung zur bzw. Unterstützung der Selbsttätigkeit beim Zögling gesehen werden.[281] Bei Schleiermacher (1983) wurde Selbsttätigkeit in die Nähe zur Spontaneität gerückt. Dadurch wird die Bedeutung des eigenaktiven Individuums im Prozess seiner Erziehung ebenfalls hervorgehoben.[282]

Ein weiterer Ansatzpunkt, findet sich bei Gaudig (1963), der die Selbsttätigkeit bei der Auswahl der Lehr- und Bildungsziele innerhalb der Schule in seinem partizipativen Modell der Arbeitsschule hervorgehoben hat. Dabei handelt es sich um eine Praxis, in der die Schüler einer Klasse an der Auswahl ihrer Unterrichtsziele beteiligt worden sind. Damals wurden unter dem Stichwort Selbsttätigkeit eine Fülle von Aktivitäten zusammengefasst: „nur dann, wenn selbsttätig gearbeitet wird, ist Arbeit. Selbsttätig muß also der Arbeitende sich das Ziel stecken (die Aufgabe formulieren, die Frage aufwerfen, das Problem entwickeln); selbsttätig muß er den Arbeitsgang ordnen, selbsttätig das Ziel festhalten, selbsttätig Zwischen- und Endergebnisse prüfen" (Gaudig 1963, 11).

Selbsttätigkeit hat somit in der Erziehungswissenschaft Tradition. Es lassen sich unschwer Hinweise dafür finden, dass die Annahme zutreffend sein muss, dass erfolgreiches Lernen Selbsttätigkeit erfordert, weil es sich beim Lernen um einen individuellen Vorgang handelt, der ein gewisses Maß an Eigenaktivität erforderlich macht: Lernen setzt eine Aktivität des jeweiligen Subjektes voraus; es vollzieht sich individuell. In diesem Zusammenhang ist auch die Montessori-Pädagogik zu erwähnen, die der Selbststeuerung der individuellen Lernprozesse große Bedeutung zugemessen hat (Reble 1981, 289f.). Die Aufzählung ist beispielhaft. Aus ihr wird deutlich, dass der Begriff Selbsttätigkeit nicht immer gleich verwendet wird, sondern mit ihm verschiedene Bedeutungen verknüpft sind.

Selbstgesteuertes Lernen ist von der Selbsttätigkeit nochmals zu unterscheiden, weil es mehr meint, als nur die Eigenaktivitäten der Lernenden zu fördern bzw. hervorzulocken. Selbststeuerung hat eine Bedeutung in Bezug auf den Lernprozess als Ganzen. Dieser lässt sich durch Ziele, Methoden und das Tempo steuern, um die drei wesentlichsten Aspekte nochmals zu benennen. Dabei unter-

---

281 Der Begriff Zögling wird in den traditionellen Darstellungen der Allgemeinen Pädagogik verwendet.
282 Klassisch hat sich eine stärkere Affinität der Selbsttätigkeit zu Erziehung und Bildung als zum Unterricht gezeigt. Das gilt zumindest für die Entwicklung in Deutschland.

liegt die Auswahl der Ziele in vielen pädagogischen Institutionen nicht dem ausschließlichen Willen der Lernenden, sondern diese Ziele sind in vielen Fällen in der Schule vorgegeben. Wieweit der Freiraum bei der Bestimmung der Lernziele reicht, ist eine für die Schule interessante Frage. In der Regel sind Modifikationen durch das Setzen von Schwerpunkten möglich.[283] Heckhausen (1975, 147) hat bereits variable Lernzeiten gefordert. Lernen kann also als individuell gestalteter Prozess angesehen werden. Im Rahmen dieses Prozesses sind von den Individuen verschiedene Leistungen gefordert, die z.B. Pintrich (2000) in vier Phasen eingeteilt hat:

- Voraussicht, Planung, Aktivierung
- Monitoring
- Kontrolle (mit einer Bedeutung, die dem Controlling nahe steht)
- Reaktion und Reflexion.

Selbstgesteuertes Lernen erfordert also von den Individuen nicht nur Aktion oder Reaktion sondern auch Reflexion und Kontrolle ein.

Eine Beziehung von Lernen zur Selbständigkeit findet sich noch bei Straka (2001, 226), der eine Anforderung der betrieblichen Ausbildung darin sieht, „dass die Bereitschaften, Fähigkeiten und Kenntnisse durch selbständiges Planen, Durchführen und Kontrollieren des eigenen Handelns und Lernens aufgebaut werden sollen." In dieser Aussage wird der Eigenanteil des Lernenden nochmals in seiner Komplexität deutlich: Alle Phasen des Lernens von der Planung bis zur Kontrolle können selbstgesteuert verlaufen.

Beim selbstgesteuerten Lernen handelt es sich um ein Modell, das den Schüler im Unterricht viel abverlangt, wenn sie danach verfahren (vgl. Hasselhorn, Gold 2006, 302ff.). Schüler müssen offensichtlich trainiert werden, wenn bei ihnen die Fähigkeiten zur Selbststeuerung gefördert werden sollen. Sie müssen erstens für sich eine Perspektive entwickeln, müssen dann in der Lage sein, sich sowohl bei der Motivation als auch bei ihren kognitiven Leistungen selbst zu beobachten, sollen anschließend Soll-Ist-Vergleiche anstellen, um eventuell erforderliche Korrekturen vornehmen zu können, und zudem ihre Lernfortschritte feststellen sowie bewerten.

---

283 Wenn man einbezieht, dass die Schwächen der deutschen Schüler bei der PISA-Studie in erster Linie im Anwendungsbereich gelegen haben (PISA-Konsortium 2001), kann einerseits von einer systematischen Schwäche im Schulsystem ausgegangen werden, d.h., es gibt keine Spielräume. Andererseits weisen Differenzen zwischen Klassen und Bundesländern darauf hin, dass es doch Spielräume gibt. Es kann demnach von einer Variationsweite bei der Bestimmung individueller Lernziele im Rahmen vorgegebener Lehrziele auch in der Schule ausgegangen werden.

Zum Konzept der Selbststeuerung

Es werden Überlegungen vorgestellt werden, die dazu beitragen können, Klärungen zu den Begriffen Selbststeuerung oder Selbstorganisation als Voraussetzungen für erfolgreiches Lernen herbeizuführen. Um das zu erleichtern, wird das Konzept des selbstorganisierten Lernens nicht verwendet werden, weil der Begriff der Selbstorganisation in der theoretischen Diskussion nach Luhmann (1984, 24f.) „»nur« – auf die Struktur eines Systems bezogen ist". Eine andere Grundlage dafür, eine solche Entscheidung zu fällen, findet sich bei Arnold, Milbach (2002, 13), die darauf verwiesen haben, dass Selbstorganisation Fremdorganisation ausschließe.[284] Diese Exklusivität ist angesichts der Tatsache, dass in vielen pädagogischen Institutionen dem Lernen ein Lehren korrespondiert, nicht unproblematisch, weil Lehren in Relation zum selbstorganisierten Lernen den Charakter des Fremdorganisierten aufweist. Wenn man Fremdorganisation und Lehren als Voraussetzung des Lernens im Sinne der Selbstorganisation konsequent ausschließen würde, dann könnte eine der klassischen Figuren des pädagogischen Handelns, der Unterricht, nicht mehr in der Weise abgebildet werden, wie er sich von Beginn an dargestellt hat: Eine Interaktion von Lehrenden und Lernenden, bei der die Lehrenden unterrichten.[285]

Luhmann (1984) hat in seinen Überlegungen anstelle von Selbstorganisation den Begriff der Selbstreferenz bevorzugt, der hier aber auch nicht verwendet werden wird, weil er ebenfalls auf die Struktur eines Systems bezogen ist. Für den Verzicht auf die Konzepte der Selbstorganisation und der Selbstreferenz lässt sich noch eine weitere Begründung anfügen. Schwierigkeiten, die sich beim Rückgriff auf diese Ansätze ergeben, hat bereits Heyting (1996) dargestellt, indem sie auf die Differenz kindlicher Entwicklung zu den sozialen Kontexten aufmerksam gemacht hat, in denen sich diese Entwicklung vollzieht. Vor allem die Unwahrscheinlichkeit der wechselseitigen Durchdringung hat sie dabei interessiert. Das wäre bei der Verwendung des Konzeptes der Selbstreferenz aber eines der zentralen Themen, welches behandelt werden müsste, weil sowohl für das einzelne Kind als auch für den als System begriffenen sozialen Kontext jeweils Autopoiesis als konstitutiv angenommen werden müsste, d.h., die Lernenden müssten in erster Linie als autonome Subjekte begriffen werden, die selbstbezüglich beim Lernen vorgehen. Deshalb ist es verständlich, dass andere Konzepte wie die des selbstgesteuerten oder des selbstregulierten Lernens entwickelt worden sind, bei denen der Autonomieaspekt ebenfalls ein große Rolle spielt, die

---

284 Allerdings wird deren weitergehende Annahme nicht geteilt, dass der Begriff der Selbstorganisation sich eher auf den Kontext der Institutionalisierung beziehe (Arnold, Milbach 2002, 13). Wie Heyting (1996) demonstriert hat, muss diese Annahme nicht zutreffend sein.

285 Im Unterschied zu dieser Einschränkung gibt es eine Reihe von Autoren, die den Begriff der Selbstorganisation verwenden (vgl. z.B. Wuttke 2000).

aber nicht mit der gleichen Radikalität selbstbezüglich sein müssen, wie das beim Konzept der Selbstreferenz der Fall ist.[286] Mit Selbststeuerung wird der Eigenanteil bei der Gestaltung von Handlungen von Personen beschrieben.

5.1.2 Selbststeuerung beim Lernen

Nach Arnold, Milbach (2002, 14) geht das Konzept des selbstgesteuerten Lernens auf Knowles (1975, 18) zurück: "In its broadest meaning ›self-directed learning‹ describes a process in which individuals take initiative, with or without the help of others, in diagnosing their learning needs, formulating learning goals, identification human and material resources for learning, choosing and implementing appropriate learning strategies, and evaluating learning outcomes". Weinert (2001a, 23) hat fast nebenbei darauf verwiesen, dass ‚selbstgesteuert' etwas mit ‚selbständig' zu tun hat, indem er selbständiges Lernen erwähnt und zugleich auf die Rolle der Lehrkräfte „als Moderatoren von Lerngruppen, als Tutoren einzelner Schüler, als Gestalter anregender Lernumwelten, als Verhaltensmodelle und als verantwortliche Garanten für die simultane Erreichung unterschiedlicher Bildungsziele durch möglichst viele Schüler" hervorgehoben hat. Damit wird eine Verbindung zu dem hergestellt, was bereits zum Lernen ausgeführt worden ist. Gleichzeitig erweist sich einerseits wie auf vielfältige Weise selbstgesteuertes Lernen hervorgelockt bzw. unterstützt werden kann. Andererseits wird ersichtlich, dass die Anforderungen an die Lehrenden sich fundamental von dem unterscheiden, was traditionell im Unterricht geschieht. Lehrende mutieren zu Moderatoren und Organisatoren von Lernprozessen der Schuljugendlichen (Thomas, Thomas 1971), indem sie beispielsweise Umwelten gestalten, die zum Lernen anregen sollen.

Selbstgesteuertes Lernen wird als spezielle Variante des Lernens betrachtet, die im schulischen Kontext ermöglicht werden soll. Das schulische Lernen ist stark von Fremdsteuerung geprägt: Die Ziele des Lernens sind in der Form von Lehrzielen vorgegeben, die in Lehrplänen bzw. Rahmenrichtlinien kodifiziert sind. Die Lehrkräfte sind mit der Umsetzung der Lehrziele betraut. Auf den ersten Blick lernen Schüler in den Schulen das, was die Lehrkräfte lehren. Klauer (1972, 14) hat mit seiner Unterscheidung von lern- sowie lehrzielorientierten Tests auf fundamentale Unterschiede zwischen Lernen und Lehren aufmerksam gemacht: Er bezeichnete mit „Lernen einen internal ablaufenden, also nicht beobachtbaren Prozeß, der sich in Verhaltensänderungen äußert, dem aber

---

[286] Zur Kritik an der Radikalität der Annahmen über Selbstorganisation in der Tradition des Konstruktivismus vgl. Forneck (2002).

keinerlei Ziele innewohnen [...] Lernvorgänge können selbstverständlich gesteuert werden. Mit Lehren bezeichnet man eine Form der Steuerung von Lernprozessen". In dieser Bestimmung zeichnet sich für die Schüler im Unterricht ein passives, reaktives Verhalten ab, wenn sie lernen. Das ist die Grundfigur des fremdgesteuerten Lernens. Ob die Schuljugendlichen beim Lehren tatsächlich etwas gelernt haben, wird über die Veränderung von Verhaltensweisen in Abhängigkeit vom Lehren festzustellen versucht, wenn man von dieser Bestimmung des Lernens ausgeht. Treiber (1982) hat darauf hingewiesen, dass diese einfache Annahme eines Zusammenhangs von Lehren und Lernen einer Überprüfung in der Praxis des schulischen Lernens nicht standhalten kann, weil Schüler im Unterricht häufig unaufmerksam sind und am Lehren der jeweiligen Lehrkraft über kürzere oder längere Zeit kein Interesse nehmen, sondern sich mit anderen Dingen beschäftigen. Fremdgesteuertes Lernen kann jedenfalls nicht mit Lehren gleichgesetzt werden. Vielmehr muss man davon ausgehen, dass die Erwartung lautet, durch Lehren fremdgesteuertes Lernen auslösen zu können. Bei der fragend-entwickelnden Unterrichtsmethode ist diese Verknüpfung von Lehren und fremdgesteuertem Lernen herzustellen versucht worden.

Über diese methodische Komponente hinaus weist fremdgesteuertes Lernen weitere Merkmale auf, die sich beim selbstgesteuerten Lernen in dieser Art nicht finden müssen: Zuerst ist als Beispiel die im Schulunterricht vorherrschende Form der sekundären Erfahrung zu nennen, die daraus resultiert, dass im Unterricht häufig über die Erfahrungen Dritter berichtet wird und das darüber Berichtete als Lehrstoff aufgegeben wird, von dem erwartet wird, dass er gelernt wird. Das ist dem Ökonomieprinzip geschuldet, dem der Unterricht unterliegt, der inszeniert wird, damit mehrere Kinder bzw. Jugendliche in einem für sie ähnlich gestalteten Rahmen zeitlich möglichst parallel die gestellten Lehrziele erreichen.[287] Selbstgesteuertes unterscheidet sich von fremdgesteuertem Lernen dadurch, dass es im ersten Fall die Individuen selbst sind, die ihren Lernprozess zumindest mit einem hohen Grad an Autonomie in mehrerer oder allen Aspekten des Lernens bezüglich der Ziele, der Methoden des Tempos etc. steuern, im zweiten Fall aber diese Steuerung von außen erfolgt.[288] Nicht das Lernen selbst, sondern der Rahmen und die Bedingungen, unter denen Lernen geschieht, werden selbstgesteuert. Mit Forneck (2002, 243) kann man den Ansatz des selbstgesteuerten Lernens als Modernisierungsimperativ begreifen. Aus einer anderen Perspektive wird der Ansatz als konstruktivistisch gekennzeichnet, indem davon ausgegangen wird, dass Wissen konstruiert und nicht der Vermittlungsprozess im Mittelpunkt des Interesses steht, wenn Lernen erörtert wird (Straka, Macke

---

[287] Diese Figur kann man auch beim selbstgesteuerten Lernen wieder entdecken, wenn es um die Gestaltung der Lernumwelt geht.
[288] Hier zeigt sich eine Diskrepanz zur Definition des Lernens bei Klauer.

2002, 148). Der Lernende muss die Möglichkeit haben, selbst etwas bewirken zu können.
Zusätzlich zeichnet sich fremdgesteuertes Lernen dadurch aus, dass häufig deklaratives Wissen sowie Formen des Wissenserwerbs bzw. Verhaltensweisen präferiert werden, von denen vorgeschrieben wird, dass sie imitiert werden sollen. D.h., fremdgesteuertes Lernen vollzieht sich häufig in der Art des Imitationslernens.[289] Dabei lassen sich verschiedene Typen unterscheiden, die von der Assoziationstheorie bis zum Modell-Lernen reichen (Zumkley-Münkel 1976). Der zuletzt genannte Ansatz kann auch beim selbstgesteuerten Lernen eine Rolle spielen. Die Bedeutung des Imitationslernens ist in der Vergangenheit sicherlich unterschätzt worden obwohl es in vielen Bereichen praktiziert wird (Miller, Dollard 1941; Zumkley-Münkel 1976).

Exkurs 8: Lernen

Bateson (1985, 378f.) hat mehrere Formen des Lernens unterschieden, die von Lernen Null bis Lernen IV reichen, von denen hier die Formen null bis II interessieren, weil darüber Anforderungen an die Selbststeuerung von Lernen gewonnen werden können. „Lernen Null" kennzeichnet eine Form des Lernens, bei der nichts Neues hinzugelernt wird, sondern vorhandene Verhaltensweisen, Kenntnisse etc. verfestigt werden. Man kann diese Form des Lernens auch mit Routinisierung bzw. dem Vorgang des Routinisierens kennzeichnen. Lernprozesse dieser Art verlaufen ohne explizite Zielsetzung, sie vollziehen sich inkremental. Sie sind häufig unbewusst und in keiner Weise auffällig. Bei ihnen findet in der Regel keine Selbststeuerung statt. Da mit ihnen keine sichtbaren Verhaltensänderungen der Art verbunden sind, dass man objektiv feststellen kann, ob bei ihrem Abschluss eine neue Verhaltensweise eingeübt worden ist, kann sogar bestritten werden, dass es sich um Lernen handelt. Sie haben aber eine Änderung des Verhaltens und Handelns im Sinne von leichten Modifikationen zur Folge.
„Lernen I" tritt auf, wenn die bisherigen Verhaltensweisen nicht ausreichen und in Situationen aus einer Menge vorhandener Alternativen andere Alternativen als die bisher praktizierten ausgewählt werden. Hier gibt es einen Auslöser (die als unzureichend empfundenen bisherigen Verhaltensweisen) und es gibt eine Aktivität (die Suche nach einer anderen Alternative in einem vorhandenen Repertoire). Bei dieser Lernform ist Eigentätigkeit gefordert, die in der Praxis in der Regel in einem Austausch zwischen bekannten Alternativen besteht. An dieser Stelle interessiert, dass Lernen bereits in dieser Form als aktiv begriffen wird. Man lernt nicht, was aufgegeben ist, sondern man lernt, indem man sich auseinandersetzt. Das ist gegenüber vielen Formen des schulischen Lernens in der Konsequenz anspruchsvoll, bei dem oft Zwang dominiert und bei Nichtgelingen des Lernens einfach aufgehört wird. Hier wird die Bedeutung der Motivation sichtbar, die beim fremdgesteuerten Lernen eher extrinsisch, beim selbstgesteuerten Lernen demgegenüber intrinsisch erfolgt.
Das Besondere von „Lernen II" ist eine Veränderung im Prozess des „Lernens I", wenn die Menge der Alternativen korrigiert wird, d.h., es muss eine neue Alternative ge-

---

[289] Man wird Imitationslernen auch beim selbstgesteuerten Lernen beobachten können. Allerdings liegt in diesem Fall die Kontrolle der Lernfortschritte ausschließlich beim Lernenden.

wählt bzw. entwickelt werden. Ohne Zweifel kann in diesem Fall Selbststeuerung als wesentliches Element des Lernens begriffen werden. Festzuhalten bleibt, dass es sich der Diktion nach in diesen Fällen, mit Ausnahme von „Lernen Null" und der fremdgesteuerten Variante beim „Lernen I" um Vorgänge handelt, die selbstgesteuert ablaufen. Das gilt in ähnlicher Form für die weiteren Formen des Lernens bei den Typen III und IV. Ab dem „Lernen I" wird ersichtlich, dass es sich um einen Prozess handelt, bei dem die Eigenanteile des Individuums als hoch angesehen werden müssen, wenn gelernt wird. Vor allem geht die Aktivität vom jeweiligen Individuum aus.

Eine ähnliche Position zum Lernen findet sich bei Weinert (2001b, 81): „Lernen ist ein aktiver Vorgang, durch den neue Informationen aufgenommen, verarbeitet, in die verfügbare Wissensbasis integriert und damit flexibel nutzbar gemacht werden. Dazu bedarf es der geistigen Aktivität des Schülers, der Konzentration auf die zu bewältigende Aufgabe".

Wenn man Erfahrungen mit dem Lernen gewinnen will, bedarf es bestimmter Gelegenheiten, Anlässe und vielleicht auch Zufälle. Behavioristische Lerntheorien bieten hierzu verschiedene Modelle und Ansätze an, die vom Reflexlernen (Pawlow 1953), über das Lernen nach Versuch und Irrtum (Thorndike 1932) und das Verstärkungslernen (Skinner 1950) bis hin zum Imitationslernen (Miller, Dollard 1941) und zum Modell-Lernen (Bandura 1969, 1977) reichen. Während das Reflexlernen eher einen passiven Charakter aufweist, wenn man die Eigenaktivität als wesentliches Momentum des Lernens betrachtet, und auch das Lernen nach Versuch und Irrtum durchaus insofern Passivität beim Lernenden selbst voraussetzen kann, das trifft ebenso auf die Variante des Verstärkungslernens zu, weil die Lernenden eher durch die Umstände zum Lernen veranlasst werden und es einer Außensteuerung bedarf, um die Herausbildung einer intrinsischen Motivation zu befördern, ändert sich das Bild beim Imitations- und beim Modell-Lernen: Hier richtet der Lernende sein Ziel am Vorbild anderer aus. Beide Lernformen können vom Ansatz her zum selbstgesteuerten Lernen gerechnet werden, weil die Ziele und die Beurteilung des Erreichten sich am Vorbild des Modells bzw. des Imitats ausrichten.

Im Rahmen der Selbststeuerung ist die Volition besonders relevant, weil es um Prozesse der Umsetzung von Absichten geht. Diese gilt es durch die Organisation des Unterrichts zu beeinflussen. Die Selbststeuerung durch den Willen lässt sich durch Erwartungen sowie Anreize beeinflussen.[290] Für das methodische Vorgehen im Unterricht resultiert daraus die Anforderung, Ziele klar darzulegen, damit die Erwartungen für die Schüler deutlich sind. Ebenfalls zählt hierzu die Mitteilung, welche Kontrollen vorgesehen sind. Auf diese Weise kann die Fremdsteuerung, die mit dem Lehren verbunden wird, durch Selbststeuerung der Lernenden ersetzt werden. Ein Ziel des Unterrichts könnte darin bestehen, das Lehren, welches fremdgesteuertes Lernen auslöst, so zu gestalten, dass selbstgesteuertes Lernen beginnt. Lehren besteht in dieser Sicht daraus, Anlässe für selbstgesteuertes Lernen zu schaffen. Unabhängig davon gilt, dass das Lernen immer individuell getätigt wird, wenn man Personen betrachtet, und deshalb jeweils eine bestimmte Form der Eigenaktivität voraussetzt.

Selbstgesteuertes Lernen und selbstreguliertes Lernen werden gegenwärtig oft als erwünschte Lernformen bezeichnet (vgl. für eine Übersicht Artelt, Demm-

---

290   Hier gibt es eine Verbindung zur Fremdkontrolle.

rich, Baumert 2001).²⁹¹ Dabei wird in der Regel angezielt, Lernen dahin zu verändern, dass die Eigenaktivität der Lernenden im Lernprozess gestärkt werden soll.²⁹² Trotz dieser Präferenz für eine bestimmte Form des Lernens wird in vielen Darstellungen nicht näher expliziert, was mit den Konzepten selbstreguliert bzw. selbstgesteuert genau gemeint ist. Ebenso wenig wird erläutert, warum die Annahme berechtigt sein soll, dass die Eigenaktivität beim Lernen das Lernergebnis signifikant verbessert. Diese Annahme wird vielmehr meistens als plausibel unterstellt. In diesem Sinne hat Boekaerts (1997, 1999) darauf verwiesen, dass eine der größten Schwierigkeiten im Umgang mit dem Konzept des selbstgesteuerten Lernens darin besteht, dass Lerner und Lehrer in der Schule bereits Alltagstheorien davon haben, was mit selbstgesteuert bzw. selbstreguliert gemeint ist. Vielleicht ist die hohe Akzeptanz, welche das neue Konzept gefunden hat, gerade damit verknüpft, dass ein solches Alltagswissen vorhanden ist. Bei genauerem Hinsehen wirft aber ein Befund dieser Art zumindest zwei Fragen auf:

1. Welche Vorstellungen verbinden die Teilnehmerinnen und Teilnehmer mit Selbststeuerung?
2. Was unterscheidet die Aussage über die Selbststeuerung des Lernens von der Tatsache, dass immer die jeweiligen Individuen lernen, dass es sich in diesem Fall also nicht nur um die Trivialisierung einer allgemein gegebenen Tatsache handelt?²⁹³

Ein erstes Verständnis dafür, was mit selbstgesteuert gemeint sein kann, lässt sich im Anschluss an Winnefeld (1959, 96) gewinnen, der den Ablauf einer Lernhandlung in vier Phasen unterteilt hat:

„1. Es entsteht ein gerichtetes Antriebsverhalten.
2. Der Handlungsablauf stößt auf Hindernisse, der Handelnde erfährt einen Widerstand.
3. Der Widerstand wird durch Einsatz besonderer Mittel überwunden, das Ziel wird erreicht, die Handlungsspannung sinkt.
4. Die Erfahrung eines solchen Handlungsverlaufs wird in die Persönlichkeitsstruktur aufgenommen, und spätere Handlungen können von dieser Strukturänderung beeinflußt werden."

Auf den ersten Blick kann man das für die Schilderung eines einzelnen Lernvorgangs halten, auf den zweiten Blick lässt aber die vierte Phase auch eine andere

---

291 Im Folgenden wird nicht zwischen selbstgesteuert und selbstreguliert unterschieden.
292 Bei den Anträgen zum Schwerpunktprogramm der DFG „Bildungsqualität von Schule" ist z. B. im ersten Antragszeitraum fast in jedem Antrag auf das Konzept des selbstorganisierten Lernens als theoretische Grundlage verwiesen worden.
293 Weinert (1982) hat bereits auf diesen Umstand verwiesen: Lernen setzt immer ein gewisses Maß an Eigenaktivität voraus.

Deutung zu, die Strukturänderung kann sich nämlich auf den Prozess selbst beziehen, wie das Bateson (1985) mit dem Deutero-Lernen beschrieben hat. Man hat gelernt, Hindernisse, die sich im Handlungsablauf zeigen, nicht hinzunehmen, sondern sie durch geeignete Mittel zu überwinden. Die weiteren Erläuterungen bei Winnefeld (1959) demonstrieren, dass die Lernsituation von dem Lernenden als beherrschbar empfunden werden muss.

Auf eine weitere Variante von Selbststeuerung bzw. Selbstregulation hat Edelman (1986, 88f.) aufmerksam gemacht, der unter Hinweis auf die skinnersche Lerntheorie Selbstverstärkung beim operanten Konditionieren als wesentliches Ziel bezeichnet hat. Selbstverstärkung hänge eng mit Selbstregulation zusammen: Zunächst sei eine Selbstbeobachtung erforderlich.[294] Daran schließe sich eine Selbstbewertung an, die wiederum Selbstverstärkung ermögliche. In dieser Lesart handelt es sich um einen selbstreflexiven Prozess, wenn Selbstregulation stattfindet. Es werden wesentliche Aspekte deutlich, die bei der Selbststeuerung eine große Rolle spielen: Selbstbeobachtung, Selbstinstruktion, Selbstevaluation, Selbstkorrektur und Selbstverstärkung. Interessant ist dabei, dass hierzu als Vorbild einer der klassischen behavioristischen Ansätze dient.[295] Außerdem wird auf Selbstregulation des Lerntempos verwiesen (McCaslin et al. 2006, 225). Offensichtlich existiert bei der Selbstregulation ein komplexes Anforderungsgefüge. Aufgaben, die klassisch der Lehrer erledigte, werden nunmehr den einzelnen Schülern übertragen und sollen von ihnen erfüllt werden.[296] Diese Befundlage legt den Schluss nahe, dass es sich beim selbstregulierten Lernen nicht um ein einheitlich definiertes Konzept handelt (vgl. McCaslin et al. 2006).[297] Generell finden sich nur Umschreibungen dessen, was unter Selbstregulation verstanden wird: „Lernende, die ihr eigenes Lernen regulieren, sind in der Lage, sich selbständig Lernziele zu setzen, dem Inhalt angemessene Techniken und Strategien zur Erreichung des jeweiligen Zieles auszuwählen und sie

---

294 McCaslin et al. (2006) nennen diesen Typ als eine der Varianten der theoretischen Konzepte des selbstregulierten Lernens. Er wird hier nicht weiter erläutert, weil es sich im Kern um eine Variante der Programmierten Unterweisung handeln kann, bei der angenommen wurde, dass die richtige Beantwortung eines Items als Verstärker wirken würde. Das kann man als eine frühe Form der Instrumentalisierung dieses Typs der Selbststeuerung betrachten. Eine erfolgreiche Beantwortung von Items sollte als Verstärker für die weitere Bearbeitung des jeweiligen Programms wirken. Das kann als eine der zentralen Annahmen dieses Ansatzes betrachtet werden.

295 Diese Lesart wird im Folgenden nicht weiter einbezogen, weil die behavioristischen Theorieansätze nicht mehr im Fokus stehen.

296 Arnold und Milbach (2002, 18f.) fassen auch noch das selbstgesteuerte Herangehen an fremdgesteuerte Angebote mit unter Selbststeuerung. In diesem Fall beschränkt sich die Selbststeuerung auf die Auswahl des Angebots bzw. von Teilen eines Lehrgangs, die ansonsten aber keine Selbststeuerung mehr enthalten.

297 Bei McCaslin et al. (2006) werden sieben verschiedene theoretisch Ansätze aufgezählt, die nicht alle wiederholt werden.

auch einzusetzen. Ferner halten sie ihre Motivation aufrecht, bewerten die Zielerreichung während und nach dem Abschluss des Lernprozesses und korrigieren – wenn notwendig – die Lernstrategie" (Klieme, Artelt, Stanat 2001, 210).[298] Ähnlich aber noch mehr aus einer funktionalistischen Perspektive haben Baumert, Stanat, Demmrich (2001, 28) formuliert: „Selbstregulation beim Lernen bedeutet, in der Lage zu sein, Fertigkeiten und Einstellungen zu entwickeln, die zukünftiges Lernen fördern und erleichtern und [...] auf andere Lernsituationen übertragen werden können." McCaslin et al. (2006) stellen aus einer phänomenologischen Perspektive die Frage, wie reflektiert ein Lerner selbst, wenn er sein Lernen selbst reguliert, um eine personale und vorteilhafte Lernumwelt hervorzurufen.[299]

In einer weiteren Variante werden die Vorgänge zusammengefasst, die beim selbstregulierten Lernen stattfinden. Dabei wird davon ausgegangen, dass es sich um einen bewussten und nicht einen automatisierten oder durch Reize getriggerten Prozess handelt (McCaslin et al. 2006, 230)

Abbildung 38: Selbstreguliertes Lernen als Informationsverarbeitung
(nach McCaslin et al. 2006, 230)

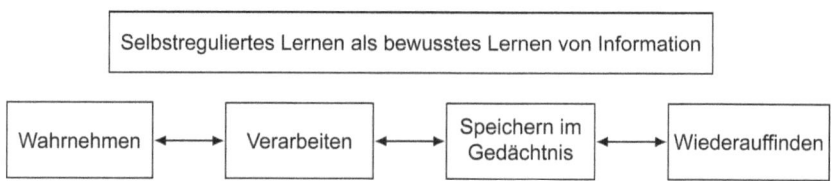

Gemäß dieser Abbildung handelt es sich beim selbstreguliertes Lernen um keinen linearen Prozess, sondern um einen Prozess, der in allen Teilen rekursiv verläuft. Das muss geübt werden, wenn es erfolgreich praktiziert werden soll. Gleichzeitig wird eine Anforderungsstruktur ersichtlich, die sich allgemeinen beim Lernen ergibt: Es geht nicht darum, etwas mechanisch zu rezipieren, sondern es muss jeweils erreicht werden, dass bewusst vorgegangen wird. Erst so kann sichergestellt werden, dass das Gelernte wieder aufgefunden werden kann. Lernen wird daher in der Regel reflexiv stattfinden. Auf diese Weise wird im Lernprozess Selbstkontrolle ermöglicht.

---

298 Seidel (2003, 21) hat darauf verwiesen, dass die Verwendung des Begriffs Lernstrategie nicht eindeutig sei, obwohl er gegenwärtig gerne benutzt werde, weil der Verwendungskontext nicht eindeutig ist.
299 In dieser Bestimmung wird der Eigenanteil der Lerner als größer angesehen, als beim operanten Konditionieren, bei dem der Rahmen vorgegeben war, innerhalb dessen Selbstregulation stattfinden konnte.

Inzwischen liegen auch Vorschläge dazu vor, was zu beachten sei, wenn selbstgesteuert gelernt werden soll (McCaslin et al. 2006, 244). Dabei wird ersichtlich, dass entsprechende Maßnahmen die Zusammenarbeit mit jedem einzelnen Schüler erforderlich machen. Die Praxis des selbstgesteuerten Lernens setzt bereits beim Erwerb der entsprechenden Fähigkeiten und Fertigkeiten eine Individualisierung des Trainings und damit des Erwerbs voraus. Diese Anforderung kann im Unterricht nur erfüllt werden, wenn geeignete Vorkehrungen für die individualisierte Zusammenarbeit des Lehrers mit den einzelnen Schülern getroffen sind. Allenfalls Kleingruppen sind noch möglich. Das Ziel ist, prozedurales Wissen in Einzelarbeit an die Schüler zu vermitteln, damit sie lernen, ihren Lernprozess selbst zu steuern.

Abbildung 39: Vorschläge zur Implementation von selbstgesteuertem Lernen

1. Beobachten des Schülerverhaltens und Identifizieren der offensichtlich benötigten Fertigkeiten sowie vorhandenen Defizite.
2. Hinweise für den Schüler auf die Bedeutung des Problems und Gewinn seiner Mitarbeit.
3. Arbeiten am inneren Dialog des Schülers; Vorschlag von Modellen und schildern der eigenen Praxis.
4. Man sollte verbal und durch Verhalten modellieren.
5. Durch schrittweise Annäherung kann der Prozess der Internalisierung unterstützt werden.
6. Der Schüler muss trainiert werden.
7. Man muss auf Effektivität überprüfen.
8. Die Kongruenz von Verhalten und Verbalisierung muss unterstützt werden.

Die ambitionierteste Sicht auf selbstgesteuertes Lernen entstammt dem Konstruktivismus, bei dem ursprünglich angenommen wurde, dass der Ausgangspunkt Neugier sei. Entscheidender war jedoch die Vorstellung, dass Verständnis mehr sei als die gegebene Information. Man lerne nicht Vorgegebenes auswendig, sondern verarbeite es. Die mentalen Repräsentationen verändern sich dann mit der Entwicklung, es gibt entwicklungsbedingte Zwänge zum Lernen und Reflexion sowie Rekonstruktion stimulieren Lernen. Neuerdings ist dieser individuumbasierte Ansatz um soziale Komponenten ergänzt worden, weil Lernen in sozialen Kontexten situiert ist. Das gilt z.B. für die Klasse und hat Folgen für das entsprechende Lernen. In der Schulklasse wird Lernen als sozial in Gruppen eingebunden erlebt. Es kann aber auch als Modell-Lernen stattfinden (McCaslin et al. 2006, 238f.). In dieser Variante ist selbstgesteuertes Lernen als ein Spezialfall des Lernens in Klassen verortet. Es erfordert dann die Bildung entsprechender Gruppen, die einen Anreiz dafür bieten zu lernen.

Boekarts (1999, 449) hat ein Modell des selbstgesteuerten Lernens entwickelt, bei dem drei Ebenen der Regulation unterschieden werden. Auf der ersten Ebene werden kognitive Strategien verortet (es geht um die situationsangemessene Verarbeitung der Information). Man benötigt solche Strategien, wenn man lernt. Die Selbstregulation bezieht sich hier auf den Verarbeitungsmodus. Dazu bedarf es der Kenntnis von Strategien der Informationsverarbeitung. Erst auf dieser Basis ist es möglich, das eigene Lernen aktiv zu gestalten. Bereits auf dieser ersten Ebene wird demnach die Notwendigkeit vorangegangener Erfahrungen sichtbar. Auf der zweiten Ebene werden metakognitive Strategien verortet (das ist das Wissen darüber, wie man lernt). Die Selbstregulation bezieht sich auf dieser Ebene auf die Regulation des Lernprozesses. Auf einer dritten Ebene wird dann die Wahl von Zielen und Ressourcen einbezogen. Hier geht es um die Regulation des Selbst. Die Motivation wird reguliert (Klieme, Artelt, Stanat 2001, 211f; Artelt, Demmrich, Baumert 2001, 274). Ganz allgemein betrifft die Wahl von Zielen und Ressourcen den motivationalen Aspekt des Lernens, denn Lernmotivation bezeichnet, den „Wunsch bzw. die Absicht, bestimmte Inhalte oder Fertigkeiten zu lernen" (Schiefele 1996, 50).

Metakognitives Wissen setzt ein Erfahrungspotential höherer Ordnung voraus.[300] Man weiß, wie man lernt. Nach Bateson (1985, 229ff.) lernt man im Akt des Lernens (Protolernen) auch wie man lernt (Deuterolernen). Bei Bateson (1985, 231) spielt die Ähnlichkeit zwischen den verschiedenen Vorgängen des Protolernens eine große Rolle. Deuterolernen wird dann in der Art gesehen, dass man die Effizienz des Lernens steigert, weil man ähnliche Prozeduren wiederholt. Das, was hier gemeint ist, bezeichnet Bateson (1985, 327) an anderer Stelle mit Trito-Lernen, im Sinn der Fähigkeit zu lernen, Signale zu empfangen. Das ist ein gegenüber der Art des jeweiligen Signals unspezifischer Vorgang, der sich auf einer Metaebene abspielt, wenn man die Relation zum Empfang eines einzelnen Signals betrachtet.

Auf einer solchen Metaebene kann man beginnen, Lernprozesse zu steuern: Man verfügt in Bezug auf die erste von Boekaerts (1999) genannte Ebene über ein Metawissen, das es erlaubt, Lernstrategien auszuwählen, zu kombinieren und zu koordinieren. Dieser Aspekt hat beispielsweise im traditionellen schulischen Lernen wenig Beachtung gefunden. Er ist aber für das Lernen Erwachsener schon immer von Bedeutung gewesen, wenn diese in ihrem Alltag gezwungen gewesen sind, sich neues Wissen zu erwerben. Gerade in diesem Bereich hat die Fähigkeit des Selbststeuerns eine überragende Bedeutung (Forneck 2002). Um erfolgreich selbstgesteuert zu lernen, bedarf es entsprechender Lernstrategien.

---

300 Die Bedeutung metakognitiven Wissens hat bereits Neber (1982, 102) dargestellt, bei dem sich auch die Schilderung des damaligen Forschungsstandes findet.

Implizit oder explizit wird oft vorausgesetzt, dass selbstgesteuerte Lernprozesse erfolgreicher als beim fremdgesteuerten Lernen verlaufen, weil die Eigenaktivität bei den Lernenden hoch ist (Weinert 2001b). Das wird auch bei der Sicht auf Selbstregulation deutlich, bei der die Informationsverarbeitung im Fokus steht: Teilnehmerinnen und Teilnehmer an Fernstudien haben solche Annahmen über Bedingungsfaktoren erfolgreichen Lernens auf den ersten Blick bestätigt, wie eine Evaluationsstudie bescheinigt (Arnold, Milbach 2002, 18): Jeweils knapp ein Fünftel der Teilnehmerinnen und Teilnehmer verband eine bessere Motivation und einen höheren Lernerfolg mit der Selbststeuerung des Lernens. Allerdings sind diese Befunde nicht so eindeutig, wie das auf den ersten Blick erscheint, weil sich sehr unterschiedliche Auffassungen davon unterscheiden lassen, was unter Selbststeuerung verstanden werden soll.

5.2 Lernstrategien bei der Selbststeuerung

Weil die Befähigung zum Selbstlernen ein Ziel des Unterrichts ist, mussten auch früher schon entsprechende Strategien vermittelt werden. Zumindest am Ende des schulischen Bildungsprozesses sollten Schüler über diese Fähigkeit verfügen. Insofern handelt es sich um keine neue Herausforderung. Beim selbstgesteuerten Lernen sind aber der Erwerb und die Anwendung solcher Strategien eine Voraussetzung für das Lernen in der Schule. Sie schaffen erst die Möglichkeit der Selbststeuerung. Im Unterricht müssen daher vermehrt Metakognitionen vermittelt werden. Dazu bedarf es geeigneter Arbeitsformen und Unterstützungen durch die Lehrenden.

Selbststeuerung setzt einen hohen Eigenanteil der Schüler bei der Gestaltung des jeweiligen Lernens voraus: Nicht der von außen herangetragene Wunsch oder Befehl Dritter, sondern die selbst gewählten Ziele und Herangehensweisen werden als typisch für diese Form des Lernens angesehen: die aktive Auseinandersetzung des Lernenden mit den von ihm ausgewählten Lerngegenständen steht im Mittelpunkt der Betrachtung (Straka, Macke 2002, 148). Insofern kann es nicht verwundern, dass das Lösen von Problemen als ein Anwendungsfall herangezogen wird (Klieme, Artelt, Stanat 2001, 204ff.), weil deren Lösung in der Regel als Auftrag an Individuen oder Gruppen erteilt und dann erwartet wird, dass eine Lösung gefunden wird, ohne dass von außen bei den entscheidenden Schritten Hilfe gewährt wird. Selbstgesteuertes Lernen setzt die Anwendung entsprechender Strategien beim Lernen voraus. Bei der Pisa-Studie wird beispielsweise von Lernstrategiewissen gesprochen (Artelt, Demmrich, Baumert 2001, 289ff.): Selbstgesteuerten Lernens wird um so effizienter und erfolgreicher stattfinden können und um so eher intrinsisch motiviert sein können, je besser die Lernstrategien sind, über die die jeweiligen Lerner verfügen.[301] Dabei wird sich das besser/schlechter unter Umständen dadurch modifizieren, wie es von den einzelnen Lernern beurteilt wird. Im Unterschied zum fremdgesteuerten Lernen wird die Optimierung von Lernstrategien unter Umständen dadurch geleistet, dass die Individuen ihre Erwartungen mit einbringen, die sie aus dem Kontext früherer Erfahrungen formulieren.

Als Lernstrategie werden „Techniken des Lernens und der Informationsverarbeitung" bezeichnet (Hasselhorn, Gold 2006, 89). Bei einer Strategie handelt es sich um eine kognitive Operation oder eine Sequenz kognitiver Operationen, die beim Bearbeiten einer Aufgabe auf einer Metaebene aktiviert werden. Sie dienen dem Behalten sowie Verstehen und sind potentiell bewusst oder kontrollierbar (vgl. Pressley et al. 1985, 4).

Nach Wild, Hofer, Pekruhn (2006, 245) kann man bei den Lernstrategien zwei Varianten unterscheiden. Zum einen werden darunter „mental repräsentierte Schemata oder Handlungspläne gefasst, die sich aus einzelnen Handlungssequenzen zusammensetzen und situationsspezifisch abrufbar sind. Zum anderen sind Lernstrategien Sequenzen von Handlungen, mit denen ein bestimmtes Ziel erreicht werden soll." Sie unterscheiden dann nach:

- *Informationsverarbeitungsstrategien* mit
  Wiederholungsstrategien,
  Organisationsstrategien zur Vereinfachung komplexer Informationen,
  Elaborationsstrategien für die Integration neuer Theorien und Konzepte,
  Prüfstrategien.
- *Kontrollstrategien* mit
  Planungs-,
  Überwachungs-,
  Regulierungskomponenten.
- *Stützstrategien* mit
  Anstrengung,
  Aufmerksamkeit,
  Zeitmanagement,
  Gestaltung der Lernumgebung,
  Nutzung zusätzlicher Informationsquellen.

Die Informationsstrategien reichen von den einfachen Wiederholungsstrategien über Strategien mit dem Ziel, komplexe Informationen zu vereinfachen und andere Strategien, mit deren Hilfe neue Informationen integriert werden können,

---

301 Das haben entsprechende Analysen bei der Längsschnittuntersuchung PISA 2003, 2004 gezeigt (Frenzel, Pekruhn, Zimmer 2006, 204).

bis hin zu Prüfstrategien. Damit wird ersichtlich, dass die Informationsaufnahme auf verschiedene Weise erfolgen kann. Von Schülern wird erwartet, dass sie hier beim selbstgesteuerten Lernen aktiv wählen können. Sie können sich nicht nur auf Wiederholungsstrategien verlassen. Das hätte zum Ergebnis, dass sie auf einem niedrigen Niveau verbleiben. Den verschiedenen Kontrollstrategien kommt Bedeutung zu, weil sie erst die Komponente ermöglichen, die oben mit dem Anspruch der Selbstevaluation bei den Schülern eingeführt worden ist. Kontrollstrategien erlauben Korrekturen im Prozess des Lernens. Stützstrategien, die auf der einen Seite die Organisation des eigenen Lernens ermöglichen und darüber hinaus einen Beitrag dazu leisten, dass die Nutzung zusätzlicher Informationen erfolgt, runden das komplexe Bild der verschiedenen Strategien ab.

Nicht alle diese Strategien sind direkt beobachtbar und sie lassen sich auch nicht sämtlich durch eine Befragung der Lernenden erfassen, d.h., sie entziehen sich teilweise der Verbalisierung durch die Betroffenen. In vielen Fällen kann auf sie nur indirekt zurückgeschlossen werden. Eine interessante Untersuchung zu diesen Problemen hat Wuttke (2000, 99ff.) vorgelegt, die insbesondere demonstriert hat, dass es bei der Suche nach Lernstrategien lohnend ist, eine Gruppen- von einer Individualebene zu unterscheiden. Als Quelle stehen Äußerungen von Schuljugendlichen zur Verfügung, die nach unterschiedlichen Dimensionen wie Organisation (das ist der Umgang mit Informationen, wie speichert man sie?), Metakognition (wie organisiere ich mein Vorgehen?) und externe Ressourcen (welche Quellen z.B. in der Literatur werden aktiviert?) eingeteilt werden.

Lernende bedürfen bei der Selbststeuerung ihres Lernprozesses, wenn sie ihn zumindest teilweise selbst planen, steuern und kontrollieren, einer angemessenen Handlungs- und Lernstrategie (Wuttke 2000, 98; Reinmann, Mandl 2006, 645). Diesem Aspekt ist bisher in der Praxis des Unterrichtens, wenn es fremdgesteuert geschieht, zu wenig Beachtung geschenkt worden, weil die Steuerung wie selbstverständlich von den Lehrenden erwartet worden ist. Dabei ist ein Desiderat zu vermerken, das eine effiziente Kontrolle auch schon beim fremdgesteuerten Lernen erschwert und in der Praxis ineffizient werden lässt: es gibt keine hinreichend entwickelte pädagogische Diagnostik, wie Heckhausen (1975) bereits dargestellt hat. Vor allem fehlt es bis heute an kriteriumsorientierten und ipsativen Messmodellen.

Es sind in Bezug auf selbstgesteuertes Lernen auch andere Klassifiktionen von Lernstrategien vorgeschlagen worden.[302] Klieme, Artelt, Stanat (2001, 211)

---

[302] Seidel (2003, 22) hat über Untersuchungen berichtet, in denen ein Zusammenhang zwischen Elaborationsstrategien und Lernerfolg nachgewiesen werden konnte. Dafür gibt es sowohl Ergebnisse auf der allgemeinen Ebene als auch beim domänspezifischen Wissen. Letzteres ist ein Befund, der deshalb von Interesse ist, weil ein Zusammenhang zu spezifischen Lerngegenständen hergestellt wird.

nennen als Beispiele dafür: „Memorierstrategien (Einprägen durch wiederholtes Vorlesen, Auswendiglernen von Schlüsselbegriffen) und Elaborationsstrategien (Konstruktion, Integration, Transfer)." Artelt, Demmrich, Baumert (2001, 273) berichten, dass bei PISA die Nutzungshäufigkeit von drei verschiedenen Strategien erhoben worden ist: Memorier-, Kontroll- und Elaborationsstrategien.[303] Zu den zwei bereits genannten ist also noch eine dritte hinzugefügt worden, die als Kontrollstrategie bezeichnet wird. Die verschiedenen Lernstrategien lassen sich folgendermaßen charakterisieren (Artelt, Demmrich, Baumert 2001, 273f.):

- Wiederholungsstrategien zielen dahin, einen Stoff weitgehend wortgetreu auswendig zu lernen. Man muss das Gelesene nicht verstehen.
- Kontrollstrategien sind im eigentlichen Sinne regulierende Strategien. Es wird versucht, den jeweils erreichten Lernfortschritt selbst zu überwachen.
- Elaborationsstrategien haben zum Ziel, den Lerngegenstand zu verstehen. Außerdem wird versucht, seine Bedeutung herauszuarbeiten.

Zwischen diesen Strategien gibt es erhebliche qualitative Differenzen. Dennoch trifft auf jede von ihnen zu, dass sich das Merkmal der Selbststeuerung mit ihnen verknüpfen lässt. Es mag überraschen, dass dies auch für die Strategie des Memorierens zutreffen soll, aber es ist den Individuen freigestellt, sich mit Hilfe des Memorierens Kenntnisse anzueignen. Es handelt sich dabei um eine Vorgehensweise, die über eine große Tradition verfügt. Beim Memorieren selbst lassen sich verschiedene Varianten beobachten, die von der einfachen Wiederholung von Abläufen bis zur gezielten Beobachtung von Vorbildern reichen können, um Letztere dann zu imitieren. Die Strategie des Memorierens ist häufig anzutreffen, wenn man sich bemüht, Lernstrategien genauer zu analysieren, sie lässt sich ebenfalls beim fremdgesteuerten Lernen oft entdecken.[304]

Kontrollstrategien zeichnen sich dadurch aus, dass Lernfortschritte in Relation zum Ausgangspunkt und zum angestrebten Ziel gesetzt werden. Sie stellen eine Mischung aus ipsativen – Vergleich des Anfangszustandes zum erreichten Ist – sowie kriteriumsorientierten Bestimmungen – Vergleich erreichtes Ist zum intendierten Soll – dar. Sie setzen die ständige Überprüfung der erreichten Lernfortschritte voraus. Bei der Kontrollstrategie handelt es sich in Differenz zur ersten Strategie, die das Lernen selbst betrifft, um den Versuch, Lernprozesse zu steuern. So kann eine Kontrollstrategie auch bei einer Memorierstrategie eingesetzt werden.

---

303 Bereits bei Neber (1982) finden sich unter den Stichworten Kontrolle und Problemlöserepräsentationen Hinweise auf solche Strategien.
304 Allgemein bleibt festzuhalten, das die Befunde in empirischen Untersuchungen nicht so einheitlich ausgefallen sind, wie das auf der Basis der theoriegetriebenen Äußerungen erwartet werden könnte (Seidel 2003, 23ff.).

Elaborationsstrategien betreffen z.B. das Lernen, welches stattfindet, wenn ein Problem gelöst werden soll bzw. gelöst wird. Auch in diesem Fall können Kontrollstrategien eingesetzt werden.[305] Es muss nicht weiter erläutert werden, dass die dritte Art von Strategien den beiden ersten als überlegen betrachtet wird. Die verschiedenen genannten Strategien lassen sich auch nicht trennscharf voneinander unterscheiden. Die Kontrollstrategie wird vielmehr häufig mit einer der beiden anderen Strategien gemeinsam oder als ein Teil von ihnen auftreten. Es ist aber wichtig zu beachten, dass bei allen Arten von Strategien im Erfahrungspotential des einzelnen Lerners entsprechende Erfahrungen präsent sein müssen. Das ist eine Phase, die dem selbstregulierten Lernen mit Sicherheit vorangestellt sein wird. Man muss beispielsweise schon memorierend gelernt haben, man muss wissen, wie man den Lernprozess kontrolliert und man sollte auch wissen, wie man vorzugehen hat, wenn man versucht, einen Lerngegenstand zu verstehen.[306]

Der Kontrolle ist beim selbstgesteuerten Lernen bereits Aufmerksamkeit gewidmet worden (Neber 1982, 101ff.). Sie war auch ein Bestandteil des fremdgesteuerten Lernens. Allgemein kann man davon ausgehen, dass der Kontrolle ein evaluierender Aspekt zugerechnet werden kann: man verschafft sich mittels Kontrolle einerseits Informationen darüber, welchen Weg man bereits zurückgelegt hat, und erhält andererseits auch Informationen dazu, wie weit man noch vom jeweiligen Ziel entfernt ist. Kontrolle weist eine hohe Affinität zur formativen Evaluation auf (Bloom, Hastings, Madaus 1971).[307]

---

305 Bei PISA 2003 hat sich gezeigt, dass Schüler in der Klasse 10 im naturwissenschaftlichen Unterricht vermehrt Elaborationsstrategien angewendet haben (Prenzel 2006, 24).
306 Insgesamt bleibt festzuhalten, dass die Befundlage nicht so eindeutig ist, wie das aus der Sicht der Unterrichtsforschung wünschenswert wäre: Es gibt keine eindeutige Richtung der Ergebnisse, dass sich ein Zusammenhang zwischen praktizierten Lernstrategien und erreichten Lernergebnissen replizieren lässt. Vielmehr ist die Forschungslage durch eine Ansammlung einzelner Ergebnisse gekennzeichnet (Seidel 2003, 26). Das ist in dieser Form unbefriedigend, es zeigt aber, dass die Unterrichtsforschung noch nicht den Status erreicht hat, der notwendig ist, um zuverlässige Befunde zu liefern. Die Rede von den Lernstrategien, die gegenwärtig häufig anzutreffen ist, kann in gewisser Weise als im modischen Trend begriffen werden.
307 Es gibt bisher keine ausgearbeitete Prozessdiagnostik mit dem Ziel, Lernstrategien zu erfassen. Jedoch gibt es Instrumente, die eingesetzt werden können, um mehr über die Lernstrategien der Schüler zu erfahren. Mit diesen Instrumenten werden die Strategien nicht kontextspezifisch, sondern allgemein mit dem Ziel erfasst, von den Schülern etwas über ihre praktizierten Lernstrategien zu erfahren (Gold 2005; Souvignier, Gold 2004).

5.3 Lernumwelten

Wenn selbstgesteuertes Lernen im Unterricht realisiert werden soll, muss der Gestaltung der Lernumwelt Aufmerksamkeit gewidmet werden. Diese Lernumwelt soll so ausgestattet sein, dass sie die Schuljugendlichen zum Lernen anregt, sobald man den Ort Schule betrachtet. Wuttke (2000, 98) hat eine Umwelt, die diese Form des Lernens ermöglicht, als „selbstorganisationsoffen" bezeichnet. Mit dem Adjektiv selbstorganisationsoffen werden von ihr Lernumgebungen beschrieben, die ein Lehr-Lern-Arrangement umfassen, „das zielgerichtetes selbstorganisiertes Lernen unterstützt und in besonderer Weise fördert" (ebd., 98), d. h., die Eigenaktivität der Lernenden soll gegenüber der Steuerung des Lernens durch Dritte, also Lehrende dominieren. Der Fokus der Aufmerksamkeit liegt beim Lernenden selbst.

Als Lernumwelt bzw. Lernumgebung wird der Kontext bezeichnet, innerhalb dessen gelernt wird:

„Eine durch Unterricht hergestellte Lernumgebung besteht aus einem Arrangement von

- Unterrichtsmethoden
- Unterrichtstechniken
- Lehrmaterialien
- Medien.

Dieses Arrangement ist durch die besondere Qualität der aktuellen Lernsituation in zusätzlicher räumlicher und sozialer Hinsicht charakterisiert und schließt letztlich auch den kulturellen Kontext ein" (Reinmann, Mandl 2006, 615f.).[308]

Der jeweilige Kontext soll Anregungspotentiale für das eigene Lernen vermitteln. Der Begriff der Lernumwelt wird heute gerne verwendet, wenn über alternative Formen des Unterrichts nachgedacht wird. Um ihn zu präzisieren, ist eine Unterscheidung hilfreich, die Reinmann, Mandl (2006, 617f.) von Bransford, Brown, Cocking (1999) übernommen haben, indem sie verschiedene Lernumwelten unterscheiden:

- „Learner-centered environments mit dem Lerner, seinem Vorwissen und seinen Vorerfahrungen, Einstellungen und Interessen im Vordergrund
- Knowledge-centered environments mit dem zu vermittelnden Gegenstand und seinen Strukturen im Zentrum

---

[308] Mit dem Konzept der Lernumgebung wird darauf aufmerksam gemacht, dass es sich beim Unterricht um eine Aktivität handelt, bei der nicht nur eine Interaktion zwischen verschiedenen Protagonisten im Fokus steht, sondern gleichzeitig auch der Kontext, in dem diese Interaktion stattfindet, in die Überlegungen einbezogen wird (Seidel 2003).

- Assessment-centered environments mit Prüf- und Bewertungsverfahren im Fokus
- Community-centered environments mit dem Ziel, Lerngemeinschaften zu entwickeln".

Abbildung 40 : Lernumwelten
(nach Reinmann und Mandl 2006, 618)

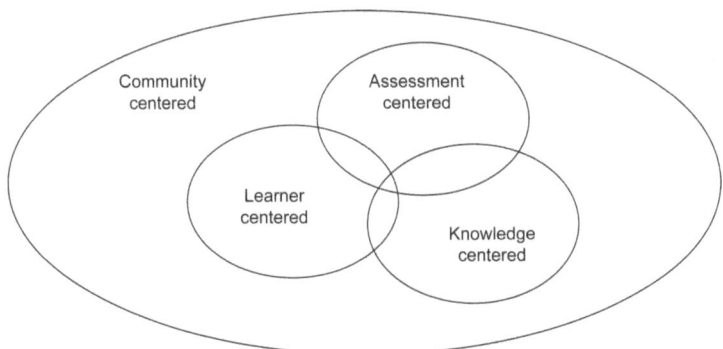

Diese Einteilung lässt verschiedene Schwerpunktsetzungen erkennen, die in der Schule bzw. im Unterricht vorherrschen können. Offensichtlich lassen sich Lernumwelten sehr verschieden ausrichten. Bei *Learner-centered* stehen die Schüler und ihre Ressourcen im Vordergrund. Auf sie aufbauend können Lernprozesse implementiert werden, die bei der Eigenaktivität der Schüler ansetzen. Reinmann, Mandl (2006, 640) haben unter dem Stichwort problembasiertes Lernen drei Anregungen für die Durchführung gegeben:

- Es findet in Lernumgebungen statt, die lernerzentriert organisiert sind und den Lernern komplexe Aufgaben abverlangen.
- Die Analyse und Lösung der Aufgaben erfolgt im Kontext einer kleinen Gruppe.
- Die Gruppe wird tutoriell begleitet. Problemorientierte Lernumgebungen sind so organisiert, dass nicht nur Wissen erworben wird, sondern eine implizite Prüfung des erworbenen Wissens durch die Anwendung auf die Problemlösung integriert ist.[309]

---

309 Reinmann, Mandl (2006, 642) nennen einige Ergebnisse, die anzeigen, dass diese Lernorganisation erhoffte Wirkungen zeigt, aber diese Befunde dürfen nicht im Sinne eines Beweises interpretiert werden. Auf Dauer ist eine bessere Unterrichtsforschung erforderlich, damit Hypothesen über Unterricht auch angemessen getestet werden können.

Knowledge centered kann einerseits als eine Lernumgebung beschrieben werden, die dem traditionellen Verständnis von Unterricht nahe kommt. Es kann sich andererseits um eine Umgebung handeln, in der Anregungen zum Wissenserwerb präsentiert werden, unter denen die Schüler bezüglich der Reihung sowie der Schwerpunktsetzung selbst wählen können. *Assessment centered* Lernumgebungen haben einen Fokus bei Rückmeldungen, um ein Beispiel zu geben. *Community centered* Lernumgebungen sind auf einer anderen Ebene als die drei bisher vorgestellten angesiedelt. Es geht vor allem darum, bestimmte Sozialformen, hier die Bildung von Kleingruppen, zu fördern. Diese Erläuterung vermittelt einerseits, dass sich die Aspekte nicht ausschließen, andererseits wird ersichtlich, dass sie auf zwei verschiedenen Ebenen angesiedelt sind.

Den *community-centered* Lernumwelten lässt sich der Aspekt subsumieren, der in vielen Diskussionen über die Schulstruktur eine zentrale Rolle spielt, das ist die Frage nach der möglichen Wirkung von Kompositionseffekten der Klasse. Wie Baumert, Stanat, Watermann (2006) in einer Literaturübersicht verbunden mit einer eigenen Studie dargelegt haben, sind Kompositionseffekte keineswegs so eindeutig belegt, wie es viele Vertreter behaupten. Sie lassen sich insbesondere bei Hauptschulen nachweisen, das belegt Stanat (2006) auch noch getrennt für die Kinder mit Migrationshintergrund. An dieser Stelle erweist sich, dass Unterricht in verschiedenen Schulformen einer unterschiedlichen Artikulation bedarf und anders gestaltet werden müsste.[310]

5.4 Selbststeuerung im Unterricht

Bei Forneck (2002, 247) findet sich eine Aufstellung darüber, was alles vom Lernenden selbst gesteuert werden kann:

- Lernziel
- Motivierung
- Lernzeiten
- Lernstrategie/Lerntechniken
- Verwendung von Hilfsmitteln
- Sozialformen des Lernens
- Lernerfolgskontrolle.

---

310 Das ist eine Feststellung, die zwar nahe liegend ist, aber auch nicht selbstverständlich erscheint: Die Gestaltung des Unterrichts erfolgt auch milieuspezifisch. Deshalb kommt u.a. dem Klassenmanagement so große Bedeutung zu.

Demnach gibt es keinen Aspekt des Lernens, der nicht selbstgesteuert bzw. -reguliert werden kann. Prinzipiell soll der gesamte Lernprozess gesteuert werden.[311] Es kann sich aber auch nur um einzelne Teile handeln. In der Erziehungswissenschaft ist versucht worden, den Vorgang der Selbststeuerung aus der Tradition der Disziplin heraus zu modellieren. Dabei ist von der Frage ausgegangen worden, wie es gelingen kann, diese Lernprozesse in eine Richtung zu steuern, die es gestattet, Ziele, die durch Schule und Unterricht gesetzt sind, leichter zu erreichen. Das ist die didaktische Frage, die in pädagogischen Institutionen im Mittelpunkt steht. Arnold, Milbach (2002, 15) haben zur Verdeutlichung des Zusammenhangs das didaktische Dreieck wieder aufgegriffen.[312]

Abbildung 41: Didaktisches Dreieck

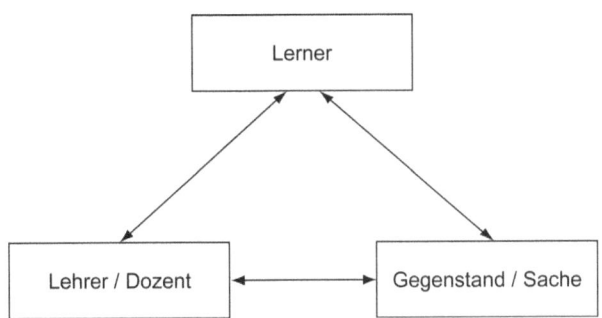

In diesem Bezugsgeflecht kommt es darauf an, dass Lehrkräfte die Sachen/-Gegenstände so präsentieren, dass Lernende zum selbstgesteuerten Lernen angeregt werden. Das setzt im Einzelnen eine Prüfung voraus, ob zuvor nicht Angebote eines fremdgesteuerten Lehrens erfolgen müssen, um die Voraussetzungen für selbstgesteuertes Lernen zu schaffen. Dennoch hat Forneck (2002, 245) bereits darauf verwiesen, dass sich aus konstruktivistischer Perspektive dieser Zusammenhang anders darstellt, wenn Lernen nur noch als Abfolge spontaner Lernereignisse begriffen wird. Profession und Klientel interagieren, ohne dass der ersteren eine weitergehende Kompetenz im Sinne des traditionellen Lehrens zugeschrieben wird. Die Folge wäre im theoretischen Diskurs eine Entprofessio-

---

311 Das wird auch in einer schematischen Darstellung bei Pekrun (2002, 72) deutlich, der nach Lernplanung, interner Lernsteuerung, Lernprozessen, externer Lernsteuerung und Lernprodukten, hier wiederum nach deklarativem und prozeduralem Wissen, unterscheidet.
312 In diesem Zusammenhang ist es wichtig, dass das lebenslange Lernen nicht mit dem selbstgesteuerten Lernen verwechselt werden darf. Mit dem lebenslangen Lernen wird zunächst nur auf die Tatsache verwiesen, dass das Lernen nicht mit dem Abschluss der Schule bzw. Universität beendet ist, sondern dass ein Lernbedarf auch noch später entstehen kann und entsteht.

nalisierung. Deshalb bietet sich eine andere Konzeption an: Professionalität könnte aus der Trias von Gestaltung der Lernumwelt, Vermittlung von Lernstrategiewissen und Instruktion bestehen. Der Unterricht würde dann eine andere Gestalt erhalten. Die Lehrkräfte müssen in der Lage sein, entsprechende Prozesse zu moderieren und zu managen.

Im Kern beruht die Selbstregulation des Lernens „auf einem flexibel einsetzbaren Repertoire von Strategien zur Wissensaufnahme und Wissensverarbeitung sowie zur Überwachung der am Lernen beteiligten Prozesse" (Artelt, Demmrich, Baumert 2001, 271). Lehrkräften fällt dabei im Unterricht eine Monitoringfunktion zu, die auch eine Beratung der Schüler einschließt. Vor allem wird von ihnen erwartet, zur Entwicklung der intrinsischen Motivation (Leistungsmotivation) bei den Schülern beizutragen. Die Voraussetzungen für die Selbststeuerung des Lernens lassen sich noch aus einem weiteren Blickwinkel benennen: Die Forschung zur Leistungsmotivation hat eine lange Tradition, die in Deutschland vor allem mit Heckhausen (1975, 101f.) verbunden ist. Dabei hat er fünf Bedingungen genannt, unter denen eine Situation leistungsthematisch wird, von denen hier die ersten drei aufgeführt werden, weil sie für das selbstgesteuerte Lernen bedeutungsvoll sind:

„1. Ein Handlungsergebnis muß erzielbar oder erzielt sein. Es muß objektivierbar sein und Aufgabencharakter haben [...]
2. Die Handlungen und ihr Ergebnis müssen auf einen Maßstab der Schwierigkeiten und/oder der Kraftaufwendungen beziehbar und daran beurteilbar sein [...]
3. Handlungen müssen in ihren Ergebnissen überhaupt gelingen und mißlingen können."

Fasst man diese drei Bedingungen zusammen, so resultiert daraus: Selbstgesteuertes bzw. -reguliertes Lernen kann nur dann mit Erfolg stattfinden, wenn es eine entsprechende unterstützende Lernmotivation bei den einzelnen Schuljugendlichen gibt. Damit ist die personale Ebene des jeweiligen Lernenden einbezogen. Selbstgesteuertes Lernen setzt eine entsprechende Persönlichkeitsentwicklung voraus. Das ist im bisherigen Verlauf der Betrachtung mit dem Hinweis erfasst worden, dass Schülern entsprechende Erfahrungsmöglichkeiten eröffnet werden müssen. Das erfordert bei den Lernenden auch eine gewisse Frustrationstoleranz: „Als willensgesteuerte Regulationstechniken werden z.B. die Umsetzung von Wünschen in Absichten sowie die Abschirmung der Lernvorgänge gegenüber konkurrierenden Handlungswünschen gesehen" (Klieme, Artelt, Stanat 2001, 212). Es handelt sich demnach um komplexe Handlungskompetenzen, die beim selbstregulierten Lernen als notwendig erachtet werden (Baumert, Artelt, Klieme, Stanat 2001, 290). Die Kunst des Unterrichtens besteht dann darin, motivationale Anreize zu bieten sowie intrinsische Motivation zu unterstützen.

Beim selbstgesteuerten Lernen sind emotionale, motivationale und volitionale Merkmale in ihrer Bedeutung nicht zu unterschätzen (Pekruhn 2002, 72). Eine wesentliche Voraussetzung für selbstreguliertes Lernen ist nach Wang, Haertel und Wahlberg (1993) die Motivation der Schüler. Selbstgesteuertes Lernen setzt intrinsische Motivation voraus. Bei Kindern wissen wir, dass entsprechende Versuche in der Praxis des Schulunterrichts häufig scheitern. Extrinsisch lässt sich mit Hilfe von Anreizsystemen motivieren. Wettbewerbe bieten hier z. B. Vorbilder. Motive und fremdgesteuerte Anreize werden wiederum mit um so größerer Wahrscheinlichkeit internalisiert, d. h., in intrinsische Motivation übergeführt, je mehr sichergestellt ist, dass sie an früher ausgeübte Tätigkeiten, die mit Interesse verfolgt worden sind, d. h., die intrinsische Motivation hierzu, anschlussfähig sind. Eine andere Variante stellen signifikante Andere dar. Da mit Volition das bezeichnet wird, was dem Lerner bei der Realisierung der motivationalen Entscheidung hilft, wird auch das strategische Vorgehen beim Lernen mit eingeschlossen (McCaslin et al. 2006, 232f.). Dazu müssen im Unterricht Anreize gegeben werden.

5.5 Zusammenfassung

Es ist einschränkend darauf hinzuweisen, dass insbesondere bei leistungsschwächeren Schuljugendlichen die direkte Instruktion häufig eine bessere Wirkung hat (Helmke 1999, Helmke, Schrader 2001, 245).[313] Das lässt wiederum erkennen, dass der Unterricht in der Schule in die erforderlichen Fähigkeiten einführen muss, damit ein selbstgesteuertes Lernen längerfristig ermöglicht werden wird. Letzten Endes setzt die Fähigkeit zum selbstregulierten Lernen eine Summe von Erfahrungen voraus, die einerseits aus Lernprozessen resultieren, die eher inkremental als intendiert verlaufen sind, die aber, wie das z. B. beim Lernen nach Versuch und Irrtum der Fall ist, verstärkt worden sind. Neben diesen Prozessen spielt auch Erfahrung mit fremdgesteuertem Lernen eine große Rolle, weil Fremdsteuerung häufig mit Anweisungen verbunden ist, was getan werden soll:

---

313 Hinweise dazu, dass eine differenzierte Betrachtung bei der Bewertung des Erfolges von offenem versus direktiverem Unterricht angebracht ist, finden sich auch bei Einsiedler, Martschinke und Kammermeyer (2006, 346f.), die die entsprechende Forschung zu diesem Thema skizzenhaft schildern. Danach scheinen leistungsschwächere Kinder tatsächlich eher von direktiven Formen und leistungsstärkere von offenen Formen des Unterrichts zu profitieren. Nimmt man diese Daten zur Kenntnis, dann muss im Prinzip in der gleichen Klasse zumindest teilweise auf einer anderen Basis für verschiedene Gruppen von Kindern unterrichtet werden.

Memorieren und Kontrolle zum Beispiel; nicht zu vergessen sind auch die Vorbilder, die man bei der Lösung komplizierter Probleme beobachten konnte und die man nunmehr zu imitieren versucht, wenn man vor ähnlich erscheinende Probleme gestellt ist oder sich gestellt sieht.

Fragen bzw. Aufgaben zum Kapitel 5

1. Schildern Sie das Modell zur menschlichen Informationsverarbeitung nach Hasselhorn und Gold.
2. Wie kann ein lernwegsorientierter Unterricht gestaltet werden?
3. Nennen Sie historische Vorbilder für die Selbststeuerung beim Lernen aus der Pädagogik.
4. Was wird unter selbstgesteuertem Lernen verstanden?
5. Nennen Sie Lernstrategien im Kontext des selbstgesteuerten Lernens.
6. Schildern sie Lernumwelten, die im Unterricht unterschieden werden können.

6 Unterrichtsforschung

> Kunter et al. (2006, 187) haben die angemessene Erfassung von Unterricht lapidar als komplexes Unterfangen beschrieben. Im Folgenden wird nicht angestrebt, Unterrichtsforschung prinzipiell zu erörtern. Vielmehr wird nur auf die Relation der Unterrichtsforschung zur Unterrichtspraxis sowie auf Grundannahmen hingewiesen, die die Unterrichtsforschung leiten.

Über Unterrichtsforschung soll eine Verbesserung der Unterrichtspraxis erreicht werden. Insoweit zählt Unterrichtsforschung zum Typ der angewandten Forschung. Dieser nahe liegende Bezug lässt sich um einen weiteren ergänzen: Forschung setzt eine fragende Haltung voraus. Es sollen Probleme gelöst bzw. Antworten auf Fragen gefunden werden, die bisher noch nicht eindeutig gegeben werden können. Auf diese Weise werden entweder neue Erkenntnisse gewonnen oder es soll nicht mit Sicherheit Gewusstes überprüft werden. Das soll in beiden Varianten nach Möglichkeit auf eine Art und Weise geschehen, die die Wiederholbarkeit in anderen und die Übertragbarkeit auf andere Situationen als diejenige ermöglicht, in der die Forschung stattfindet.[314] Deshalb erfordert Forschung Distanz selbst zum Einzelfall, der der Gegenstand der Forschung sein kann.

Von diesem allgemeinen Rational lässt sich eine Verbindung zur Tätigkeit des Unterrichtens herstellen: In der Trias Vorbereitung, Durchführung und Nachbereitung des Unterrichts als Anforderungsmerkmale an die Tätigkeit des Lehrers im Unterricht ist die implizite Erwartung enthalten, dass die einzelnen Lehrer sich selbst gegenüber eine fragende Haltung einnehmen sollen. Spätestens bei der Nachbereitung muss beurteilt werden, was bei der Durchführung des Unterrichts von der Planung umgesetzt worden ist, was nicht gelungen ist und was Neues hinzugekommen ist, das nicht geplant war. Der Erfolg wird nicht als selbstverständlich genommen, lässt sich diese Anforderung umformulieren. Damit ist für den Lehrer eine Fragehaltung gegenüber der eigenen Tätigkeit als konstitutives Merkmal gefordert. Lehrer sollen sich bei ihrer Tätigkeit im Unterricht ständig selbst beobachten, kann als Quintessenz dieser Sichtweise formuliert werden. Es wird ein forschender Habitus vorausgesetzt. Diese Anforderung

---

314 Das klingt aus der Perspektive der Forschung selbstverständlich, ist aber aus der Perspektive des praktischen Handelns so selbstverständlich nicht, weil die Praxis jeweils als einmalig erlebt wird. Deshalb wird Forschung im Kern beanspruchen, auch im Einzelfall noch Regeln zu entdecken oder zugrunde zu legen, die den Einzelfall übersteigen.

sollte nicht als Forschung bezeichnet werden, weil ihr das Systematische fehlt, das Forschung kennzeichnet. Dennoch wird bereits in dieser Sichtweise deutlich, dass mit Unterrichtsforschung ein allgemeinerer Anspruch verbunden werden kann, als nur die auf bestimmte Fragestellungen eingegrenzte Vorgehensweise, die oft mit Forschung verknüpft wird.

Eine weitere Variante des forschenden Habitus kann im Vorbereitungsdienst identifiziert werden, wenn Mentoren und Seminarleiter die Leistungen der Referendare beobachten und beurteilen. Dieser Anforderung können sie nachkommen, wenn sie systematisch beobachten.[315] Erst auf dieser Basis können ihre Beurteilungen für die Lehrer im Vorbereitungsdienst nachvollziehbar formuliert werden.

Beiden bisher benannten Anforderungen ist gemeinsam, dass die Praxis des Unterrichts zum Gegenstand wird, die analysiert werden soll. Unterricht bedarf offensichtlich auch in seinen mehr oder weniger alltäglichen Formen einer forschungsähnlichen Grundhaltung: Er unterliegt zumindest von den Erwartungen her der Selbstbeobachtung durch die Lehrkräfte, die erst auf dieser Basis in die Lage versetzt werden, steuernd in die Prozesse des Lernens bei den Schülern und, allgemeiner formuliert, den Prozess des Unterrichtens einzugreifen. Die bisher benannten Anforderungen werden in der Regel nicht unter den strengen Kriterien wahrgenommen, die an Forschung allgemein und Unterrichtsforschung speziell angelegt werden, wie sich noch zeigen wird. Aber es gibt in der Praxis des Unterrichts ein prinzipielles Erfordernis, das einen Bedarf für Forschung erkennen lässt. Prozesse müssen beobachtet werden: Deshalb kommt der Beobachtung als Forschungsmethode bereits in diesen Fällen, die man als forschungsaffin qualifizieren kann, eine wichtige Funktion zu.

Die Erläuterung zur Fremdbeobachtung, die sich bei Bosch (2006, 28ff.) nebst Vorschlägen für Beobachtungssysteme findet, weist auf einen weiteren Aspekt hin: Lehrkräfte sollten sich wechselweise im Unterricht besuchen, beobachten und anschließend beraten. Diese Praxis wird bisher in Deutschland wenig gepflegt, ist aber insbesondere dann wichtig, wenn im Rahmen von Schulentwicklung pädagogische Konzepte formuliert werden, die im Unterricht bestimmte Organisationsformen voraussetzen bzw. es erforderlich machen, dass einheitliche Konzepte des Unterrichtens befolgt werden. Fremdbeobachtung hat gegenwärtig ihren festen Platz nur in der Ausbildung. Sowohl bei den Praktika im Studium als auch im Vorbereitungsdienst bzw. Referendariat ist die Fremdbeobachtung eine übliche Methode, die teils in der Form der Meisterlehre – der Praktikant bzw. Referendar beobachtet den Unterricht eines erfahrenen Lehrers –, teils auch zur Anleitung im eigenen Unterricht eingesetzt wird – der Praktikant

---

315 Petersen (1965, 9ff.) hat diesen Ansatz bereits geschildert.

bzw. Referendar wird bei seinen Unterrichtsversuchen beobachtet und erhält anschließend ein Feedback. In beiden Fällen handelt es sich oft um teilnehmende Beobachtung. Systematische Beobachtung unter Einsatz bestimmter Beobachtungssysteme findet nur selten statt.

Vor diesem Hintergrund kann es nicht überraschen, dass die Beobachtung traditionell in der Unterrichtsforschung eine große Bedeutung gehabt hat. Die pädagogische Tatsachenforschung hat beispielsweise in den beiden häufig zitierten Varianten der Petersens (1965) und von Winnefeld (1967) auf Beobachtung basiert.[316] Ausgangspunkt der Forschung war es jeweils, das Unterrichtsgeschehen zu protokollieren oder zu filmen, um es anschließend der Analyse zugänglich zu machen. Das, was beobachtet wurde, musste demnach im einfachsten Fall protokolliert werden, lässt sich als Vorgehensweise festhalten. Die Protokolle konnten inhaltsanalytisch bearbeitet werden.[317] Die pädagogische Tatsachenforschung hat wiederum auf Praxen der Unterrichtsdokumentation aufgebaut, die sich vor allem bei den Herbartianern ausgebildet hatten (Petersen 1965), d.h., der Bezug zur Praxis des Unterrichtens ist für sie konstitutiv gewesen.

Eine andere frühe Methode der Unterrichtsbeobachtung waren die Interaktionsanalysen, mit deren Hilfe Sequenzen der Interaktionen zwischen Lehrkräften und Schülern abgebildet worden sind (vgl. Merkens, Seiler 1978).[318] In diesem Fall sind Beobachtungssysteme vorgegeben worden, und es wurden geschulte Beobachter eingesetzt. Im Prinzip wurde angestrebt, den Interaktionsfluss zwischen der jeweiligen Lehrkraft auf der einen Seite und der Schulklasse auf der anderen Seite abzubilden. Das entsprach dem damaligen Verständnis von Unterrichtsmethode, das den Aspekt der Individualisierung beim Unterrichten noch nicht im Fokus gehabt hat. Interaktionanalysen haben sich als zweite Form der systematischen Beobachtung von Unterricht neben der Tatsachenforschung etabliert.

Sowohl bei der pädagogischen Tatsachenforschung als auch den Interaktionsanalysen war eine zentrale Annahme, dass es sich beim Unterricht und dem Unterrichten um ein prozesshaftes Geschehen handele, das angemessen abgebil-

---

316 Terhart (2005, 71ff.) hat Kritikpunkte an dieser Sicht dargestellt. Die Kritik lässt sich dahin zusammenfassen, dass die mit dem Begriff Tatsache suggerierte Objektivität nicht haltbar sei und darüber hinaus eine auf Variablen basierte Erfassung des Unterrichts wesentliche Merkmale ausschließe.
317 Dabei ist der Terminus Inhaltsanalyse nicht verwendet worden. Jedoch sind aus heutiger Sicht bei der Aufarbeitung der Protokolle Methoden angewendet worden, die man als inhaltsanalytisch kennzeichnen kann. Es hat aber präzise Vorschriften dazu gegeben, wie bei der Auswertung vorzugehen sei.
318 Bei Merkens, Seiler (1978) findet sich eine Übersicht zu verschiedenen Verfahren, deren Vor- und Nachteile diskutiert werden. Besonders einflussreich ist das Verfahren von Flanders geworden (für eine Übersicht vgl. Amidon Hough 1967), das an dieser Stelle aber nicht näher erläutert werden wird.

det werden sollte. In beiden Fällen ging es darum, das unterrichtliche Handeln zu erfassen. Dabei ist das Vorgehen bei den Interaktionsanalysen systematischer gewesen: Die für relevant erachteten Ereignisse waren in den Beobachtungssystemen vorgegeben. Demgegenüber sind bei der pädagogischen Tatsachenforschung weniger Vorgaben gemacht worden.

Eine Weiterentwicklung der Unterrichtsforschung, die auf Beobachtung basiert, kann in der Suche nach fachspezifischen Mustern des Unterrichtens gesehen werden, die unter der Bezeichnung Unterrichtsskript in der neueren Forschung zum Unterrichten eine große Bedeutung gewonnen hat. Dabei werden die technischen Möglichkeiten genutzt. Der Unterricht wird zunächst videographiert und kann anschließend mit Hilfe von Kategoriensystemen ausgewertet (vgl. Prenzel, Duit, Euler, Lehrke, Seidel 2001).[319] Seidel, Prenzel (2004) haben in einem Bericht zu Videoanalysen den Umgang mit dem per Videoaufnahme gewonnenen Material nochmals verfeinert dargestellt. Die neuen technischen Möglichkeiten eröffnen auch neue methodische Zugriffe zum Material.[320] Mit der Suche nach Unterrichtsskripts ist eine Annahme verbunden: Es wird vorausgesetzt, dass es im Unterricht typische Muster des Handelns gibt, die sich auch identifizieren lassen. Das war für die Unterrichtsmethoden eine grundlegende Annahme. Diese Handlungsmuster sollen nunmehr identifiziert, und das ist neu, in Bezug auf ihre Effizienz überprüft werden. Wenn sich dabei Differenzen zwischen den Unterrichtsfächern herauskristallisieren sollten, wäre damit eine neue Sichtweise auf die Unterrichtsmethoden eröffnet. Auf jeden Fall soll z.B. versucht werden, den Wechsel von Phasen der Instruktion und der Eigentätigkeit, der Selbststeuerung des Lernens, zu systematisieren. Der Anspruch, dass Unterrichtsmethoden in jedem Fach und bei jedem Inhalt eingesetzt werden können, müsste aufgegeben werden.

Allgemein trifft zu, dass die Forderung der Replizierbarkeit Systematik voraussetzt. Das gilt ebenso für den anschließenden Umgang mit den gewonnenen

---

319 Das Beispiel wird hier erwähnt, weil die Dokumentation des Vorgehens als vorbildhaft für diesen Typ der neuen Unterrichtsforschung angesehen werden kann. Ihm können auch Anregungen für die Durchführung anderer Projekte in anderen Unterrichtsfächern entnommen werden. In den Schulfächern, die eine Affinität zu den Geistes- und Sozialwissenschaften aufweisen, wären auf Dauer Untersuchungen ähnlichen Typs wünschenswert. Es steht nämlich die Antwort auf die Frage aus, ob sich fachtypische Muster des Handelns auch in den nichtnaturwissenschaftlichen Fächern identifizieren lassen. Hier besteht gegenwärtig ein großer Forschungsbedarf.
320 Bezogen auf die Argumentation in diesem Band ist dabei der Begriff des Zeitfensters von besonderer Bedeutung, weil Zeitfenster z.B. mit dem Ziel implementiert werden können, im Rahmen von Instruktion Zeit für selbstgesteuertes Lernen zu reservieren. Über Zeitfenster kann also eine Abstimmung zwischen verschiedenen methodischen Vorgehensweisen innerhalb des Unterrichts geregelt werden.

Daten.³²¹ Interpretationen müssen nachvollziehbar sein. Die Notwendigkeit der systematischen Forschung nimmt nochmals zu, wenn es darum geht, Regeln zu entdecken und anschließend vorzugeben, auf deren Basis sich Unterricht erfolgreich gestalten lässt. Das kann man als ein Ziel wissenschaftlicher Unterrichtsforschung benennen: Es soll erforscht werden, wie im Unterricht die vorgegebenen Ziele von der überwiegenden Mehrzahl der Schüler erreicht werden. Entsprechende Gelingensbedingungen zu entdecken, lässt sich als ein Ziel der Unterrichtsforschung markieren. Dem korrespondiert als Oberziel, dass angestrebt wird, Voraussetzungen zu finden, um die Lernprozesse der Schüler zu optimieren. Terhart (2005) hat diese Fragestellung als Ausgangspunkt der Unterrichtsforschung markiert, weil die Frage nach der Effektivität in den Mittelpunkt gerückt sei.³²² Nunmehr erweitert sich das Spektrum dessen, was in der Forschung berücksichtigt bzw. kontrolliert werden muss, erheblich. Neben individuellen Prozessen bei den Schülern muss das Interesse ebenso auf die jeweilige Gruppe bzw. Klasse aber auch die Qualität der Interaktion mit den Lehrpersonen und nicht zuletzt auf Kontextbedingungen gelenkt werden. Außerdem müssen Veränderungen, die bei den Schülern durch den Unterricht erreicht werden, gemessen und bewertet werden.

Aus diesem Grund ist es erforderlich, die Komplexität des Geschehens im Unterricht in die Überlegungen mit einzubeziehen. Traditionell ist diese Komplexität in der Praxis des Unterrichtens durch bestimmte Reduktionen, die restriktiv wirkten, erheblich eingeschränkt worden. Das ist zuerst mit den Unterrichtsmethoden realisiert worden. Hier wurde eine bestimmte Vorgehensweise für geeignet erklärt und dann auf dieser Basis der Unterricht durchgeführt. Als Zweifel darüber aufkamen, ob diese Annahme zutreffend gewesen war, sind andere Methoden in quasiexperimentellen Designs im Vergleich mit dem bisherigen Vorgehen getestet worden. Insofern hat es eine Wende von der Beobachtung hin zum Experiment gegeben. Allerdings konnten die Bedingungen naturwissenschaftlicher oder auch sozialwissenschaftlicher Experimente in der Unterrichtsforschung nie eingehalten werden. Im Kern ist es bei quasiexperimentellen Designs geblieben.³²³ Dabei hat sich oft eine Überlegenheit der neuen Variante gezeigt. Es konnte aber nicht genau angegeben werden, was eigentlich zum Vergleich herangezogen worden ist. Das ist bei Experimenten zur Wirksamkeit der programmierten Unterweisung im Vergleich zum sogenannten konventionellen

---

321 Als Beispiel für eine Forschung, die beiden Kriterien genügt hat, sei auf Petrat, Steinforth, Timm und Wosniok (1977) verwiesen, die von einem prozessorientierten Unterrichtsmodell ausgegangen sind.
322 Diese Position wird hier so nicht übernommen, wie die bisherige Argumentation zeigt.
323 Die Probleme, welche daraus resultieren, sollen hier nicht wiederholt werden. Hier geht es vielmehr darum, die Bedingungen zu skizzieren, unter denen Quasiexperimente in der Unterrichtsforschung durchgeführt werden können.

Unterricht deutlich geworden. In diesen Vergleichen konnte nicht genau fixiert werden, was mit ‚konventionell' erfasst wurde. Vor diesem Hintergrund kann es nicht überraschen, dass bisher der Nachweis für die Überlegenheit einer bestimmten Unterrichtsmethode nicht erbracht werden konnte. Das hängt einerseits damit zusammen, dass es sich beim Unterricht um einen sehr komplexen Gegenstand handelt, der untersucht wird. Andererseits ist aber auch zu berücksichtigen, dass bei der Suche nach Methoden die Antworten mit hoher Wahrscheinlichkeit für verschiedene Unterrichtsfächer anders ausfallen werden und auch die Lernerfahrungen der Schüler eine große Rolle spielen, um nur zwei der möglichen Gründe zu benennen.[324]

Einen möglichen Ansatzpunkt für die Unterrichtsforschung bildet, wie das bereits formuliert worden ist, das Lernen der Schüler in der Schule.[325] Dazu bedarf es der der Modellierung des Lernens im Unterricht. Um ein Modell des Lernens zu entwerfen, ist es günstig, über Erfahrungen mit dem Lernen zu verfügen. Nun geschieht Lernen praktisch in der Regel in alltäglichen Kontexten und fällt als Vorgang oder Prozess oft nicht auf. So lässt sich für einen Beobachter von außen nur indirekt feststellen, dass gelernt worden ist, wenn entweder eine Verhaltensänderung oder die Verfestigung eines bestimmten Verhaltens beobachtet werden kann. Man kann aber auch Veränderungen oder Abläufe im Gehirn zu beobachten versuchen, wenn man sich für Lernen interessiert. Eine andere Möglichkeit besteht darin, Schüler im Unterricht zu videographieren, ihnen anschließend das Video vorzuspielen und sie aufzufordern, zu jeder gezeigten Sequenz zu formulieren, was sie gedacht haben.[326] An diesen Beispielen werden Grenzen der Beobachtung sichtbar, weil sie auf das gezeigte Verhalten beschränkt bleibt. Es zeichnet sich ab, dass in vielen Fällen die Beobachtung um Befragung ergänzt werden muss. Das wird immer dann der Fall sein, wenn man genauere Auskünfte über die Empfindungen und Ziele der Protagonisten erhalten will, um nur ein Beispiel zu nennen.

Befragungen werden in vielen Fällen erforderlich, wenn es darum geht, den Leistungsstand der Schüler zu erfassen. Von der Klassenarbeit über die mündli-

---

324 Als ein Ansatz, der das zu berücksichtigen scheint, kann die ATI-Forschung (*aptitude-treatment-interaction,* vgl. Schwarzer, Steinhagen 1975) angesehen werden, die aber, wie Terhart (2005, 77) eingewendet hat, die zentrale Frage, welche *aptitudes* wichtig in welchen *treatments* seien, nicht gelöst hat.

325 Ein idealtypisches Modell, mit dem Fragen diesen Typs beantwortet werden können, findet sich bereits bei Wittrock (1970, 4), der drei Teile der Instruktion unterschieden hat: (1) die Lernumwelt, (2) die Ressourcen beim Lerner und (3) das Lernen. Nach seiner Überzeugung müssen die Beziehungen zwischen diesen drei Aspekten untersucht werden.

326 Der Nachteil der ersten Methode besteht im Problem der eindeutigen Zuordnung, der der zweiten darin, dass nicht unterschieden werden kann, welche Kommentare die Schüler sich erinnernd an den Unterricht geben und welche der Situation geschuldet sind, in der sie die Kommentare geben.

che Befragung bis hin zum Test handelt es sich im Prinzip jeweils um Befragungen. Mit der Forschungsorientierung, die mit der weiteren Verbreitung der Unterrichtsforschung stärker geworden ist, hat auch der Einsatz von Tests bzw. von Befragungen, die sich am Vorbild von Tests orientieren, zugenommen. Als Forschungsmethode kommt den Tests bzw. auch den Methoden, die in deren Umfeld zur Überprüfung der Objektivität, Reliabilität und Validität entwickelt worden sind, große Bedeutung zu. Dieser Typ der Unterrichtsforschung ist lange Zeit von einem relativ einfachen Modell dominiert worden.

Abbildung 42: Ein Grundmodell für Unterrichtsforschung

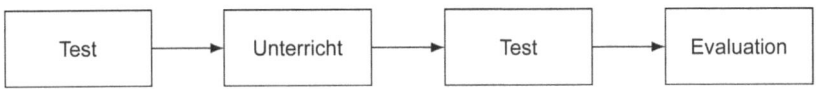

Das Rational dieses Modells ist einfach: Man testet einen Anfangszustand, unterrichtet anschließend, testet nochmals und bewertet dann das Ergebnis. Diese Anordnung lässt sich unschwer in ein Versuchs-Kontrollgruppen-Design erweitern. Werden dabei bei gleicher Ausgangsleistung unterschiedliche Effektstärken am Ende festgestellt, dann kann das im Sinne eines erfolgreicheren Vorgehens bei der Variante mit der größeren Effektstärke interpretiert werden. So einleuchtend diese Art des Denkens erscheinen mag, sie hat sich in der Praxis der Unterrichtsforschung als nicht hinreichend erwiesen, weil zahlreiche andere Einflussfaktoren nicht so kontrolliert werden können, wie das erforderlich wäre. Diese reichen von der Persönlichkeit der Lehrkräfte über die Persönlichkeiten der Schüler, zusätzliche Anstrengungen von Eltern, die Art und Anlage der Untersuchung, Merkmale der Beobachter, das Fach, in dem unterrichtet wird, die Klasse, die unterrichtet wird und vieles andere mehr (Shavelson, Webb, Burstein 1986).

Die Versuche, experimentell zu untersuchen, wie Lernen geschieht, leiden im Prinzip unter den Restriktionen, die Experimenten zu eigen sind: Sie erfordern unter dem Aspekt der Wiederholbarkeit eine Abstraktion vom Konkreten. Daraus resultiert ihre Künstlichkeit. Deshalb gibt es zu der Frage, wie lernen geschieht, neben wissenschaftlich fundierten Untersuchungen eine Reihe von Berichten über Alltagsbeobachtungen, deren Wert nur schwer einzuschätzen ist, die aber anzeigen, dass Lernen ein Vorgang ist, der sich in vielen Situationen und auch in vielen Stationen eines Lebenslaufs nachweisen lässt. Lernen geschieht in jedem Fall individuell, d.h., es ist das jeweilige Individuum, welches lernt. Liegen auf der Seite eines Individuums hinreichende Erfahrungen mit dem Lernen vor, dann kann es in neuen Situationen, in denen es lernen will, sich entscheiden, mit welchem Ziel, wie gelernt werden soll (Bateson 1985). Das muss nicht immer bewusst geschehen, es kann auch inkremental angeeignet werden. Dennoch ist es in jedem Fall die strategische Komponente des Lernens. Die bisher gekennzeichneten Varianten der Forschung lassen sich am einfachsten als praxisgetrieben oder praxisbezogen bezeichnen. Für sie ist typisch, dass die Handelnden nicht immer das Bewusstsein dafür entwickelt haben müssen, dass es sich um Forschung handelt.

Dieser praktischen Seite der Forschung korrespondiert eine wissenschaftliche Untersuchung des Unterrichts und der Bedingungen seines Gelingens. Hier besteht die Hauptschwierigkeit darin, das hat die bisherige Darstellung schon belegt, dass es sich beim Unterricht um ein sehr komplex angelegtes Geschehen handelt (vgl. z.B. Doyle 1986). Soll in Bezug auf Forschung praktiziert werden, so lassen sich hierfür einige Voraussetzungen formulieren, aus denen ersichtlich wird, dass die Forschung gegenüber dem tatsächlichen Geschehen im Unterricht jeweils Restriktionen erforderlich macht, die eine Übertragung von Forschungsergebnissen auf die Praxis des Unterrichtens erschweren müssen.[327] Reduktionen müssen wiederum theoretisch fundiert bzw. gerechtfertigt werden. Damit ist ein Erfordernis entdeckt, dem Unterrichtsforschung genügen muss: Es bedarf entsprechender Theorien, die die Forschung anleiten. Dieses Erfordernis kann allerdings nicht in der Allgemeinheit des Anspruchs, in der es formuliert worden ist, beibehalten werden, weil auch ein anderer Typ der Forschung möglich ist. In diesem Fall wird angestrebt, auf der Basis des praktischen Handelns im Unterricht und dessen Erforschung allgemeine Regeln für die erfolgreiche Gestaltung von Unterrichtsprozessen identifizieren zu können, d.h., neben der Top-down-Variante lässt sich auch eine Bottom-up-Variante bei der Unterrichtsforschung entdecken.

Klassisch sind aus der Anforderung einer wissenschaftlichen Erforschung des Unterrichts vor allem die verschiedenen Handbücher zur Unterrichtsforschung in den USA entstanden, in denen versucht worden ist, den jeweiligen Stand der Unterrichtsforschung zusammenzufassen und neue Perspektiven zu entwickeln. Dabei hat sich schnell herausgestellt, dass es eine sehr große Anzahl von Variablen gibt, deren Einfluss auf die Unterrichtprozesse und den Erfolg des Unterrichts beachtet werden muss wie Shulman (1986, 9) in einer synoptischen

---

327 Wie schwierig ein solches Unterfangen ist, wird deutlich, wenn die Frage nach dem optimalen Modell für den Unterricht von Kindern mit Migrationshintergrund gestellt wird. In einer vergleichenden Darstellung haben Stanat, Christensen (2006, 120ff.) unterschiedliche Vorgehensweisen in verschiedenen Ländern gegenübergestellt. Dabei zeigt sich, dass bezüglich der Frage, ob Immersion die angemessene Vorgehnsweise ist, weder eine einheitliche Linie noch eine eindeutige Richtung der Erfolge in den Bildungssystemen nachweisen lässt. Diese Untersuchung wird hier angeführt, weil sie auf anschauliche Weise demonstriert, dass der Mangel an Längsschnittuntersuchungen eine konsistente Bewertung erzielter Befunde erschwert.

Übersicht dargelegt hat. Daraus hat er eine Typologie dieser Forschungen entwickelt, die hier nicht wiederholt wird, bei der aber deutlich wird, dass sich in der Unterrichtsforschung sehr unterschiedliche Facetten unterscheiden lassen, die daraus entstanden sind, dass einzelne Aspekte dominant werden. Diese reichen von der Ökologie des Klassenraums bis hin zu den Transferprozessen im Unterricht, um nur zwei Beispiele zu benennen. Generell hat sich sehr schnell gezeigt, dass die Erwartungen einer einfachen Ursache-Wirkungsforschung nicht erfüllt werden konnten, indem Unterrichtsprozesse in Relation zum jeweiligen Outcome gesetzt wurden, um die Effektivität von Lehrern messen zu können (vgl. Shavelson, Webb, Burstein 1986). Das wird auch bei Walberg (1986) deutlich. Für die Überlegungen im Kontext dieser Darstellung ist eine andere Unterscheidung wichtiger, die sich bei Fenstermacher (1986, 43) findet, der für die direkte Instruktion zwischen den Bedingungen unterschieden hat, die für die Produktion des Wissens und denen die für die Verwendung des Wissens entscheidend sind. Dabei wird ein unterschiedlicher Zugang zur Forschung sichtbar. Während im ersten Fall die Organisation der Prozesse im Klassenraum mit dem Ziel im Zentrum steht, Lehren zu organisieren, wird beim zweiten mehr darauf geachtet, wie Lernen organisiert wird oder werden sollte, damit es erfolgreich verläuft. Quer zu dieser Einteilung hat Terhart (2005, 64ff.) bei den Gegenständen der Unterrichtsforschung nach Instruktion, Interaktion, Sprache und der sozialen Dimension des Unterrichts differenziert. Damit wird ein breites Spektrum unterschiedlicher Fragehaltungen in der Unterrichtsforschung eröffnet.

Ein Modell, welches die Komplexität der Anforderungen an die Unterrichtsforschung und die Vielzahl der zu berücksichtigenden Variablen abzubilden versucht, wird im Folgenden in einer verkürzten Version wiedergegeben. Im Zentrum stehen in diesem Modell die Interaktion zwischen bzw. gemeinsame Anwesenheit von Lehrer und Schüler sowie die dadurch ausgelösten wechselseitigen Einflüsse. Lehrer bringen ihre Vergangenheit, ihre Erfahrungen, ihre Professionalität und ihre Persönlichkeitseigenschaften ein. Bei den Schülern sind ebenfalls ihre Erfahrungen, aber auch ihr Alter, der soziale Status, ihr Vorwissen, ihre Motivation und ihre Eigenschaften sowie ihre kognitiven Fähigkeiten wichtige Merkmale. Für die Klasse und die Schule sind die Lage, hier vor allem die soziale Lage der Umgebung, die Größe und die Ausstattung der Schule sowie der Klassenräume wichtige Merkmale (s. Abb. 43).

Bei den Ergebnissen ist die Unterscheidung von kurzfristigen, schul- sowie klassenbezogenen Ergebnissen, und langfristigen Ergebnissen, die letzten Endes erst aus dem Lebensverlauf heraus identifiziert werden können, von großer Wichtigkeit. Hier wird die Perspektive der Schule und des Unterrichts deutlich, die einbezieht, dass Unterricht kein Selbstzweck ist.

Abbildung 43: Komplexes Modell der Unterrichtsforschung
(analog zu Shulman 1986, 6)

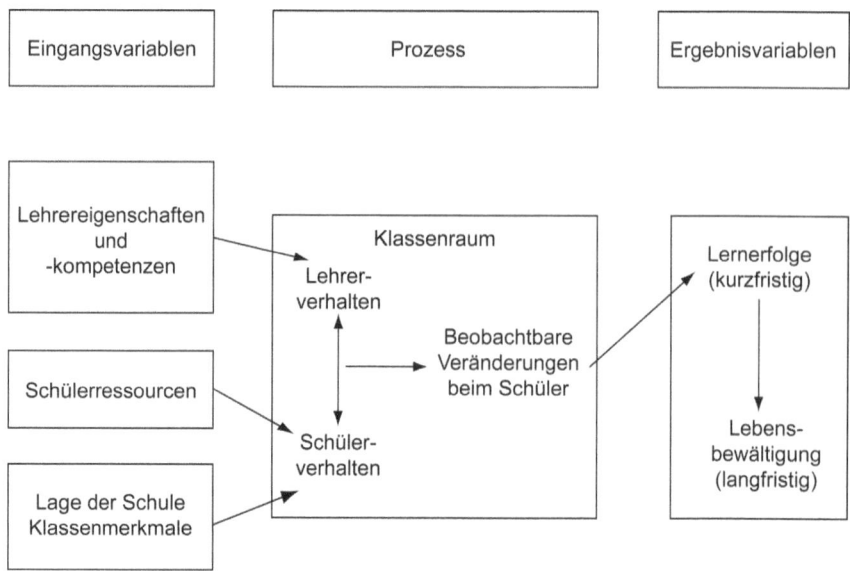

Das erste hier wiedergegebene Modell (s. Abb. 42) lässt sich unschwer in dieses zweite integrieren. Es erweist sich, dass Unterrichtsforschung ein Programm ist, welches in der bisher berichteten Form auf Beobachtung oder Quasiexperimenten basierend auf jeden Fall Probleme bei der Replizierbarkeit und der Übertragbarkeit der Ergebnisse bereiten wird.

Von dem bisherigen Grundmodell der Unterrichtsforschung läst sich ein anderes unterscheiden, welches ebenfalls eine lange Tradition hat. Nunmehr wird nicht mehr nach den einzelnen Bedingungen gefragt, die zum Unterrichtserfolg beitragen, sondern es wird versucht herauszufinden, welche Praxis des Unterrichtens besonders erfolgreich ist. Unterrrichtslehren sind oft auf dieser Basis entstanden: Man hat geschildert, wie erfolgreiche oder für erfolgreich gehaltene Lehrer in ihrem Unterricht vorgegangen sind. Erfolgreiche oder für erfolgreich gehaltene Lehrer sind auch zu Ausbildern der nachwachsenden Lehrer bestimmt worden. Die Suche nach Modellen der besten Praxis ist eine heutige Variante dieses Ansatzes. Wissenschaftlich wird dabei so vorgegangen, dass Korrelationen zwischen Prozess- (Vorgehen im Unterricht) und Produkt-Variablen (Lernergebnisse der Schüler) ermittelt werden (Terhart 2005, 80).

Bei der Unterrichtsforschung handelt es sich um ein nie endendes Thema. Das hängt neben dem für Lehrkräfte und in der Ausbildung der Lehrkräfte erforderlichen forschenden Habitus vor allem damit zusammen, dass die Komplexität des Unterrichtsgeschehens ständig auch in der Forschung eine reduktionistische Vorgehensweise erforderlich macht: Man kann keineswegs alle übrigen Variablen kontrollieren, wenn man die Beziehungen zwischen unabhängigen und abhängigen Variablen überprüft, um Ursachen für Wirkungen zu entdecken. Daraus emergieren immer wieder neue Bedarfe an Forschung. Jenseits von dieser allgemeinen Bemerkung fällt auf, dass Forschungsdesiderata, die schon vor längerer Zeit formuliert worden sind, auch heute noch bestehen, wie abschließend das Beispiel von Doyle (1986, 424f.) veranschaulichen soll, der nur beim Klassenmanagement für folgende Themen einen Bedarf benannt hatte:

1. Wenn es um das Erstellen und Beibehalten von Regeln im Klassenraum geht, wird Forschung benötigt, um die Prozesse des Monitoring, der Beschleunigung, der Führung, der Routinisierung und des Intervenierens besser kennen zu lernen.
2. Es mangelt an kognitiven Modellen des Klassenmanagements.
3. Die Prüfung von Klassenraum-Management-Prozessen muss kontextsensitiv erfolgen.
4. Es werden Forschungen vor allem in der Sekundarstufe I und der Sekundarstufe II erforderlich.
5. Der Bezug des Klassenmanagements zu den Unterrichtsinhalten und -zielen muss hergestellt werden.
6. Der Bezug zum Schulmanagement muss hergestellt werden.
7. Lehrerweiterbildung und die Weiterbildung des Stabes der Schule sind bisher zu wenig in Relation mit dem Klassenmanagement untersucht worden.

Fragen bzw. Aufgaben zum Kapitel 6

1. Welche Bezüge lassen sich zwischen Unterrichtsforschung und dem Handeln der Lehrer im Unterricht herstellen?
2. Warum kommt der Selbstbeobachtung im Alltag in der Unterrichtsforschung eine große Bedeutung zu?
3. Warum lassen sich in der Unterrichtsforschung in der Regel nur quasi-experimentelle Designs realisieren?
4. Schildern sie den Ansatz der Interaktionsanalyse.
5. Welche Bedeutung kommt Tests in der Unterrichtsforschung zu?
6. Welche Messmodelle lassen sich bei Tests unterscheiden?

7 Literaturverzeichnis

Amidon, Edmund J./Hough, John B. (Hrsg.) (1967): Interaction Analysis: Theory, Research, and Application. Reading: Addison Wesley.
Aronson, Elliot G. (1990): Applying Social Psychology to Desegregation and Energy Conservation. In: Personality and Social Psychology, Vol. 16, 118–132.
Arnold, W. (1971): Diagnose. In: Lexikon der Psychologie, Bd. 1. Freiburg: Herder.
Arnold, Rolf/Milbach, Birgit (2002): Annäherung an eine Erwachsenendidaktik des selbstgesteuerten Lernens. In: Clement, Ute, Arnold, Rolf (Hrsg.): Kompetenzentwicklung in der beruflichen Bildung. Opladen: Leske + Budrich, 13–28.
Artelt, Cordula/Demmrich, Anke/Baumert, Jürgen (2001): Selbstreguliertes Lernen. In: Deutsches PISA-Konsortium (Hrsg.): PISA 2000. Basiskompetenzen von Schülerinnen und Schülern im internationalen Vergleich. Opladen: Leske + Budrich), 271–298.
Artelt, Cordula/Stanat, Petra/Schneider, Wolfgang/Schiefele, Ulrich (2001): Lesekompetenz: Testkonzeption und Ergebnisse. In: Deutsches Pisa-Konsortium (Hrsg.): PISA 2000, Basiskompetenzen von Schülerinnen und Schülern im internationalen Vergleich. Opladen: Leske + Budrich, 69–137.
Ausubel, David Paul (1961): In Defense of Verbal Learning. In: Educational Theory, Vol. 11, 15–25.
Ausubel, David Paul (1966): Learning Theory and Classroom Practice. Toronto: Ontario Institute for Studies in Education.
Ausubel, David Paul (1968): Educational Psychology: A Cognitive View. New York: Holt, Rinehart and Winston.
Bandura, Albert (1969): Principles of Behavior Modification. New York: Holt, Rinehart and Winston.
Bandura, Albert (1977): Social Learning Theory. Englewood Cliffs: Prentice Hall.
Barnes, Douglas (1976): From Communication to Curriculum. Harmondsworth: Penguin Books.
Bateson, Gregory (1985): Ökologie des menschlichen Geistes. Anthropologische, psychologische, biologische und epistemologische Perspektiven. Stw. Bd. 571. Frankfurt/M.: Suhrkamp.
Baumert, Jürgen/Artelt, Cordula/Klieme, Eckhard/Stanat, Petra (2001): PISA. Programme for International Student Assessment. Zielsetzung, theoretische Konzeption und Entwicklung von Messverfahren. In: Weinert, Franz E. (Hrsg.): Leistungsmessungen in Schulen. Weinheim: Beltz, 283–310.
Baumert, Jürgen/Bos, Wilfried/Lehmann, Rainer (Hrsg.) (2000): Dritte internationale Mathematik- und Naturwissenschaftsstudie: Mathematische und naturwissenschaftliche Bildung am Ende der Schullaufbahn. Opladen: Leske + Budrich.
Baumert, Jürgen/Cortina, Kai S./Leschinsky, Achim (2008): Grundlegende Entwicklungen und Strukturprobleme im allgemeinbildenden Schulwesen. In: Cortina, Kai S., Baumert, Jürgen, Leschinsky, Achim, Mayer, Karl Ulrich, Trommer, Luitgart (Hrsg.): Das Bildungswesen in der Bundesrepublik Deutschland. rororo Bd. 62339. Reinbek: Rowohlt Taschenbuchverlag, 53–130.
Baumert, Jürgen/Kunter, Mareike (2006): Stichwort: Professionelle Kompetenz von Lehrkräften. In: Zeitschrift für Erziehungswissenschaft, 9. Jg., 469–520.

Baumert, Jürgen/Schümer, Gundel (2002): Familiäre Lebensverhältnisse, Bildungsbeteiligung und Kompetenzerwerb im nationalen Vergleich. In: Deutsches PISA-Konsortium (Hrsg.): PISA 2000 – Die Länder der Bundesrepublik Deutschland im Vergleich. Opladen: Leske + Budrich, 159–202.

Baumert, Jürgen/Stanat, Petra/Demmrich, Anke (2001): PISA 2000: Untersuchungsgegenstand, theoretische Grundlagen und Durchführung der Studie. In: Deutsches PISA-Konsortium (Hrsg.): PISA 2000. Basiskompetenzen von Schülerinnen und Schülern im internationalen Vergleich. Opladen: Leske + Budrich, 15–68.

Baumert, Jürgen/Stanat, Petra/Watermann, Rainer (2006): Schulstruktur und die Entstehung differenzieller Lern- und Entwicklungsmilieus. In: Baumert, Jürgen, Stanat, Petra, Watermann, Rainer (Hrsg.): Herkunftsbedingte Disparitäten im Bildungswesen. Vertiefende Analysen im Rahmen von PISA 2000. Wiesbaden: VS Verlag für Sozialwissenschaften, 95–188.

Bea, Franz Xaver/Dichtl, Erwin/Schweitzer, Maral (1989): Allgemeine Betriebswirtschaftslehre, Bd. 2: Führung. UTB 1082. Stuttgart: Gustav Fischer (4. Aufl.).

Beck, Erwin/Brühwiler, Christian/Müller, Peter (2007): Adaptive Lehrkompetenz als Voraussetzung für individualisiertes Lernen in der Schule. In: Lemmermöhle, Doris, Rothgangel, Martin, Bögeholz, Susanne, Hasselhorn, Marcus, Watermann, Rainer (Hrsg.): Professionell Lehren – erfolgreich Lernen. Münster: Waxmann, 197–210.

Beck, Klaus/Krapp, Andreas (2006): Wissenschaftstheoretische Grundfragen der pädagogischen Psychologie. In: Krapp, Andreas, Weidenmann, Bernd (Hrsg.): Pädagogische Psychologie. Weinheim: Beltz, PVU, 33–73.

Bellin, Nicole . (2009): Klassenkomposition, Migrationshintergrund und Leistung. Mehrebenenanalysen zum Sprach- und Leseverständnis von Grundschülern. Wiesbaden: VS Verlag für Sozialwissenschaften.

Benner, Dietrich (1978, 2001): Hauptströmungen der Erziehungswissenschaft. Eine Systematik traditioneller und moderner Theorien. München: List (2. Aufl., 4. Aufl.).

Benner, Dietrich (2008): Bildungstheorie und Bildungsforschung. Grandlagenreflexionen und Anwendungsfelder. Paderborn: Schöningh.

Berg, Detlef (1978): Überprüfung und Bewertung von Unterricht. In: Schmidt, Wolfgang (Hrsg.): Unterrichtsgestaltung. München: Urban & Schwarzenberg, 172–192.

Berger, Peter/Luckmann, Thomas (1974): Die gesellschaftliche Konstruktion der Wirklichkeit (4. Aufl.). Frankfurt/M.: Fischer.

Black, Paul/Wiliam, Dylan (1998): Assessment and Classroom Learning. In:Assessment in Education, Vol. 5, No. 1, 7–74.

Blankertz, Herwig (1969): Theorien und Modelle der Didaktik. München: Juventa.

Bloom, Benjamin S. (1956): Taxonomyof educational objectives, handbook I: The cognitive domain. New York: David McKay Co, Inc.

Bloom, Benjamin S./Hastings, J. Thomas/Madaus, George F. (Hrsg.) (1971): Handbook on formative and summative evaluation of student learning. New York: McGraw-Hill.

Blumer, Herbert (1969): Symbolic Interactionism: Perspective and Method.Enlewood Cliffs: Prentice Hall.

BMBF (Hrsg.) (2003): Expertise: Zur Entwicklung nationaler Bildungsstandards. Bildungsreform Nr. 1. Bonn: BMBF.

Boekaerts, Monique (1997): Self-regulated Learning: A new Concept Embraced by Researchers, Policy Makers, Educators, Teachers and Students. In: Learning and Instruction, Vol. 7, 161–186.

Boekaerts, Monique (1999): Self-Regulated Learning: Where we are today? In: International Journal of Educational Research, Vol. 31, 445–475.

Bos et al., d. i. Bos, Winfried/Lankes, Eva-Maria/Prenzel, Manfred/Walther, Gerd/Valtin, Renate (Hrsg.) (2003): Erste Ergebnisse aus IGLU. Schülerleistungen am Ende der vierten Jahrgangsstufe im internationalen Vergleich. Münster: Waxmann.

Bosch, Karen (2006): Planning Classroom Management. A Five-Step Process to Creating a Positive Learning Environment. Thousand Oaks: Corwin Press (2. Aufl.).

Bransford, John D./Brown, Ann L./Cocking, Rodney R. (1999): How People Learn: Brain, Mind, Experience, and School.

Bromme, Rainer (1992): Der Lehrer als Experte. Zur Psychologie des professionellen Wissens. Bern: Hans Huber.

Bromme, Rainer (1997): Kompetenzen, Funktionen und unterrichtliches Handeln des Lehrers. In Weinert, Franz E. (Hrsg.): Enzyklopädie der Psychologie: Themenbereich D. Praxisgebiete. Serie I, Pädagogische Psychologie, Bd. 3, Psychologie des Unterrichts und der Schule. Göttingen: Hogrefe, 177–212.

Brophy, Jere (2006): History of Research on Classroom Management. In: Evertson, Carolyn M./Weinstein, Carol S. (Hrsg.): Handbook of Classroom Management. Research, Practice, and Contemporary Issues. Mahwah, N.J.: Lawrence Erlbaum Associates, 17–43.

Brüsemeister, Thomas/Eubel, Klaus-Dieter (Hrsg.) (2003): Zur Modernisierung der Schule. Leitideen – Konzepte – Akteure. Ein Überblick. Bielefeld: transcript.

Cangelosi, James S. (2008): Classroom Management Strategies. Gaining and Maintaining Students' Cooperation. Hoboken: Wiley (6. Aufl.).

Carroll, John B. (1963): A Model of School Learning. In: Teachers College Record, Vol. 64, 723–733.

Copei, Friedrich (1962): Der fruchtbare Moment im Bildungsprozeß. Heidelberg: Quelle & Meyer (6. Aufl.).

Copei, Friedrich (1966): Der fruchtbare Moment im Bildungsprozeß. Heidelberg: Quelle & Meyer (8. Aufl.).

Coe, Robert (2002): Evidence on the Role and Impact of performance Feedback in Schools. In: Visscher, Adrie J., Coe, Robert (Hrsg.): School Improvement through Performance Feedback. Lisse: Swets & Zeitlinger, 3–26.

Coelen, Thomas (2004): „Ganztagsbildung" – Integration von Aus- und Identitätsbildung durch die Kooperation zwischen Schulen und Jugendeinrichtungen. In: Otto, Hans-Uwe, Coelen, Thomas (Hrsg.): Grundbegriffe der Ganztagsbildung. Beiträge zu einem neuen Bildungsverständnis in der Wissensgesellschaft. Wiesbaden: VS Verlag für Sozialwissenschaften, 247–267.

Cortina, Kai S. (2006): Psychologie der Lernumwelt. In: Krapp, Andreas, Weidenmann, Bernd (Hrsg.): Pädagogische Psychologie. Ein Lehrbuch. Weinheim: Beltz PVU, 477–524.

Crowder, Norman A. (1960): Automatic Tutoring by Intrinsic Programming. In: Lumsdaine, Arthur A., Glaser, Robert (Hrsg.): Teaching Machines and Programmed

Learning: A Source Book. Washington DC: Department of Audio-Visual Instruction, National Education Association, 286–298.

Cummins, Jim (2008): Total Immersion or Bilingual Education? Finding of International Research on Promoting Immigrant Children's Achievement in the Primary School. In: Ramseger, Jörg, Wagner, Matthea (Hrsg.): Chancenungleichheit in der Grundschule. Ursachen und Wege aus der Krise. Jahrbuch Grundschulforschung Bd. 12. Wiesbaden: VS Verlag für Sozialwissenschaften, 45–55.

Deci, Edward L./Ryan, Richard, M. (1985): Intrinsic Motivation and Self-determination in Human behavior. New York: Plenum Press.

Diedrich, Martina/Thußbas, Claudia/Klieme, Eckhard (2002): Professionelles Lehrerwissen und selbstberichtete Unterrichtspraxis im Fach Mathematik. In: Prenzel, Manfred, Doll, Jörg (Hrsg.): Bildungsqualität von Schule: Schulische und außerschulische Bedingungen mathematischer, naturwissenschaftlicher und überfachlicher Kompetenzen. Zeitschrift für Pädagogik, 45. Beiheft, 107–123.

Deutsches PISA-Konsortium (Hrsg.) (2001): PISA 2000. Opladen: Leske + Budrich.

Dewey, John (1966): Democracy and Education. New York: The Free Press.

Ditton, Hartmut (2000): Qualitätskontrolle und -sicherung in Schule und Unterricht. Ein Überblick über den Stand der empirischen Forschung. In: Helmke, Andreas, Hornstein, Walter, Terhart, Ewald (Hrsg.): Qualität und Qualitätssicherung im Bildungsbereich. Zeitschrift für Pädagogik, 41. Beiheft, 73–92.

Ditton, Hartmut (2002): Qualitätssicherung im schulischen Bereich. Vortrag 08.03.2002, FU Berlin.

Doyle, Walter (1986): Classroom Organization and Management. In: Wittrock, Merlin C. (Hrsg.): Handbook of Research on Teaching, Bd. 3. New York: MacMillan, 392–431.

Doyle, Walter (2006): Ecological Approaches to Classroom Management. In: Evertson, Carolyn M., Weinstein, Carol S. (Hrsg.): Handbook of Classroom Management. Research, Practice, and Contemporary Issues. Mahwah, N.J.: Lawrence Erlbaum Associates, 97–125.

Drechsel, Barbara/Artelt, Cordula (2008): Lesekompetenz im Ländervergleich. In: PISA-Konsortium Deutschland (Hrsg.): PISA '06. PISA 2006 in Deutschland. Die Kompetenzen der Jugendlichen im dritten Ländervergleich. Münster: Waxmann, 107–126.

Düker, Manfred/Tausch, Reinhard (1957): Über die Wirkung der Veranschaulichung von Unterrichtsstoffen auf das Behalten. In: Zeitschrift für experimentelle und angewandte Psychologie, 4. Jg., 384–400.

Edelmann, Walter (1986): Lernpsychologie. Eine Einführung. München: PVU (2. Aufl.).

Ehlich, Konrad (2005): Sprachaneignung und deren Feststellung bei Kindern mit und ohne Migrationshintergrund: Was man weiß, was man braucht und was man feststellen kann. In: BMBF (Hrsg.): Anforderungen an Verfahren der regelmäßigen Sprachstandsfeststellung als Grundlage für die frühe und individuelle Förderung von Kindern mit und ohne Migrationshintergrund. Bonn: BMBF, 11–75.

Ehmke et al., d.i.: Ehmke, Timo/Blum, Werner/Neubrand, Michael/Jordan, Alexander/ Ulfig, Frauke (2006): Wie verändert sich die mathematische Kompetenz von der neunten zur zehnten Klassenstufe? In: PISA-Konsortium Deutschland (Hrsg.): PISA 2003. Untersuchungen zur Kompetenzentwicklung im Verlauf eines Schuljahres. Münster: Waxmann, 63–85.

Einsiedler, Wolfgang/Martschinke, Sabine/Kammermeyer, Gisela (2008): Die Grundschule zwischen Heterogenität und gemeinsamer Bildung. In: Cortina, Kai S., Baumert, Jürgen, Leschinsky, Achim, Mayer, Karl Ulrich, Trommer, Luitgart (Hrsg.): Das Bildungswesen in der Bundesrepublik Deutschland. rororo Bd. 62339. Reinbeck: Rowohlt Taschenbuchverlag, 325–374.

Einsiedler, Wolfgang/Treinies, Gerhard (1997): Effects of Teaching Methods, Class Effects, and Patterns of Cognitive Teacher-Pupil Interactions in an Experimental Study in Primary School Classes. In: School Effectiveness and School Improvement, Vol. 8, 327–353.

Elstein, Arthur S. (1976): Clinical Judgement: Psychological Research and Prcatice. In: Science, Vol. 194, 676–700.

Entwurf der Thüringer Verordnung über die zu studierenden Fächer und die erste Staatsprüfung für das Lehramt an Regelschulen (ThürESTPLRSVO) (2008). Erfurt, Kultusministerium.

Esser, Hartmut (2006): Sprache und Integration. Frankfurt/M.: Campus.

Fend, Helmut (1997): Der Umgang mit Schule in der Adoleszenz. Göttingen: Hogrefe.

Fend, Helmut (2006): Neue Theorie der Schule. Einführung in das Verstehen von Bildungssystemen. Wiesbaden: VS Verlag für Sozialwissenschaften.

Fenstermacher, Gary D. (1986): Philosophy of Teaching: Three Aspects. In: Wittrock, Merlin C. (Hrsg.): Handbook of Research on Teaching. A Project of the American Educational Research Association. New York: MacMillan Publishing Company, 37–49 (3. Aufl.).

Fischer, Hans E./Reyer Thomas/Wirz, Christina/Bos, Wilfried/Höllrich, Nicole (2002): Unterrichtsgestaltung und Lernerfolg im Physikunterricht. In: Prenzel, Manfred, Doll, Jörg (Hrsg.): Bildungsqualität von Schule: Schulische und außerschulische Bedingungen mathematischer, naturwissenschaftlicher und überfachlicher Kompetenzen. Zeitschrift für Pädagogik, 45. Beiheft, 124–138.

Fitz-Gibbon, Carol Taylor (2002): A Typology of Indicators. In: Visscher, Adrie J., Coe, Robert (Hrsg.): School Improvement through Performance Feedback. Lisse: Swets & Zeitlinger, 27–39.

Forneck, Hermann J. (2002): Selbstgesteuertes Lernen und Modernisierungsimperative in der Erwachsenen- und Weiterbildung. In: Zeitschrift für Pädagogik, 48. Jg., 242–261.

Freiberg, H. Jerome/Lapointe, Judith M. (2006): Research-Based Programs For Preventing and Solving Discipline Problems. In: Evertson, Carolyn M., Weinstein, Carol S. (Hrsg.): Handbook of Classroom Management. Research, Practice, and Contemporary Issues. Mahwah N.J.: Lawrence Erlbaum Associates, 735–786.

Frenzel, Anne C./Pekrun, Reinhard/Zimmer, Karin (2006): Selbstvertrauen, Engagement und Lernverhalten in Mathematik. In: PISA-Konsortium Deutschland (Hrsg.): PISA 2003. Untersuchungen zur Kompetenzentwicklung im Verlauf eines Schuljahres. Münster: Waxmann, 195–200.

Frey, Andreas/Asseburg, Regina/Ehmke, Timo/Blum, Werner (2008): Mathematische Kompetenz im Ländervergleich. In: PISA-Konsortium Deutschland (Hrsg.): PISA '06. PISA 2006 in Deutschland. Die Kompetenzen der Jugendlichen im dritten Ländervergleich. Münster: Waxmann, 127–147.

Frey, Karl ((Hrsg.) (1975): Curriculum-Handbuch, Bd. 1–3. München: Piper.

Fries, Kim/Cochran-Smith, Marilyn (2006): Teacher Research and Classroom Management: What Questions Do Teachers Ask? In: Evertson, Carolyn M., Weinstein, Carol S. (Hrsg.): Handbook of Classroom Management. Research, Practice, and Contemporary Issues. Mahwah, N.J.: Lawrence Erlbaum Associates, 945–981.

Füssel, Hans-Peter/Leschinsky, Achim (2008): Der institutionelle Rahmen des Bildungswesens. In: Cortina, Kai S., Baumert, Jürgen, Leschinsky, Achim, Mayer, Karl Ulrich, Trommer, Luitgart (Hrsg.): Das Bildungswesen in der Bundesrepublik Deutschland. rororo, Bd. 62339. Reinbeck: Rowohlt Taschenbuchverlag, 131–204.

Gage, Nathaniel L. (1979): Unterrichten – Kunst oder Wissenschaft?. München: Urban & Schwarzenberg.

Gage, Nathaniel L./Berliner, David C. (1977): Pädagogische Pschologie. München: Urban & Schwarzenberg.

Gagnè; Robert M. (1965): Die Bedingungen des menschlichen Lernens. Hannover: Schrödel.

Gärtner, Holger (2006): Unterrichtsmonitoring – Evaluation eines videobasierten Qualitätszirkels zur Unterrichtsbeobachtung. Berlin: Fachbereich Erziehungswissenschaft und Psychologie, FU Berlin. Dissertation.

Gaudig, Hugo (1917): Die Schule im Dienste der werdenden Persönlichkeit. Heidelberg: Quelle & Meyer.

Gaudig, Hugo (1963): Die Schule der Selbsttätigkeit. Hrsg. v. Lotte Müller. Bad Heilbrunn: Julius Klinkhardt.

Gebauer et al., d.i.: Gebauer M., Holefleisch, U., Nießen, M., Seiler, H., Vogelsberg R. (1977): Praxis der Unterrichtsvorbereitung. Ein Studienbuch. Stuttgart: Klett.

Gettinger, Maribeth/Kohler, Kristy M. (2006): Process-Outcome Approaches to Classroom Management and Effective Teaching. In: Evertson, Carolyn M./Weinstein, Carol S. (Hrsg.): Handbook of Classroom Management. Research, Practice, and Contemporary Issues. Mahwah, N.J.: Lawrence Erlbaum Associates, 73–95.

Gigerenzer, Gerd (1981): Messung und Modellbildung in der Psychologie. UTB, Bd. 1047. München: Reinhardt.

Glaser, Robert (1970): Evaluation of Instruction and Changing Educational Models. In: Wittrock, M.C., Wiley, David E. (Hrsg.): The Evaluation of Instruction. Issues and Problems. New York: Holt, Rinehart and Winston, 70–86.

Gold, Andreas (2005): Lernstrategien und Lernerfolg in der gymnasialen Oberstufe. In: Büttner, Gerhard, Sauter, Friedrich, Schneider, Wolfgang (Hrsg.): Empirische Schul- und Unterrichtsforschung. Beiträge aus Pädagogischer Psychologie, Erziehungswissenschaft und Fachdidaktik. Lengerich: Pabst, 101–114.

Good, Thomas L./Brophy, Jere E. (2000): Looking in Classrooms. New York: Addison Wesley (8. Aufl.).

Gronlund, Norman E. (Hrsg.) (1968): Readings in Measurement and Evaluation. New York: The Macmillan Company.

Gruber, H. (2000): Lehr- Lernforschung: Den Erwerb komplexer Kompetenzen müssen wir lehren und lernen. In: Unterrichtswissenschaft, 28. Jg., 38–43.

Günter, Horst (Hrsg.) (2004): Betriebswirtschaft. Lexikon für Lehre und Studium. rowohlts enzyklopädie, Bd. 55658. Reinbek: Rowohlts Taschenbuchverlag.

Hänze, Martin/Berger, Roland (2007): Kooperativ lernen im Fach Physik. In: Lemmermöhle, Doris, Rothgangel, Martin, Bögeholz, Susanne, Hasselhorn, Marcus, Water-

mann, Rainer (Hrsg.): Professionell Lehren – erfolgreich Lernen. Münster: Waxmann, 237–249.
Hasselhorn, Marcus/Gold, Andreas (2006): Pädagogische Psychologie. Erfolgreiches Lehren und Lernen. Stuttgart: Kohlhammer.
Heck, Ronald, H./Marcoulides, George A. (1996): School Culture and performance: Testing the Invariance of an Organizational Model. In: School Effectiveness and School Improvement, Vol. 7, 76–95.
Heckhausen, Heinz (1975): Leistungsprinzip und Chancengleichheit. In: Deutscher Bildungsrat: Bildungsforschung. Probleme – Perspektiven – Prioritäten, Teil 1. Gutachten und Studien der Bildungskommission, Bd. 50. Stuttgart: Klett, 99–152.
Heckhausen, Heinz/Rheinberg, Falko (1980): Lernmotivation im Unterricht, erneut betrachtet. In: Unterrichtswissenschaft, 8. Jg., 7–47.
Heid, Helmut (2000): Qualität: Überlegungen zur Begründung einer pädagogischen Beurteilungskategorie. In: Helmke, Andreas, Hornstein, Walter, Terhart, Ewald (Hrsg.): Qualität und Qualitätssicherung im Bildungsbereich: Schule, Sozialpädagogik, Hochschule. Zeitschrift für Pädagogik, 41–54.
Heimann, Paul/Otto, Gunter/Schulz, Wolfgang (Hrsg.) (1965): Unterricht – Analyse und Planung. Auswahl Reihe B., Bd. 1/2. Hannover: Schrödel.
Helmke, Andreas (1999): Direkte Instruktion – effektiver Unterricht? In: Bildung Real, 38. Jg., 59–72.
Helmke, Andreas (2003): Unterrichtsqualität. Erfassen, Bewerten, Vergessen. Seelze: Kallmeyer.
Helmke, Andreas (2007): Unterrichtsqualität und Unterrichtsentwicklung: Wissenschaftliche Erkenntnisse zur Unterrichtsforschung und Konsequenzen für die Unterrichtsentwicklung. Bielefeld: Bertelsmann.
Helmke, Andreas/Schrader, Friedrich-Wilhelm (2001): Jenseits von TIMSS: Messungen sprachlicher Kompetenzen, komplexe Längsschnittstudien und kulturvergleichende Analysen. Ergebnisse und Perspektiven ausgewählter Leistungsstudien. In: Weinert, Franz E. (Hrsg.): Leistungsmessungen in Schulen. Weinheim: Beltz, 237–250.
Helmke, Andreas/Hosenfeld, Ingmar/Schrader, Friedrich Wilhelm (2004): Vergleichsarbeiten als Instrument zur Verbesserung der Diagnosekompetenz von Lehrkräften. In: Arnold, Rolf, Griese, Christiane (Hrsg.): Schulleitung und Schulentwicklung. Voraussetzungen, Bedingungen, Erfahrungen. Baltmannsweiler: Schneider Verlag Hohengehren, 119–143.
Herbart, Johann Friedrich (1874): Pädagogische Schriften, Bd. 1, hrsg. v. Friedrich Bartholomäi. Langensalza: Verlags-Comptoire von Hermann Beyer.
Hersey, Paul/Blanchard, Kenneth H. (1993): Management of Organizational Behavior. Utilizing Human Ressources. Englewood Cliffs: Prentice Hall.
Heyting, Frieda (1996): Die kindliche Entwicklung in der Umwelt der Erziehung. Observationen im Licht dynamischer Systeme. In: Luhmann, Niklas, Schorr, Karl-Eberhard (Hrsg.): Zwischen System und Umwelt. Fragen an die Pädagogik. stw. Bd. 1239. Frankfurt/M.: Suhrkamp, 205–235.
Hopf, Diether (2005): Zweisprachigkeit und Schulleistung bei Migrantenkindern. In: Zeitschrift für Pädagogik, 51. Jg., 236–251.
Horváth & Partners (2003): Das Controllingkonzept. Der Weg zu einem wirkungsvollen Controllingsystem. dtv Bd. 5812. München: deutscher Taschenbuchverlag.

Hugener, Isabelle/Pauli, Christine/Reusser, Kurt (2007): Inszenierungsmuster, kognitive Aktivierung und Leistung im Mathematikunterricht. In: Lemmermöhle, Doris, Rothgangel, Martin, Bögeholz, Susanne, Hasselhorn, Marcus, Watermann, Rainer (Hrsg.): Professionell Lehren – erfolgreich Lernen. Münster: Waxmann, 109–121.

Ittel, Angela/Merkens, Hans (Hrsg.) (2006): Veränderungsmessung und Längsschnittstudien in der Erziehungswissenschaft. Wiesbaden: VS Verlag für Sozialwissenschaften.

Kamiske, Gerd F./Brauer, Jörg-Peter (2006): Qualitätsmanagement von A bis Z. Erläuterungen moderner Begriffe des Qualitätsmanagements. München: Hanser (5. Aufl.).

Kerschensteiner, Georg (1926): Theorie der Bildung. Leipzig: B.G. Teubner.

Key, Ellen (1961): Die Schule der Zukunft. In: Flitner, Wilhelm, Kudritzki, Gerhard (Hrsg.): Die deutsche Reformpädagogik, Bd. 1. Die Pioniere der pädagogischen Bewegung. Düsseldorf: Helmut Küpper, 54–63.

Kieser, Alfred/Walgenbach, Peter (2007): Organisation. Stuttgart: Schäffer-Pöschel (5. Aufl.).

Klauer, Karl Josef (1972): Einführung in die Theorie lehrzielorientierter Tests I: Klauer, K. J., Fricke, R., Herbig, M., Rupprecht, H., Schott F. (Hrsg.): Lehrzieorientierte Tests. Beiträge zur Theorie, Konstruktion und Anwendung. Düsseldorf: Pädagogischer Verlag Schwann, 13–43.

Klauer, Karl Josef (1982): Handbuch der Pädagogischen Diagnostik, Bd. 1. Düsseldorf: Schwann.

Klauer, Karl Josef (1987): Kriteriumsorientierte Tests. Lehrbuch der Theorie und Praxis lehrzielorientierten Messens. Göttingen: Hogrefe.

Klieme, Eckhard (2002): Evaluationsstrategien zwischen Systemmonitoring und Selbstevaluation. Vortrag 08.03.2002, FU Berlin.

Klieme, Eckhard/Artelt, Cordula/Stanat, Petra (2001): Fächerübergreifende Kompetenzen: Konzepte und Indikatoren. In: Weinert, Franz E. (Hrsg.): Leistungsmessungen in Schulen. Weinheim: Beltz, 203–218.

Klieme, Eckhard/Neubrand, Michael/Lüdtke, Oliver (2001): Mathematische Grundbildung: Testkonzeption und Ergebnisse. In: Deutsches PISA-Konsortium (Hrsg.): PISA 2000. Opladen: Leske + Budrich, 139–190.

Kluger, A.N./DeNisi, A. (1996): The Effects of Feedback Interventions on Performance: a Historical Review, a Meta-Analysis, and a Preliminary Feedback-Intervention. In: Psychological Bulletin, Vol. 2, 254–384.

Knowles, M.S. (1975): Self directed learning. A guide for learners. Englewood Cliffs: Prentice Hall.

König, Ernst/Riedel, Harald (1970): Unterrichtsplanung als Konstruktion. Weinheim: Beltz.

Konsortium Bildungsberichterstattung (2006): Bildung in Deutschland. Ein indikatorengestützter Bericht mit einer Analyse zu Bildung und Migration. Bielefeld: Bertelsmann.

Krapp, Andreas (1981): Diagnose. In: Schiefele, Hans, Krapp, Andreas (Hrsg.): Handlexikon zur Pädagogischen Psychologie. München: Ehrenwirth, 77–82.

Krapp, Andreas (1993): Diagnose und Prognose. In: Weidenmann, Bernd, Krapp, Andreas, Hofer, Manfred, Huber, Günther L., Mandl, Heinz (Hrsg.): Pädagogische Psychologie. Weinheim: PVU, 565–630.

Krapp, Andreas (1998): Interesse. In: Rost, Detlev H. (Hrsg.): Handwörterbuch Pädagogische Psychologie. Weinheim: Beltz, 213–218.

Krapp, Andreas (1999): Intrinsische Lernmotivation und Interesse. Forschungsansätze und konzeptuelle Überlegungen. In: Zeitschrift für Pädagogik, 45. Jg., 387–406.
Krapp, Andreas/Ryan, Richard, M. (2002): Selbstwirksamkeit und Lernmotivation. Eine kritische Betrachtung der Theorie von Bandura aus der Sicht der Selbstbestimmungstheorie und der pädagogisch-psychologischen Interessentheorie. In: Zeitschrift für Pädagogik, 44. Beiheft, 54–82.
Krathwohl, David/Bloom, Benjamin S./Masia, Bertram B. (1964): Taxonomy of Educational Objectives: The Classification of Educational Goals. Handbook II: Affektive Domain. New York: David McKay Co., Inc.
Landrum, Timothy J./Kauffman, James M. (2006): Behavioral Approaches to Classroom Management. In: Evertson, Carolyn M., Weinstein, Carol S.: Handbook of Classroom Management. Research, Practice, and Contemporary Issues. Mahwah, N.J.: Lawrence Erlbaum Associates, 47–71.
Kuper, Harm (2005): Evaluation im Bildungssystem. Urban Taschenbücher Bd. 688. Stuttgart: Kohlhammer.
Kunter et al., d.i.: Kunter, Mareike/Dubberke, Thamar/Baumert, Jürgen/Blum, Werner/ Brunner, Martin/Jordan, Alexander/Klusmann, Uta/Krauss, Stefan/Löwen, Katrin/ Neubrand, Michael/Tsai, Yi-Miau (2006): Mathematikunterricht in den PISA-Klassen 2004: Rahmenbedingungen, Formen und Lehr-Lernprozesse. In: PISA-Konsortium Deutschland (Hrsg.): PISA 2003. Untersuchungen zur Kompetenzentwicklung im Verlauf eines Schuljahres. Münster: Waxmann, 161–194.
Ladenthin, Volker (2004): Qualitätssicherung durch Evaluation? Begründung und Begrenzung einer Methode. In: Vierteljahresschrift für wissenschaftliche Pädagogik, 363–380.
LePage, Pamela/Darling-Hammond, Linda/Akar, Hanife (2005): Classroom Management. In: Darling-Hammond, Linda, Bransford, John (Hrsg.): Preparing Teachers for a Changing World. San Francisco: Jossey-Bass, 390–441.
Leschinsky, Achim/Cortina, Kai S. (2008): Zur sozialen Einbettung bildungspolitischer Trends in der Bundesrepublik. In: Cortina, Kai S., Baumert, Jürgen, Leschinsky, Achim, Mayer, Karl Ulrich, Trommer, Luitgart (Hrsg.): Das Bildungswesen in der Bundesrepublik Deutschland. rororo Bd. 62339. Reinbek: Rowohlt Taschenbuchverlag, 21–51.
Leutner, Detlev/Fleischer, Jens/Wirth, Joachim (2006): Problemlösekompetenz als Prädiktor für zukünftige Kompetenz in Mathematik und in den Naturwissenschaften. In: PISA-Konsortium Deutschland (Hrsg.): PISA 2003. Untersuchungen zur Kompetenzentwicklung im Verlauf eines Schuljahres. Münster: Waxmann, 119–137.
Levinthal, Daniel A. (1996): Organizational Adaption and Environmental Selection: Interrelated processes of Change. In: Cohen, Michael D., Sproull, Lee S. (Hrsg.): Organizational Learning. Thousand Oaks: Sage, 195–202.
Lietz, Hermann (1961): Die Erziehungsgrundsätze des deutschen Landerziehungsheims. In: Flitner, Wilhelm, Kudritzki, Gerhard (Hrsg.): Die deutsche Reformpädagogik. Bd. 1. Die Pioniere der pädagogischen Bewegung. Düsseldorf: Helmut Küpper, 73–78.
Limbird, Christina/Stanat, Petra (2006): Prädiktoren von Leseverständnis bei Kindern deutscher und türkischer Herkunftssprache: Ergebnisse einer Längsschnittstudie. In: Ittel, Angela, Merkens, Hans (Hrsg.): Veränderungsmessung und Längsschnittstudien

in der empirischen Erziehungswissenschaft. Wiesbaden: VS Verlag für Sozialwissenschaften, 93–123.
Lortie, Dan (1970): The cracked cake of Educational Customs and emerging issues in Evaluation. In: Wittrock, M. C./ Wiley, David E. (Hrsg.): The Evaluation of Instruction. Issues and Problems. New York: Holt, Rinehart and Winston, 183–202.
Lüders, Manfred (2003): Unterricht als Sprachspiel. Eine systematische und empirische Studie zum Unterrichtsbegriff und zur Unterrichtssprache. Bad Heilbrunn: Klinkhardt.
Luhmann, Niklas (1984): Soziale Systeme. Grundriß einer allgemeinen Theorie. Frankfurt/M.: Suhrkamp.
Luhmann, Niklas (2006): Organisation und Entscheidung. Wiesbaden: VS Verlag für Sozialwissenschaften (2. Aufl.).
Luhmann, Niklas/Schorr, Eberhard (1979): Reflexionsprobleme im Erziehungssystem. Stuttgart: Ernst Klett Verlag.
Luhmann, Niklas/Schorr, Eberhard (1982): Das Technologiedefizit der Erziehung und die Pädagogik. In: Luhmann, Niklas, Schorr, Eberhard (Hrsg.): Zwischen Technologie und Selbstreferenz. Fragen an die Pädagogik. stw Bd. 391. Frankfurt/M.: Suhrkamp, 11–40.
Mager, Robert F. (1971): Lernziele und Programmierter Unterricht. Weinheim: Beltz.
March, James G. (1990): Beschränkte Rationalität, Ungewißheit und die Technik der Auswahl. In: March, James G. (Hrsg.): Entscheidung und Organisation. Wiesbaden: Gabler, 297–328.
March, James G./Olsen, Johan P. (1990): Die Unsicherheit der Vergangenheit: Organisatorisches Lernen unter Unsicherheit. In: March, James G. (Hrsg.): Entscheidung und Organisation. Wiesbaden: Gabler, 373–398.
Marzano, Robert J. mit Marzano, Jana S./Pickering, Debra J. (2003): Classroom Management that Works. Research-Based Strategies for Every Teacher. Alexandria (Virginia USA): Association for Supervision and Curriculum Development.
McCaslin et al., d. i.: McCaslin, Mary/Bozak, Amanda Rabidue/Napoleon, Lisa/Thomas, Angela/Vasquez, Veronica/Wayman, Virginia/Zhang, Jizhi (2006): Self-Regulated Learning and Classroom Management: Theory, Research, and Considerations for Classromm Practice. In: Evertson Carolyn M., Weinstein, Carol S. (Hrsg.): Handbook of Classroom Management. Research, Practice, and Contemporary Issues. Mahwah N.J.: Lawrence Erlbaum Associates, 223–252.
Menck, Peter (2006): Unterricht – Was ist das? Eine Einführung in die Didaktik. Norderstedt: Books on Demand GmbH.
Mergendoller et al., d. i.: Mergendoller, John R./Markham, Thom/Ravitz, Jason/Larmer, John (2006): Pervasive Management of Project Based Learning: Teachers as Guides and Facilitators. In: Evertson, Carolyn M., Weinstein, Carol S. (Hrsg.): Handbook of Classroom Management. Research, Practice, and Contemporary Issues. Mahwah N.J.: Lawrence Erlbaum Associates, 583–615.
Merkens, Hans (1972): Probleme und Schwierigkeiten bei der Beobachtung als einer empirischen Methode. In: pl, 9. Jg., 75–82.
Merkens, Hans (2005): Schulkarrieren von Kindern mit Migrationshintergrund in den ersten drei Jahren der Grundschule. Berichte aus der Arbeit des Arbeitsbereichs Empirische Erziehungswissenschaft, Nr. 43. Berlin: FU Berlin.

Merkens, Hans (2006): Pädagogische Institutionen. Pädagogisches Handeln im Spannungsfeld von Institutionalisierung und Organisation. Wiesbaden: VS Verlag für Sozialwissenschaften.
Merkens, Hans (2008): Wie Saba in die Risikogruppe kommt. Schulische Probleme von Kindern mit Migrationshintergrund. In: Grundschule. Magazin für Aus- und Weiterbildung, Heft 2, 39–41.
Merkens, Hans et al., d. i.: Merkens, Hans, Schründer-Lenzen, Agi, Bellin, Nicole, Francke, Judith, Gelfort, Karen, Heintze, Andreas, Mücke, Stefan (o. J./2006): Schriftspracherwerb bei Kindern mit Migrationshintergrund. Endbericht. Berlin: IZLL, FU Berlin.
Merkens, Hans/Seiler, Heinrich (1978): Interaktionsanalyse. Stuttgart: Kohlhammer.
Meyer, Hilbert L (1987): Unterrichtsmethoden. I: Theorieband, II: Praxisband. Frankfurt/M.: Scriptor.
Meyer, Hilbert (2004): Was ist guter Unterricht? Berlin: Cornelsen.
Meyer, John W./Rowan, Brian (1992): Institutionalized Organizations: Formal Structure as Myth and Ceremony. In: Meyer, John W., Scott, Richard W. (Hrsg.): Organizational Environments. Ritual and Rationality. Newbury Park: Sage, 21–44.
Miller, Neal E./Dollard, John (1941): Social Learning and Imitation. New Haven: Yale University Press.
Montessori, Maria (1980): Kinder sind anders. Ullstein Taschenbuch, Bd. 39002. Frankfurt/M.: Ullstein.
Neber, Heinz (1982): Selbstgesteuertes Lernen. In: Treiber, Bernhard, Weinert, Franz E. (Hrsg.): Lehr-Lern-Forschung. Ein Überblick in Einzeldarstellungen. München: Urban & Schwarzenberg, 89–112.
Nestmann, Frank (1990): Diagnostik. In: Grubitzsch, Siegfried, Rexelius, Günther (Hrsg.): Psychologische Grundbegriffe. Mensch und Gesellschaft in der Psychologie. Ein Handbuch, Rowohlts Enzyklopädie, Bd. Re 438. Reinbek: Rowohlt, 205–211.
Niemeyer, August Hermann (1796): Grundsätze der Erziehung und des Unterrichts für Eltern, Hauslehrer und Erzieher. Halle: Waisenhaus Buchhandlung (2. Aufl.).
OECD (2001): Lernen für das Leben. Erste Ergebnisse von PISA 2000. Ausbildung und Kompetenzen. Paris: OECD Publications.
OECD (2006): Bildung auf einen Blick 2006. Paris: OECD Publications.
Ophardt, Diemuth/Thiel, Felicitas (2007): Klassenmanagement als operative Gestaltungsleistung. In: Lemmermöhle, Doris, Rothgangel, Martin, Bögeholz, Susanne, Hasselhorn, Marcus, Watermann, Rainer (Hrsg.): Professionell Lehren – erfolgreich Lernen. Münster: Waxmann, 132–145.
Ophardt, Diemuth (2008): In: Ittel, Angela, Stecher, Ludwig, Merkens, Hans, Zinnecker, Jürgen (Hrsg.): Jahrbuch Jugendforschung.
Pawlow, Iwan Petrowitsch (1953): Über die psychische Sekretion der Speicheldrüsen. In: Pawlow, I. P.: Sämtliche Werke, Bd. III/1. Berlin: Akademie Verlag, 22–35.
Pekruhn, Reinhard (2002): Psychologische Bildungsforschung. In: Tippelt, Rudolf (Hrsg.): Handbuch Bildungsforschung. Opladen: Leske + Budrich, 61–79.
Pelkner, A.-K./Günther, R./Boehnke, Klaus (2002): Die Angst vor sozialer Ausgrenzung als leistungshemmender Faktor: Zum Stellenwert guter mathematischer Schulleistungen unter Gleichaltrigen. In: Zeitschrift für Pädagogik, 45. Beiheft, 326–340.

Petersen, Peter und Else (1965): Die pädagogische Tatsachenforschung. Hrsg. von Theodor Rutt. Paderborn: Schöningh.
Petrat, Gerhardt (1979): Schulunterricht. Seine Sozialgeschichte, Deutschland 1750-1850. München: Ehrenwirth.
Petrat, Gerhardt/Steinforth, Harm/Timm, Jürgen/Wosniok, Werner (1977): Prozessorientierter Unterricht. München: Ehrenwirth.
Pintrich, Paul R. (2000): The Role of Goal Orientation in Selfregulated Learning. In: Boekarts, Monique, Pintrich, Paul R., Zeidner, Moshe (Hrsg.): Handbook of Selfregulation. San Diego: Academic Press, 451–502.
Pisa-Konsortium Deutschland (Hrsg.) (2004): Pisa 2003. Der Bildungsstand der Jugendlichen in Deutschland – Ergebnisse des zweiten internationalen Vergleichs. Münster: Waxmann.
Pisa-Konsortium Deutschland (Hrsg.) (2007): Pisa 2006. Die Ergebnisse der dritten internationalen Vergleichsstudie. Münster: Waxmann.
Prenzel, Manfred (2006): Untersuchungen zur Kompetenzentwicklung im Verlauf eines Schuljahres: Die Ergebnisse von PISA-I-Plus im Überblick. In: PISA-Konsortium Deutschland (Hrsg.): PISA 2003. Untersuchungen zur Kompetenzentwicklung im Verlauf eines Schuljahres. Münster: Waxmann, 15–28.
Prenzel, Manfred/Duit, Reinders/Euler, Manfred/Lehrke, Manfred/Seidel, Tina (Hrsg.) (2001): Erhebungs- und Auswertungsverfahren des DFG-Projekts „Lehr-Lern-Prozesse im Physikunterricht – eine Videostudie. IPN-Materialien. Kiel: IPN.
Prenzel, Manfred/Krapp, Andreas/Schiefele, Hans (1986): Grundzüge einer pädagogischen Interessentheorie. In: Zeitschrift für Pädagogik, 32. Jg., 163–173.
Prenzel et al., d.i.: Prenzel, Manfred/Schöps, Katrin/Rönnebeck, Silke/Senkbeil, Martin/ Walter, Oliver/Carstensen, Claus H./Hammann, Marcus (2007): Naturwissenschaftliche Kompetenz im internationalen Vergleich. In: PISA-Konsortium Deutschland (Hrsg.): PISA '06. Die Ergebnisse der dritten internationalen Vergleichsstudie. Münster: Waxmann, 63–105.
Prenzel et al., d.i.: Prenzel, Manfred/Seidel, Tina/Lehrke, Manfred/Rimmele, Rolf/Duit, Reinders/Euler, Manfred/Geiser, Helmut/Hoffmann, Lore/Müller, Christoph/Widodo, Ari (2002): Lehr-Lernprozesse im Physikunterricht – eine Videostudie. In: Prenzel, Manfred, Doll, Jörg (Hrsg.): Bildungsqualität von Schule: Schulische und außerschulische Bedingungen mathematischer, naturwissenschaftlicher und überfachlicher Kompetenzen. Zeitschrift für Pädagogik, 45. Beiheft, 139–156.
Prenzel, Manfred/Baumert, Jürgen/Klieme, Eckhard (2008): Falscher Verdacht. In: Die Zeit, Nr. 23 (29.05.2008), 73.
Pressley et al., d.i.: Pressley, M./Forrest-Pressley, D. L./Elliot-Faust, D. J./Miller, G. E. (Hrsg.) (1985): Children's Use of Cognitive Strategies, How to Teach Strategies, and what to Do if they Can't Be Taught, In: Pressley, M., Brainerd, C. J. (Hrsg.): Cognitive Learning and Memory in Children. New York: Springer: 1–47
Projektgruppe Curriculumbausteine, d.i.: Gebauer, M., Holefleisch, U. Merkens, H., Nießen, M., Seiler, H. (1977): Theorie der Unterrichtsvorbereitung – eine handlungstheoretische Begründung. Stuttgart: Klett-Cotta.
Ramaprasad, Arkalgud (1983): On the Definition of Feedback. In: Behavioral Science, Vol. 28, 4–13.

Reble, Albert (1981): Geschichte der Pädagogik. Klett-Cotta im Ullstein Taschenbuch, Bd. 39004 Frankfurt/M.: Ullstein-Verlag.
Reinmann, Gabi/Mandl, Heinz (2006): Unterrichten und Lernumgebungen gestalten. In: Krapp, Andreas, Weidenmann, Bernd (Hrsg.): Pädagogische Psychologie. Ein Lehrbuch. Weinheim: Beltz PVU, 613–658 (6. Aufl.).
Reeve, Johnmarshall (2006): Extrinsic Rewards and Inner Motivation. In: Evertson, Carolyn M., Weinstein, Carol S. (Hrsg.): Handbook of Classroom Management. Research, Practice, and Contemporary Issues. Mahwah, N.J.: Lawrence Erlbaum Associates, 645–664.
Rheinberg, Falko (2004): Motivation. Motivation. Stuttgart: Kohlhammer (5. Aufl.).
Robinsohn, Saul B. (1967): Bildungsreform als Revision des Curriculum. Neuwied: Luchterhand.
Rönnebeck, Silke/Schöps, Katrin/Prenzel, Manfred/Hammann, Marcus (2008): Naturwissenschaftliche Kompetenz im Ländervergleich. In: PISA-Konsortium Deutschland (Hrsg.): PISA '06. PISA 2006 in Deutschland. Die Kompetenzen der Jugendlichen im dritten Ländervergleich. Münster: Waxmann, 67–94.
Rousseau, Jean-Jacques (1978): Emil oder Über die Erziehung. UTB, Bd. 115, Paderborn: Schöningh (4. Aufl.).
Roesch, Heidi (Hrsg.) (2008): Kompetenzen im Deutschunterricht. Frankfurt/M.: Lang (2. Aufl.).
Rosenshine, Barak (1986): Synthesis of Research on Explicit Teaching. In: Educational Leadership, Vol. 46 (7), 60–78.
Ryan, Richard M./Deci, Edward L. (2000): When Rewards Compete with Nature: the Undermining of Intrinsic Motivation and Self-regulation. In: Sansone, C., Harackiewicz, Judith M. (Hrsg.): Intrinsic and Extrinsic Motivation. The search for Optimal Motivation and Performance. New York: Academic Press, 13–54.
Scheerens, Jaap/Bosker, Roel (1997): The Foundations of Educational Effectiveness. Oxford: Elsevier Science.
Schiefele, Ulrich (1996): Motivation und Lernen mit Texten. Göttingen: Hogrefe.
Schiefele, Ulrich/Schreyer, Inge (1994): Intrinsische Lernmotivation und Lernen. Ein Überblick zu Ergebnissen der Forschung. Zeitschrift für Pädagogische Psychologie, 8. Jg., 1–13.
Schleiermacher, Friedrich (1983): Pädagogische Schriften I, hrsg. von Erich Weniger. Klett-Cotta im Ullstein-Taschenbuch, Bd. 39059. Frankfurt/M.: Ullstein.
Schmidt, Wolfgang (1978): Unterricht und Unterrichtsvorbereitung. In: Schmidt, Wolfgang (Hrsg.): Unterrichtsgestaltung. München: Urban & Schwarzenberg, 13–30.
Schründer-Lenzen, Agi (2008): Erklärungskonzepte migrationsbedingter Disparitäten der Bildungsbeteiligung. In: Ramseger, Jörg/Wagner, Matthea (Hrsg.): Chancenungleichheit in der Grundschule. Ursachen und Wege aus der Krise. Jahrbuch Grundschulforschung, Bd. 12. Wiesbaden: VS Verlag für Sozialwissenschaften, 107–116.
Schulz, Wolfgang (1965): Unterricht – Analyse und Planung. In: Heimann, Paul, Otto, Gunter, Schulz, Wolfgang (Hrsg.): Unterricht – Analyse und Planung. Auswahl Reihe B., Bd. 1/2. Hannover: Schrödel.
Schulz, Wolfgang (1968): Die Wissenschaft vom Unterricht. In: Dohmen, Günther, Mauere, Friedemann (Hrsg.): Unterricht, Aufbau und Kritik. München: Piper, 11–24.
Schwarzer, Ralf/Steinhagen, Klaus (Hrsg.) (1975): Adaptiver Unterricht. München: Kösel.

Schwippert, Knut (2005): Zur gewandelten Akzeptanz von Schulrückmeldungen. In: Döbert, Horst, Fuchs, H. W. (Hrsg.): Leistungsmessung und Innovationsstrategien in Schulsystemen. Münster: Waxmann, 63–78.

Seidel, Tina (2003): Lehr-Lernskripts im Unterricht. Münster: Waxmann.

Seidel, Tina/Prenzel, Manfred (2004): Muster unterrichtlicher Aktivitäten im Physikunterricht. In: Doll, Jörg, Prenzel, Manfred (Hrsg.): Bildungsqualität von Schule: Lehrerprofessionalisierung, Unterrichtsentwicklung und Schülerförderung als Strategien der Qualitätsverbesserung. Münster: Waxmann, 177–194.

Shavelson, Richard J./Webb, Noren M./Burstein, Leigh (1986): Measurement of Teaching. In: Wittrock, Merlin C. (Hrsg.): Handbook of Research on Teaching. A Project of the American Educational Research Association. New York: MacMillan Publishing Company, 50–91 (3. Aufl.).

Shulman, Lee S. (1986): Paradigms and Research Programs in the Study of Teaching. In: Wittrock, Merlin C. (Hrsg.): Handbook of Research on Teaching. A Project of the American Educational Research Association, New York: MacMillan Publishing Company, 3–36 (3. Aufl.).

Slavin, Robert E. (1997): Educational Psychology. Boston: Allyn & Bacon (5. Aufl.).

Skinner, Burrhus F. (1950): Are Theories of Learning Necessary? In: Psychological Review, Vol. 57, 193–216.

Skinner, Burrhus F. (1968): The Technology of Teaching. New York: Appleton Century Crafts.

Söhn, Janina (2005a): Zweisprachiger Schulunterricht für Migrantenkinder. Ergebnisse der Evaluationsforschung zu seinen Auswirkungen auf Zweitspracherwerb und Schulerfolg. AKI Forschungsbilanz, Nr. 2. Arbeitsstelle interkulturelle Konflikte und gesellschaftliche Integration. Berlin: Wissenschaftszentrum Berlin.

Söhn, Janina (Hrsg.) (2005b): The Effectiveness of Bilingual School Programs for Immigrant Children. Discussion Papers. Berlin: Wissenschaftszentrum Berlin.

Souvignier, Eike/Gold, Andreas (2004): Lernstrategien und Lernerfolg bei einfachen und komplexen Leistungsanforderungen. In: Psychologie in Erziehung und Unterricht, 51. Jg., 309–318.

Spranger, Eduard (1958): Der geborene Erzieher. Heidelberg: Quelle und Meyer.

Stake, Robert (1967): Toward a technology for the Evaluation of Educational Programs. In: Tyler, Ralph, Gagnè, Robert, Scriven, Michal (Hrsg.): Perspectives of Curriculum Evaluation. AERA Monograph Series on Curriculum Evaluation, Vol. 1. Chicago: Rand McNally, 1–12.

Stanat, Petra (2006): Schulleistungen von Jugendlichen mit Migrationshintergrund: Die Rolle der Zusammensetzung der Schülerschaft. In: Baumert, Jürgen, Stanat, Petra, Watermann, Rainer (Hrsg.): Herkunftsbedingte Disparitäten im Bildungswesen. Vertiefende Analysen im Rahmen von PISA 2000. Wiesbaden: VS Verlag für Sozialwissenschaften, 189–219.

Stanat, Petra/Christensen, Gayle (2006): Where Immigrant Students Succeed. A Comparative Review of Performance and Engagement in PISA 2003. Paris: OECD Publications.

Straka, Gerald A. (2001): Leistungen im Bereich der beruflichen Bildung. In: Weinert, Franz E. (Hrsg.): Leistungsmessungen in Schulen. Weinheim: Beltz, 219–235.

Straka, Gerald A./Macke, Gerd (1979): Lehren und Lernen in der Schule. Stuttgart: Kohlhammer.
Straka, Gerald A./Macke, Gerd (2002): Lern-Lehr-Theoretische Didaktik. Münster: Waxmann.
Taba, Hilda (1962): Curriculum Development. Theory and Practice. New York: Harcourt, Brace & World.
Thelen, Herbert A. (1969): The Evaluation of Group Instruction. In: Tyler, Ralph W. (Hrsg.): Educational Evaluation: New Roles, New Means. The Sixty-eight Yearbook of the National Society for the Study of Education, Part II. Chicago: University of Chicago Press, 115–155.
Terhart, Ewald (2005): Lehr-Lern-Methoden. Eine Einführung in Probleme der Organisation von Lehren und Lernen. Weinheim: Juventa (5.Aufl.).
Thomas, Helga/Thomas, Friedrich (1971): Funktionale Veränderungen in der Schule und ihre Bedeutung für den Lehrer. In: Betzen, Klaus, Nipkow, Karl Ernst (Hrsg.): Der Lehrer in Schule und Gesellschaft. München: Piper, 201–221.
Thorndike, E. L. (1913): Educational Psychology, Vol. 1: The Original Nature of Man. New York: Columbia University Teachers College.
Thorndike, Edward L. (1932): The Fundamentals of Learning. New York: Teachers College.
Treiber, Bernhard (1982): Lehr- und Lernzeiten im Unterricht. In: Treiber, Bernhard, Weinert, Franz E. (Hrsg.): Lehr-Lern-Forschung. Ein Überblick in Einzeldarstellungen. München: Urban & Schwarzenberg, 12–36.
Tymms, P. B. (1995): Influencing Educational Practice through Performance Indicators. In: School Effectiveness and School Improvement, Vol. 6, 123–145.
Tyson, Shaun/Jackson, Tony (1992): The Essence of Organizational Behavior. New York: Prentice Hall.
Van Ackeren, Isabell (2008): Schulentwicklung in benachteiligten Regionen. Eine exemplarische Bestandsaufnahme von Forschungsbefunden und Steuerungsstrategien. In: Lohfeld, Wiebke (Hrsg.): Gute Schulen in schlechter Gesellschaft. Wiesbaden: VS Verlag für Sozialwissenschaften, 47–58.
Von Eye, Alexander (2006): Variablen- und Personenorientierte Forschung. In: Ittel, Angela, Merkens Hans (Hrsg.) (2006): Veränderungsmessung und Längsschnittstudien in der Erziehungswissenschaft. Wiesbaden: VS Verlag für Sozialwissenschaften, 9–26.
Von Horváth & Partners (2003): Das Controlling-Konzept. Der Weg zu einem wirkungsvollen Controllingsystem. dtv Bd. 5812. München: Deutscher Taschenbuchverlag (5. Aufl.).
Wagenschein, Martin (1962): Die pädagogische Dimension der Physik. Braunschweig: Westermann.
Wahlberg, Herbert J. (1986): Synthesis of Research on Teaching. In: Wittrock, Merlin C. (Hrsg.): Handbook of Research on Teaching. A Project of the American Educational Research Association. New York: MacMillan Publishing Company, 214–229 (3. Aufl.).
Walgenbach, Peter/Meyer, Renate (2008): Neoinstitutionalistische Organisationstheorie. Stuttgart: Kohlhammer.

Wang, Margaret C./Haertel, Geneva D./Wahlberg, Herbert J. (1993): Towards a Knowledge Base for School Learning. In: Review of Educational Research, Vol. 63, No. 3, 249–294.
Wegmann, Rudolf (1964): Theorie des Unterrichts. München: Ernst Reinhardt.
Weick, Karl E./Westley Frances (1996): Organizational Learning: Affirming an Oxymoron. In: Clegg, Stewart R., Hardy, Cynthia, Nord, Walter R. (Hrsg.): Handbook of Organization Studies. London: Sage, 440–458.
Weidenmann, Bernd (2000): Perspektiven der Lehr-Lernforschung. In: Unterrichtswissenschaft, 28. Jg., 16–22.
Weinert, Franz E. (1974): Instruktion als Optimierung von Lernprozessen, Teil I: Lehrmethoden. In: Weinert, Franz E., Graumann, Carl Friedrich, Heckhausen, Heinz, Hofer, Manfred (Hrsg.): Pädagogische Psychologie, 2. Funkkolleg Pädagogische Psychologie, Fischer Taschenbuch, Bd. 6116. Frankfurt/M.: Fischer Taschenbuch Verlag, 795–826.
Weinert, Franz E. (1982): Selbstgesteuertes Lernen als Voraussetzung, Methode und Ziel des Unterrichts. In: Unterrichtswissenschaft, 10. Jg., Heft 2, 99–110.
Weinert, Franz E. (2000): Lehren und Lernen für die Zukunft – Ansprüche an das Lernen in der Schule. In: Pädagogische Nachrichten, Rheinland-Pfalz, Heft 2, 1–16.
Weinert, Franz E. (2001a): Vergleichende Leistungsmessung in Schulen – eine umstrittene Selbstverständlichkeit. In: Weinert, Franz E. (Hrsg.): Leistungsmessungen in Schulen. Weinheim: Beltz, 17–31.
Weinert, Franz E. (2001b): Schulleistungen – Leistungen der Schule oder der Schüler. In: Weinert, Franz E. (Hrsg.): Leistungsmessungen in Schulen. Weinheim: Beltz, 73–86.
Weniger, Erich (1952): Didaktik als Bildungslehre, Teil I: Die Theorie der Bildungsinhalte und des Lehrplans. Weinheim: Beltz.
Wiener, Norbert (1952): Mensch und Menschmaschine – Kybernetik und Gesellschaft. Frankfurt/M.: Alfred Metzner.
Wild, Elke (2002): Familiale und schulische Bedingungen der Lernmotivation von Schülern. In: Zeitschrift für Pädagogik, 47. Jg., 481–497.
Wild, Elke/Hofer, Manfred/Pekruhn, Reinhard (2006): Psychologie des Lernens. In: Krapp, Andreas, Weidenmann, Bernd (Hrsg.): Pädagogische Psychologie. Ein Lehrbuch. Weinheim: Beltz PVU, 203–267 (6. Aufl.).
Wild, Klaus-Peter/Krapp, Andreas (2006): Pädagogisch-psychologische Diagnostik. In: Krapp, Andreas, Weidenmann, Bernd (Hrsg.): Pädagogische Psychologie. Ein Lehrbuch. Weinheim: Beltz PVU, 525–574 (6. Aufl.).
Wiley, David E. (1970): Design and Analysis of Evaluation Studies. In: Wittrock, M. C., Wiley, David E. (Hrsg.): The Evaluation of Instruction. Issues and Problems. New York: Holt, Rinehart and Winston, 259–269.
Willmann, Otto (1909): Didaktik als Bildungslehre nach ihren Beziehungen zur Sozialgeschichte und zur Geschichte der Bildung. Braunschweig: Vieweg (4. Aufl.).
Winnefeld, Friedrich (1959): Psychologische Analyse des pädagogischen Lernvorganges. In: Hetzer, H. (Hrsg.): Pädagogische Psychologie. Handbuch der Psychologie, Bd. 10. Göttingen: Hogrefe, 93–110.
Winnefeld, Friedrich (1967): Pädagogischer Kontakt und pädagogisches Feld. München: Ernst Reinhardt.

Wittrock, M. C. (1970): The evaluation of Instruction: Cause-and-Effect Relations in Naturalistic Data. In: Wittrock, M. C., Wiley, David E. (Hrsg.): The Evaluation of Instruction. Issues and Problems. New York: Holt, Rinehart and Winston, 3–21.

Wottawa, Heinrich (2006): Evaluation. In: Krapp, Andreas, Weidenmann, Bernd (Hrsg.): Pädagogische Psychologie. Ein Lehrbuch. Weinheim: Beltz PVU, 659–687 (6. Aufl.).

Wulf, Christoph (1975a): Planung und Durchführung der Evaluation von Curricula und Unterricht (Kapitelkonzeption) In: Frey, Karl (Hrsg.): Curriculum Handbuch Bd. II. München: Piper, 567–579.

Wulf, Christoph (1975b): Funktionen und Paradigmen der Evaluation. In: Frey, Karl (Hrsg.): Curriculum Handbuch Bd. II. München: Piper, 580–600.

Wuttke, Eveline (2000): Lernstrategien im Lernprozess. Analysemethode, Strategieeinsatz und Auswirkungen auf den Lernerfolg. In: Zeitschrift für Erziehungswissenschaft, 3. Jg., 97–110.

Wuttke, Evelyne (2005): Unterrichtskommunikation und Wissenserwerb. Frankfurt/M.: Lang.

Zumkley-Münkel, Cordula (1976): Imitationslernen. Theorien und empirische Befunde. Düsseldorf: Pädagogischer Verlag Schwann.

Ziller, Tuiskon (1876): Vorlesungen über Allgemeine Pädagogik. Leipzig: Verlag von Heinrich Matthes.

Zinnecker, Jürgen (1975): Der heimliche Lehrplan. Untersuchungen zum Schulunterricht. Weinheim: Beltz.

Zinnecker, Jürgen (1991): Jugend als Bildungsmoratorium. Zur Theorie des Wandels der Jugendphase in west- und osteuropäischen Gesellschaften. In: Melzer, Wolfgang, Heitmeyer, Wilhelm, Liegle, Ludwig, Zinnecker, Jürgen (Hrsg.): Osteuropäische Jugend im Wandel. Weinheim: Juventa, 181–206.

Soziale Passagen –
Journal für Empirie und Theorie Sozialer Arbeit

Soziale Passagen

- sind ein interaktives Projekt, das sich den durch gesellschaftliche Veränderungen provozierten Herausforderungen stellt und sich dezidiert als wissenschaftliche Publikationsplattform zu Fragen der Sozialen Arbeit verstehen.

- stehen für eine deutlich konturierte empirische Fundierung und die ‚Entdeckung' der Hochschulen, Forschungsprojekte und Forschungsinstitute als Praxisorte. Sie bieten einen diskursiven Raum für interdisziplinäre Debatten und sind ein Forum für empirisch fundierte und theoretisch elaborierte Reflexionen.

- enthalten in jeder Ausgabe einen Thementeil und ein Forum für einzelne Beiträge. Einen weiteren Schwerpunkt bilden Kurzberichte aus laufenden Forschungsprojekten. Die inhaltliche Qualität ist über ein peer-review-Verfahren gesichert.

- richten sich an Mitarbeiterinnen, Mitarbeiter und Studierende an Universitäten, Fachhochschulen und Instituten sowie an wissenschaftlich orientierte Leitungs- und Fachkräfte in der sozialpädagogischen Praxis.

1. Jahrgang 2009 – 2 Hefte jährlich
www.sozialepassagen.de

Abonnieren Sie gleich!
vs@abo-service.info
Tel: 0611. 7878151 · Fax: 0611. 7878423

Erhältlich im Buchhandel oder beim Verlag.
Änderungen vorbehalten. Stand: Juli 2009.

Abraham-Lincoln-Straße 46
65189 Wiesbaden
Tel. 0611.7878-722
Fax 0611.7878-400

MIX
Papier aus verantwortungsvollen Quellen
Paper from responsible sources
FSC® C105338

If you have any concerns about our products,
you can contact us on
ProductSafety@springernature.com

In case Publisher is established outside the EU,
the EU authorized representative is:
Springer Nature Customer Service Center GmbH
Europaplatz 3, 69115 Heidelberg, Germany

Printed by Libri Plureos GmbH
in Hamburg, Germany